Bali et Lombok

W0403922

Laure de Charette a sillonné le centre et le nord-ouest de Bali, Lombok et les îles Gili. Rizières verdoyantes, forêts peuplées d'animaux, fonds marins dignes d'un aquarium, volcans mystérieux, plages de sable blond s'etirant à l'infini sous les palmiers, elle est tombée amoureuse de ces contrées bourrées de charme et d'authenticité. Une seule envie : y retourner pour sillonner en scooter les routes de campagne au coucher du soleil, quand la lumière décline sur le vert tendre des rizières...

Marion Zipfel a arpenté les ruelles branchées de la très touristique Seminyak, silloné les routes encore préservées de la mystérieuse île Nusa Penida, fait l'ascension du mont Batur au petit matin, découvert les fonds marins autour d'Amed, parcouru à cheval les plantations de girofliers et d'hortensias près de Munduk... Toujours charmée par la gentillesse des Balinais, par les 50 nuances de vert des rizières et par les cérémonies colorées.

sommaire

Sur la plage de Selong Blanak, à Lombok

© Morandi Bruno / hemis.fr

cahiers d'activité

bonnes adresses

pratique

focus

cartes et plans

votre voyage

Pura Gunung Kawi
© Tippy/Iconotec / Photononstop

préambule

Vous n'êtes jamais allé à Bali? Ou alors il y a longtemps? Vous aviez adoré votre premier voyage, mais vous voulez découvrir autre chose? Alors que voir, à quel moment et surtout, comment ne pas passer à côté de l'essentiel? Grâce à nos cartes, nos conseils, nos programmes et nos itinéraires, construire le voyage qui vous ressemble devient un jeu d'enfant!

Construire son voyage

Que voir? Consultez les cartes ***Bali en un coup d'œil*** — sur le rabat avant de couverture — et ***Lombok en un coup d'œil*** — sur le rabat arrière de couverture —pour repérer les sites essentiels et les coups de cœur de nos auteurs. Chaque zone encadrée (comme Le Sud et les îles, en bleu) renvoie à un chapitre, identifiable à son onglet de la même couleur.

Nos itinéraires. Nos itinéraires conseillés sont tracés sur les cartes régionales et sur le plan de la ville d'Ubud. Ils sont décrits en détail dans les pages qui suivent.

Consultez les bonnes adresses et les informations pratiques. L'ensemble des adresses (hôtels, restaurants, loisirs) est regroupé à la fin du guide et signalé par un onglet rose. Enfin, le chapitre « Pratique » vous donne toutes les informations utiles pour préparer votre voyage et vous organiser sur place.

Bien gérer son temps

Prévoyez au minimum une semaine pour visiter Bali.

Des programmes sur mesure. Nous vous proposons plusieurs circuits, dont « le grand classique », idéal pour une première visite *(p. 8)*.

Choisir le bon moment. Avant de partir à Bali, consultez notre Pense-bête en rabat de couverture avant, où sont répertoriées toutes les informations importantes, dont les conditions météorologiques selon la période de l'année.

Allez à l'essentiel. Les « Essentiels » *(p. 16)* signalent les sites à ne pas manquer lors de votre séjour. Nos pages « Si vous aimez... » *(p. 20)* vous permettent de planifier votre séjour en fonction de vos goûts et envies du moment.

Estimer son budget. Notre page « Budget » *(p. 256)* vous aide à anticiper vos dépenses sur place. Nous avons prévu trois options pour s'adapter à la bourse de chacun.

Se documenter

Formalités. Avant votre voyage, lisez nos pages « Pratique » *(p. 252)* pour tout savoir sur les passeports, visas et vaccins obligatoires.

Comprendre Bali. Découvrez nos pages « Repères » *(p. 24)*, une mine d'informations sur le pays, ses traditions et sa population.

► **Des enfants sur une plage de Gili Air**

Symboles

♥ Coup de cœur de l'auteur

Bonne initiative : adresses attentives à la préservation de la nature et des cultures

Site, activité, adresse pour les enfants

Randonnée

▲ Hébergement

♦ Restaurant, snack

● Bar

Sites, monuments, musées, œuvres

Intéressant*
Remarquable**
Exceptionnel***

Le grand classique

Durée : 21 jours

On aime surtout : La grande variété des sites visités.

Conseil : Ce programme est intense, n'hésitez pas à l'adapter à votre rythme. Louez une voiture avec chauffeur.

Jour 1. Arrivée à l'aéroport Ngurah Rai, départ pour Ubud (à 35 km N). ···> ***Itinéraire 4.***

Jour 2. **Ubud** : Tour du marché de bon matin, balade dans la forêt des Singes, visite du village et de ses musées. Spectacle nocturne dans un temple. ···> ***Itinéraire 4.***

Jour 3. Direction **Tampaksiring** via Laplapan pour visiter les tombeaux de Gunung Kawi et les sources sacrées de Tirta Empul. Retour à Ubud pour la nuit. ···> ***Itinéraire 5.***

Jour 4. Matinée rafting sur la rivière Ayung, puis direction **Jatiluwih** (à 40 km N) pour une balade dans les rizières. Nuit à Munduk, à 40 km N de Jatiluwih. ···> ***Itinéraires 4 et 7.***

Jour 5. Journée à **Munduk**, balade vers les cascades et dans les plantations, puis direction **Lovina** sur la côte nord. Halte aux sources d'eaux chaudes Air Panas et visite du monastère bouddhiste à Banjar. Nuit à Lovina. ···> ***Itinéraires 11 et 12.***

Jour 6. Excursion pour aller voir les dauphins, puis direction les cascades de **Sekumpul**. Nuit à la villa Manuk, dans le village de Manuksesa (à 30 km E de Lovina). ···> ***Itinéraire 11.***

Jour 7. Le matin, promenade aux alentours de la villa Manuk pour découvrir la vie d'un village balinais. Après le déjeuner, direction le temple de **Penulisan** avant de rejoindre le **mont Batur** (à 65 km SE de Manuksesa). ···> ***Itinéraires 11 et 13.***

Jour 8. Réveil à 4 h du matin pour l'ascension du mont Batur puis matinée détente dans les sources d'eaux chaudes. En début d'après-midi, départ pour **Sidemen** (à 40 km S). Balade dans les rizières autour de Sidemen. ···> ***Itinéraires 8 et 13.***

Jour 9. Sidemen: Départ dès 7 h en direction du temple Besakih, puis visite du temple de Pasar Agung. Retour à Sidemen pour déjeuner puis découverte de la région de Sidemen. Ascension du **mont Agung** de nuit pour les plus sportifs. ···> *Itinéraire 8.*

Jour 10. Départ pour **Tirtagangga** (à 35 km E). Visite des bains royaux puis du temple de Lempuyang. Nuit à Tirtagangga. ···> *Itinéraire 10.*

Jour 11. Départ pour **Amed** (à 20 km E). Journée snorkeling. Nuit à Amed. ···> *Itinéraire 9.*

Jour 12. Journée à **Amed** puis trajet vers Ujung par la route du Seraya. Visite du Puri Taman Ujung. Nuit à Jasri (à 35 km S d'Amed). ···> *Itinéraire 9.*

Jour 13. Matinée à **Jasri** pour une séance de surf puis direction la plage de Pasir Putih. Balade dans l'arrière-pays et visite du village de **Tenganan**. Nuit à Padangbai (à 15 km SO de Tenganan). ···> *Itinéraire 9.*

Jour 14. Départ pour les **îles Gili**: journée détente, plage et snorkeling. Dîner romantique au Ko-Ko-Mo (à Gili Trawangan) ou au Mahamaya (à Gili Meno). ···> *Itinéraire 16.*

LOMBOK. Jour 15. Bateau pour **Lombok** et journée autour de **Senggigi**. Balade en scooter jusqu'à Bangsal (arrêt baignade en chemin), retour par l'intérieur via la forêt des Singes. Nuit à Senggigi. ···> *Itinéraires 15 et 16.*

Jour 16. En route pour le **volcan Rinjani**. Promenade vers les cascades de Senaru (à 80 km NE de Senggigi), la mosquée et les rizières de Bayan. Nuit à Senaru pour profiter du lever de soleil sur le volcan. ···> *Itinéraire 17.*

Jour 17. Route vers les vallées de Sembalun et de Sapit, au pied du volcan. Soirée détente sur la plage de **Kuta** (à 120 km S de Senaru). Nuit à Kuta. ···> *Itinéraires 17 et 18.*

Jour 18. Profitez des plages de la **côte sud**. À Bangsal (à 70 km N de Kuta), prenez un bateau pour Padangbai, puis roulez jusqu'à Jimbaran. Nuit à Jimbaran. ···> *Itinéraire 18.*

RETOUR À BALI. Jour 19. Matinée au marché aux poissons de **Jimbaran** puis direction les plages du **Bukit**. Coucher de soleil au temple d'Uluwatu (à 15 km SO de Jimbaran). Nuit sur Le Bukit. ···> *Itinéraire 2.*

Jour 20. Visite du marché de **Denpasar** (à 20 km N de Jimbaran). Déjeuner sur la plage de **Seminyak**, puis farniente et shopping. En fin d'après-midi, direction le temple du Tanah Lot (à 20 km NO de Denpasar). Nuit au Tanah Lot. ···> *Itinéraires 1 et 3.*

Jour 21. Départ.

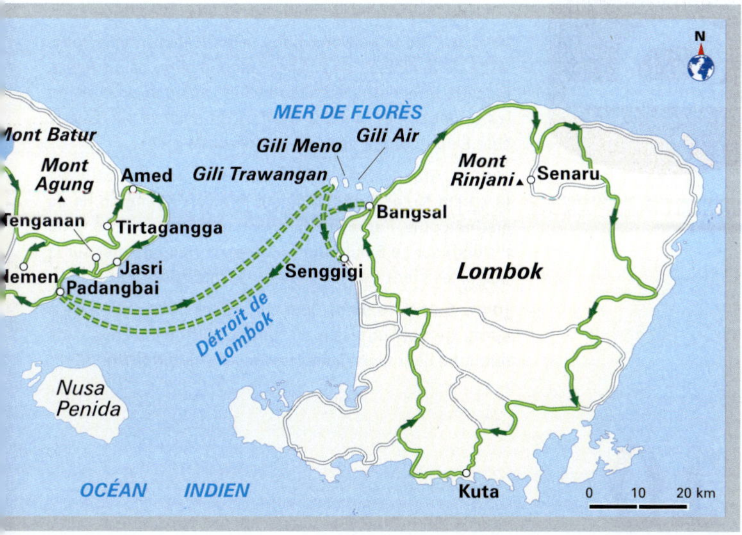

Bali Express

Sanur, Nusa Penida, Ubud, Le Bukit

Durée : 1 semaine.

On aime surtout : La nature sauvage de Nusa Penida et l'immersion culturelle d'un séjour à Ubud.

Conseil : À Nusa Penida, un guide vous fera découvrir les merveilles de l'île.

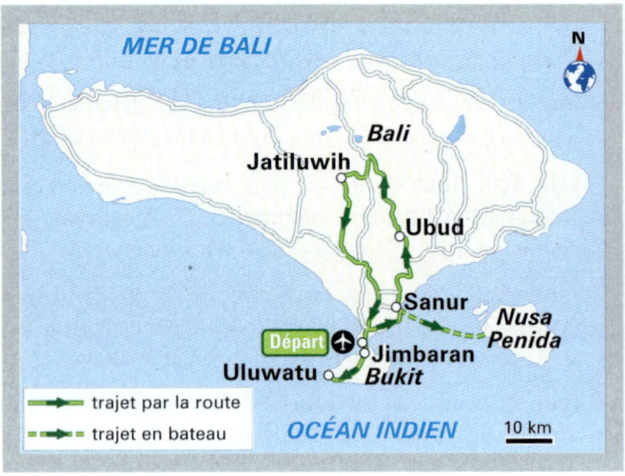

Jour 1. Arrivée à l'aéroport Ngurah Rai, direction **Sanur** (à 20 km NE). En fonction de l'heure, balade sur la plage et/ou visite du musée Le Mayeur. Nuit à Sanur. *Itinéraire 3.*

Jour 2. Départ en speedboat pour **Nusa Penida**. Journée baignade, snorkeling et visite de temples. Nuit à Nusa Penida. *Itinéraire 3.*

Jour 3. Matinée à Nusa Penida puis bateau pour Sanur et route vers **Ubud** (à 20 km N). Le soir, spectacle de danse dans un temple. Nuit à Ubud. *Itinéraires 3 et 4.*

Jour 4. Ubud : Matinée dans la forêt des Singes, puis visite de la maison de l'artiste Lempad et du palais Royal. Ensuite, direction **Tampaksiring** via Laplapan pour visiter les tombeaux de Gunung Kawi et les sources sacrées de Tirta Empul. Nuit à Ubud. *Itinéraires 4 et 5.*

Jour 5. Grande échappée dans les rizières de **Jatiluwih** (à 40 km N), activité rafting sur la rivière Ayung en fin de matinée puis, l'après-midi, direction **Jimbaran** (à 40 km S d'Ubud) sur Le Bukit pour un dîner de fruits de mer sur la plage, les pieds dans le sable. *Itinéraires 2 et 7.*

Jours 6 et 7. Le Bukit : Journées sur Le Bukit entre plage, spots de surf et visite au temple d'Uluwatu, avant de rejoindre l'aéroport (à env. 20 km N). *Itinéraire 2.*

Séjour bien-être

Canggu, Ubud, Sidemen, Sanur

Yoga, méditation, massages... L'Européen stressé et fatigué découvre à Bali de multiples façons de se relaxer et d'écouter son corps. Quelques bonnes idées à piocher pour faire des pauses bien-être au cours de son périple ou carrément orienter son séjour.

Durée : 6 jours.

On aime surtout : Les petits restaurants nichés dans les rizières ; les cours de yoga en surplomb d'une rivière ; les spas installés au creux d'une gorge dans la jungle luxuriante.

Conseils : Pour profiter au maximum de ce séjour, partez si vous le pouvez hors de la haute saison estivale. Prenez le temps d'observer la lumière, les variations de couleur, la vie agricole et animale dans les rizières...

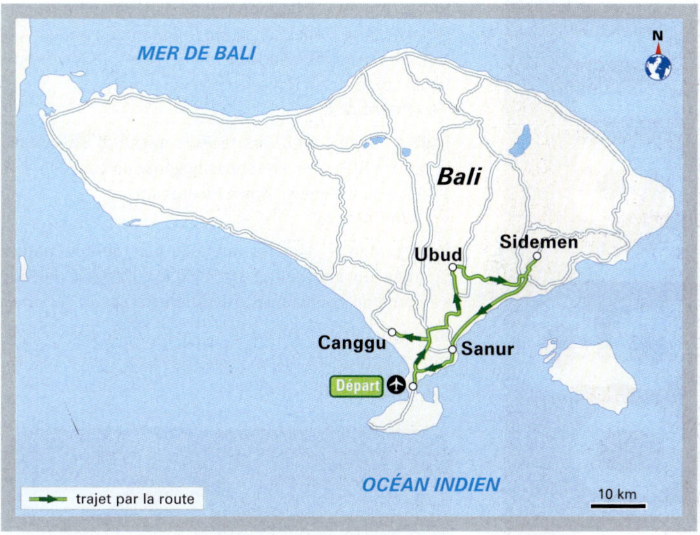

Jour 1. Arrivée à l'aéroport Ngura Rai. Trajet vers **Canggu** (à 20 km N). En fonction de l'heure d'arrivée, massage relaxant puis cours de yoga. Nuit à l'hôtel Desa Seni. ··· *Itinéraire 1.*

Jour 2. Au réveil, cours de yoga ou de méditation avant de rejoindre **Ubud** (à 30 km N). Déjeuner au restaurant bio Sari Organik pour une pause dans les rizières. Cours de yoga dans l'après-midi au Yoga Barn. Nuit au Wapa di Ume, au son des grenouilles s'égaillant dans les rizières. ··· *Itinéraire 4.*

Jour 3. Ubud : Le matin, atelier fabrication d'offrandes au musée Puri Lukisan. Déjeuner au warung Padi Organik dans les rizières de Laplapan, à l'abri du tumulte du centre-ville d'Ubud. Après-midi nature dans la forêt des Singes et visite du musée Antonio Blanco. Puis massage au spa de l'hôtel Maya, en surplomb de la rivière. Spectacle de danse au rythme lancinant du gamelan. Nuit à Ubud. ··· *Itinéraires 4 et 5.*

Jour 4. Trajet vers **Sidemen** (à 30 km E). Flânerie dans le village puis cours de méditation au Nirarta Centre. Nuit à Sidemen. ··· *Itinéraire 8.*

Jour 5. Sidemen : Tôt le matin, visite des temples Besakih et Pasar Agung. Déjeuner au Warung Melita de l'hôtel Darmada. Rencontre avec un chaman (rendez-vous organisé par le Nirarta Centre). Nuit à Sidemen. ··· *Itinéraire 8.*

Jour 6. Trajet vers **Sanur** (à 40 km S). Session de yoga sur la plage à Power of Now Oasis avant de rejoindre l'aéroport (à 20 km O). ··· *Itinéraire 3.*

Séjour sportif

Batu Bolong, Pemuteran, mont Batur, mont Agung, Nusa Penida, Nusa Lembongan

Pour donner quelques idées aux visiteurs sportifs ou organiser un séjour Nature et sports.

Durée : 13 jours.

On aime surtout : Le canyoning dans les rivières, l'ascension de sommets parmi les plus hauts d'Indonésie.

Conseil : N'oubliez pas d'emporter dans vos valises une trousse de premiers secours.

Jour 1. Arrivée à l'aéroport Ngurah Rai, puis direction la plage de **Batu Bolong** (à 20 km N) pour une initiation au surf. En fin de journée, coucher de soleil au temple de Tanah Lot (à 10 km N). Nuit à côté du temple. ···> *Itinéraire 1.*

Jour 2. Long trajet vers le **Parc national Bali Barat** (à 145 km NO), avec arrêt possible pour un cours de surf à Balian ou à Medewi. Nuit à Pemuteran. ···> *Itinéraire 14.*

Jour 3. Marche dans les forêts du parc de bon matin ; plongée ou snorkeling sur l'**île Menjangan**. Retour à Pemuteran pour la nuit. ···> *Itinéraire 14.*

Jour 4. Trajet vers **Lovina** (à 45 km E). Visite des villages côtiers et du Pura Brahma Vihara Arama. Nuit à Lovina. ···> *Itinéraire 11.*

Camping sur le mont Rinjani

© Harding Robert / hemis.fr

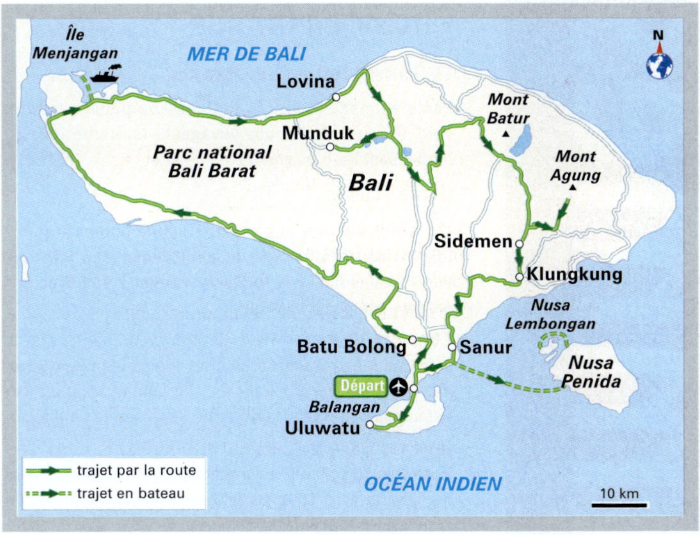

Jour 5. Route vers la région du Batur en passant par **Munduk** (à 20 km N de Lovina). Marche dans les rizières et promenade autour du lac Tamblingan. Arrivée dans la soirée aux pieds du mont Batur (à 75 km E de Munduk). ···› ***Itinéraires 6 et 13.***

Jour 6. Ascension du **mont Batur** dans la nuit. Matinée repos dans les sources d'eaux chaudes puis départ vers **Sidemen** (à 45 km S). Après-midi détente ou trek entre rizières et villages autour de Sidemen. ···› ***Itinéraire 13.***

Jour 7. Visite du temple Besakih et rafting dans la rivière autour de Sidemen. Dans la nuit, ascension du **mont Agung**. ···› ***Itinéraire 8.***

Jour 8. Départ pour Sanur (à 45 km S) en passant par **Klungkung**, visite du Taman Gili. Arrêt sur les plages de la côte est pour les surfeurs. Nuit à Sanur. ···› ***Itinéraires 3 et 8.***

Jour 9. Tôt le matin, speedboat pour **Nusa Penida**. Visite du temple de Karangsari puis trek jusqu'aux falaises de Atuh beach. Nuit à Nusa Penida. ···› ***Itinéraire 3.***

Jour 10. Matinée snorkeling puis bateau vers **Nusa Lembongan**. Tour de l'île à vélo dans l'après-midi. Nuit à Nusa Lembongan. ···› ***Itinéraire 3.***

Jour 11. Nusa Lembongan: Surf ou plongée en fonction des goûts. Bateau pour Sanur puis direction Le Bukit (à 20 km S). Dîner de fruits de mer à Jimbaran.
···› ***Itinéraires 2 et 3.***

Jour 12. Le Bukit: journée surf, à Balangan pour les débutants et à Uluwatu pour les confirmés. Visite du temple d'Uluwatu au coucher du soleil. Nuit à Jimbaran.
···› ***Itinéraire 2.***

Jour 13. Départ.

Si vous avez davantage de temps devant vous...

Un des treks les plus incroyables que propose l'Asie du Sud-Est vous attend à Lombok. Le mont Rinjani, un volcan actif qui se dresse à près de 4 000 m d'altitude, se découvre en trois jours de randonnée éprouvante pour les mollets et exigeante pour le souffle. Mais au sommet et sur la crête, en surplomb du lac, quel panorama! Une ascension inoubliable réservée aux sportifs motivés et entraînés.

Circuit en famille

Le Bukit, Ubud, Pemuteran

Parcs animaliers, visites ludiques ou pauses nature, voici de quoi réjouir vos voyageurs en herbe tout en intéressant les plus grands.

Durée : 9 jours.

On aime surtout : La superbe nature autour d'Ubud ; les animaux tropicaux ; la gentillesse des Balinais envers les enfants ; la facilité à voyager à Bali avec des enfants, même en bas âge.

Conseils : Partez en visite de bon matin, avant que le soleil ne tape trop fort et que les foules n'arrivent ; prenez un guide parlant français, qui saura expliquer aux enfants la richesse et la diversité de la nature balinaise.

Jour 1. Arrivée à l'aéroport Ngurah Rai et route vers **Nusa Dua** (à 15 km SE). La grande plage, l'eau calme et les *resorts* se prêtent parfaitement à des vacances en famille. ···> *Itinéraire 2.*

Jour 2. Direction le temple Uluwatu au sud du **Bukit** (à 20 km O), peuplé de singes. En fin d'après-midi, le spectacle de danse *kecak (p. 77)* impressionnera à coup sûr les enfants. Dîner sur la plage de Jimbaran, où les enfants pourront observer les poissons dans leurs viviers... avant de les déguster ! Nuit à Jimbaran. ···> *Itinéraire 2.*

Jour 3. Route vers **Ubud** (à 45 km N). En chemin, arrêt au Bali Bird Park à **Batubulan** pour voir des perroquets, pélicans et étourneaux de Bali mais surtout des aigles,

Rafting sur la rivière Ayung

© Moirenc Camille / hemis.fr

hiboux et aras voler au-dessus de vos têtes. Prévoyez un détour par le Bali Reptile Park adjacent pour découvrir les plus gros lézards du monde : les dragons de Komodo. Non loin, près de **Mas,** les enfants peuvent se défouler dans le parcours Accrobranche du zoo, nourrir les éléphants ou voir de très près des crocodiles et des pythons ! Nuit à Ubud. ··· *Itinéraire 6.*

Jour 4. En route vers les sources sacrées de Tirta Empul à **Tampaksiring**, où, à condition de prévoir un maillot de bain, un tee-shirt et un sarong, et d'adopter une attitude respectueuse vis-à-vis des familles qui se purifient, les enfants sont invités à se baigner. Nombreux bassins avec de gros poissons rouges. Attention, l'eau est froide ! Puis, direction l'Elephant Safari Park pour nourrir et laver les éléphants, mais aussi assister à leur bain, à un spectacle et faire une promenade sur leur dos ! Nuit à Ubud. ··· *Itinéraire 5.*

Jour 5. Départ vers la **rivière Ayung** pour une matinée rafting (se renseigner sur l'ampleur des rapides à la saison des pluies ; eaux plutôt calmes à la saison sèche). Puis direction **Jatiluwih** (à 40 km N d'Ubud) pour une marche dans les rizières, à la rencontre des nombreux canards qui fécondent les parcelles. Retour à Ubud. ··· *Itinéraires 4 et 7.*

Jour 6. Ubud : Balade le matin dans la forêt des Singes, où vivent des colonies de macaques farceurs qui s'épouillent, sautent et se battent volontiers. Attention à ne pas laisser de jeunes enfants s'approcher trop près d'eux (et prendre les bébés contre soi, ne pas les laisser dans la poussette). L'après-midi, visite du musée ARMA, où un cours de danse *legong* est donné aux enfants tous les jours à 16 h. ··· *Itinéraire 4.*

Jour 7. En route vers le nord-ouest de Bali. Balade à pied dans les superbes forêts du **Parc national Bali Barat** (à 120 km NO d'Ubud), à la rencontre des singes, des cerfs et des oiseaux tropicaux. Nuit à Pemuteran. ··· *Itinéraire 14.*

Jour 8. Matinée snorkeling autour de l'**île Menjangan,** accessible en 30 min de bateau depuis la côte, pour observer mille et un poissons et coraux multicolores. Après-midi détente sur la plage. ··· *Itinéraire 14.*

Jour 8. Route jusqu'à Denpasar (à 160 km de Pemuteran) en passant par la côte. ··· *Itinéraire 14.*

Extension : Si vous disposez de davantage de temps, vous pouvez également prévoir de vous rendre à Gili Trawangan pour nager avec les tortues en snorkeling. ··· *Itinéraire 16.*

les essentiels

Uluwatu** et le surf

Le Pura Luhur Uluwatu est l'un des temples les plus importants de Bali. Perché sur une falaise à plus de 70 m de haut, il domine l'océan Indien et ses vagues puissantes. On y vient davantage pour le site exceptionnel que pour le temple, qui ne se visite pas. Rendez-vous également sur la plage d'Uluwatu pour observer les meilleurs surfeurs du monde affronter des vagues mythiques. Un vrai spectacle.
→ ***Itinéraire 2 p. 78.***

♥ Nusa Penida***

Auréolée de mystères, l'île de Nusa Penida, avec ses plages de sable blanc, ses sentiers et ses criques inexplorées, mérite qu'on s'y attarde. Ses eaux riches en plancton abritent des raies manta, des requins, des tortues et l'impressionnant poisson-lune, le *mola mola*, que l'on peut apercevoir entre mai et octobre. → ***Itinéraire 3 p. 84.***

♥ Ubud***

Qu'il fait bon flâner dans les ruelles de la capitale culturelle de l'île, glisser un œil derrière les magnifiques portes sculptées du palais Royal, rêver devant un spectacle de danse, la nuit, sur l'esplanade du Pura Taman Saraswati ou encore s'émerveiller devant les toiles des artistes locaux du musée ARMA ! → ***Itinéraire 4 p. 96.***

♥ Les tombeaux de Gunung Kawi***

Des caveaux royaux millénaires, creusés à même la falaise au creux d'une gorge tapissée de rizières en terrasses. Le site est plein de charme, surtout de bon matin, quand la nécropole à ciel ouvert semble s'éveiller le long de la rivière. → ***Itinéraire 5 p. 108.***

♥ Les rizières de Jatiluwih***

Ces rizières, parmi les plus belles de Bali, invitent à une promenade sans but, le long des canaux d'irrigation, à la rencontre des agriculteurs. On peut errer sans difficulté, d'un versant à l'autre, au milieu des parcelles vert tendre, inscrites au patrimoine mondial de l'Unesco pour leur beauté mais aussi pour les rites religieux et les pratiques culturelles qui les entourent. → ***Itinéraire 7 p. 117.***

Pura Luhur Uluwatu
© Chaput Franck / hemis.fr

Pura Taman Saraswati, Ubud
© Lemaire Stéphane / hemis.fr

Les tombeaux de Gunung Kawi
© Niels van Gijn/John Warburton-Lee/Photononstop

Rizières de Jatiluwih
© Cintract Romain / hemis.fr

les essentiels

Le mont Agung★★★ et le Pura Besakih★★★

Du haut de ses 3142 m, le mont Agung n'est pas seulement le point culminant de l'île. C'est aussi et surtout la demeure des dieux. À ses pieds, le Pura Besakih, « le temple mère », est le plus sacré de Bali. Dans la vallée autour de Sidemen, entre rizières et villages, les possibilités de promenades sont innombrables ! → ***Itinéraire 8 p. 124.***

♥ Munduk★★

Ce petit village de montagne perché dans les hauteurs, à la fraicheur bienvenue, offre de ravissantes balades vers les cascades, les rizières et à travers les plantations de girofliers ou de caféiers. Non loin, on se promène dans la jungle de Tamblingan avant de traverser le lac éponyme en quelques coups de rame. Là, le temple de Tamblingan reposant fièrement sur les eaux attend le visiteur.

→ ***Itinéraire 12 p. 150.***

À Lombok

♥ Les îles Gili★★★

Trois îlots de rêve, romantiques ou propices à la fête, aux plages de sable blanc léché par des eaux turquoise, sur lesquels on ne circule qu'à pied, à vélo ou en charrette à cheval *(cidomo)*. Le paradis ?

→ ***Itinéraire 16 p. 174.***

Le mont Rinjani★★★

3726 m de puissance, de magma et de légendes. Qu'on se lance à l'assaut de son sommet, qu'on dévale les pentes de son cratère ou qu'on se promène sur ses pentes fertiles, on se sent tout petit à l'ombre de ce volcan actif situé au nord de Lombok.

→ ***Itinéraire 17 p. 177.***

La plage de ♥ Mawun★★★

Sauvage et déserte, cette anse parfaite à l'eau émeraude, entourée de collines couvertes de végétation, invite à la baignade. Très facilement accessible depuis Kuta, elle offre une ombre naturelle salvatrice pour les familles ! Ses petites soeurs, Mawi, Selong Blanak, Tanjung Ann, et elle méritent de réaliser une incursion dans le grand sud de Lombok.

→ ***Itinéraire 18 p. 182.***

Pura Besakih

© Jon Arnold / hemis.fr

Plantation à Munduk

© Maisant Ludovic / hemis.fr

Cidomo sur Gili Meno

© Guiziou Franck / hemis.fr

Mont Rinjani

© Cintract Romain / hemis.fr

si vous aimez

Les temples

Adossés au mont Agung comme le **Pura Besakih** *(p. 127)*, accrochés à une falaise comme le **Pura Luhur Uluwatu** *(p. 81)*, posés sur un lac comme le **Pura Ulun Danu Bratan** *(p. 152)* ou dressés au cœur d'un village, les temples sont partout à Bali. Ne comptez pas les visiter tous : il y en a plus de 20 000 !

Les vagues mythiques

Depuis plus de 40 ans, les surfeurs du monde entier se retrouvent sur des vagues qui comptent parmi les plus belles au monde. Si vous avez toujours rêvé de vous mettre au surf, commencez sur les plages de **Kuta** *(p. 73)* ou de **Balangan** *(p. 80)*. Si vous êtes plus expérimenté, mesurerez-vous aux fameuses vagues d'**Uluwatu** *(p. 81)* ou de **Padang Padang** *(p. 80)*, sur la côte ouest de la péninsule du Bukit, ou à celles de **Bangko-Bangko** *(p. 173)* au sud-ouest de Lombok.

La plongée

Bali offre de nombreuses options de plongée et de snorkeling. **L'île Menjangan** *(p. 159)* est souvent considérée comme l'un des meilleurs sites de plongée. Autour de **Nusa Penida** et de **Nusa Lembongan** *(p. 89)*, vous pourrez croiser des raies manta et l'étonnant *mola mola*. Au large de Tulamben, **l'épave du Liberty** *(p. 136)* attire chaque année de nombreux plongeurs débutants et confirmés. Les plongeurs expérimentés pourront même nager avec des requins-marteaux (en saison) sur le site de **Belongas** *(p. 183)*, au sud de Lombok.

La marche

Autour d'**Ubud** *(p. 96)*, de **Tirtagangga** *(p. 138)*, de **Munduk** *(p. 150)* ou dans les forêts de **Bali Barat** *(p. 160)*, l'unique Parc national de l'île, les guides locaux vous feront découvrir toute la richesse des lieux. Les **monts Batur** *(p. 155)*, **Agung** *(p. 130)* et **Rinjani** *(p. 180)* raviront les amateurs de marche plus sportive, qui seront récompensés par de superbes vues aux sommets.

Voyager responsable

Certains centres de plongée, comme le **Baruna Dive Center** *(p. 234)*, organisent des sorties gratuites pour nettoyer les plages ou les fonds marins. De nombreux **hôtels et restaurants** misent sur la préservation de l'environnement et la consommation responsable (recyclage des déchets, captage de l'eau, nourriture bio, nettoyage des plages). Notre picto ☘ vous permettra de repérer rapidement ces adresses.

Pura Ulun Danu Bratan

© Morandi Bruno / hemis.fr

Plage de Balangan

© Jon Arnold / hemis.fr

Plongée sur un récif

© imagebroker / hemis.fr

Mont Batur

© Morandi Bruno / hemis.fr

si vous aimez

La plage

Vous rêvez de plages de sable blanc et d'eaux turquoise ? Filez à Lombok et aux **îles Gili** *(p. 174)*. Si vous voulez manger des fruits de mer les pieds dans le sable, allez dîner à **Jimbaran** *(p. 79)*. Enfin **Nusa Dua** *(p. 82)*, sa grande plage et ses *resorts* se prêtent parfaitement à quelques jours de vacances avec de jeunes enfants.

Les paysages de rizières

Quoi de plus époustouflant que ces rizières en terrasses, étalées sur près de 20 000 hectares, qui façonnent le paysage balinais ? Depuis 2010, les rizières de **Jatiluwih** *(p. 118)* sont inscrites au patrimoine mondial de l'Unesco. Une reconnaissance pour ce magnifique ensemble qui illustre également le système du *subak*, une institution coopérative de gestion de l'eau par des canaux et des barrages qui remonte au XIe s.

Les marchés

L'île regorge de superbes marchés traditionnels colorés. On se perd dans les nombreuses allées du marché de **Denpasar**, le plus gros de l'île *(p. 85)*, ou au marché aux poissons de **Jimbaran** *(p. 79)*. À Lombok, ne ratez pas le marché aux poissons de **Tanjung Luar** *(p. 184)* ou celui du village de **Sengkol** *(p. 185)*.

Le yoga et la relaxation

Ubud est devenue en quelques années la mecque balinaise du yoga, mais la mode s'est étendue à tout Bali. Au-delà du yoga, c'est aussi la détox, la relaxation ou encore la méditation qui sont à l'honneur sur l'île des dieux. Prenez un cours de yoga face aux rizières au **Yoga Barn** *(p. 226)* ou faites un stage de méditation à Sidemen au **Nirarta Centre for Living Awareness** *(p. 228)*. *Namaste !*

Les arts et la culture

La richesse de la culture balinaise fascine tout autant le visiteur que la beauté de l'île. On découvre **le savoir-faire des artisans** – orfèvres, sculpteurs sur pierre ou sur bois, tisserands, potiers –, notamment dans les nombreux villages autour d'Ubud *(p. 96)* et à Lombok, dans les villages du Sud *(p. 185)*, mais aussi **la musique et les danses traditionnelles,** comme le *kecak*, le *barong* ou le *legong* *(p. 54)*. Bali a inspiré de nombreux peintres locaux et étrangers ; de nombreux **musées** à Ubud *(p. 96)* et Nusa Dua *(p. 82)* leur rendent hommage.

Plage de Tanjung Aan, Lombok

© Laure de Charette

Marché de Denpasar

© Kay Maeritz/Look/Photononstop

Rizières de Tegalallang

© Jon Arnold / hemis.fr

Spectacle de danse traditionnelle

© Moirenc Camille / hemis.fr

repères

Spectacle de danse traditionnelle au Pura Luhur Uluwatu
© Moirenc Camille / hemis.fr

© Seux Paule / hemis.fr

La nature à l'état pur

▲ Paysage de rizières.

Bali se distingue par sa nature exubérante, luxuriante, verdoyante – on y trouve des jardins magnifiquement fleuris, des temples noyés dans la verdure, des forêts denses, de la jungle humide –, mais aussi par l'harmonie qui unit l'île à ses habitants. Les Balinais pensent que la terre est une grosse boule qui repose sur le dos d'une tortue. Quand tout va mal, la tortue se réveille et bouge, provoquant de terribles tremblements de terre.

Un peu de géographie...

Une île volcanique et fertile

Bali est apparue il y a trois millions d'années. Son relief accidenté, tout comme celui de Lombok, est façonné par une majestueuse chaîne de volcans qui s'étend d'ouest en est dans la partie nord de l'île. L'histoire de l'île est marquée par leurs éruptions, souvent violentes. Il faut dire que **Bali est située sur la grande « ceinture de feu » du Pacifique**, à l'endroit où la plaque tectonique australienne s'enfonce sous la plaque eurasienne. La terre y est fertile et le climat favorable à l'agriculture, notamment à la culture du riz. L'eau, sacrée pour les Balinais, y est une ressource majeure : quatre lacs situés dans les montagnes approvisionnent l'île (le lac Batur est considéré comme l'origine absolue de toutes les sources et rivières), et en particulier les rizières, qui ont besoin de beaucoup d'eau. Seul le sud de l'île, et surtout la péninsule du Bukit, s'avère plus sec. Lombok, quant à elle, est moins arrosée que sa grande sœur, en particulier dans sa partie sud, qui a déjà souffert de grandes sécheresses.

Entre Asie et Australie

L'Indonésie se trouve à cheval sur deux régions géographiques, l'Asie et l'Australie. Or, la ligne de démarcation passe juste entre Bali et Lombok (et entre Bornéo et Sulawesi) ! C'est un naturaliste britannique du nom d'Alfred Russel Wallace (codécouvreur de la théorie de l'évolution avec Charles Darwin) qui, au terme de soixante-dix expéditions dans l'archipel indonésien dans les années 1860, a mis au jour cette frontière invisible. Ainsi, les écosystèmes et les espèces animales, à la fois terrestres et marines, sont très différents de part et d'autre de cette ligne. Et pour cause : les deux îles furent longtemps très éloignées avant que la dérive des plaques continentales ne les rapproche.

Les paysages de rizières

Plates ou en terrasses (la terre retient alors mieux l'eau), les rizières confèrent à Bali une beauté inouïe. **Le riz balinais est considéré comme le meilleur d'Indonésie.** Sa culture est à ce point millénaire et sacrée que le plant de riz représente le corps de la déesse du riz, Dewi Sri, et que de nombreux tabous et rituels entourent sa récolte. Ainsi doit-il être impérativement coupé de la main droite – la gauche étant considérée comme impure – à l'aide d'une sorte de cutter au manche décoré.

La rizière est un écosystème en soi : le soir, les hérons viennent s'y poser pour dîner des grenouilles qui s'y égaient ; les canards viennent y déposer leurs fientes et manger les escargots ⇢ encadré p. 28. Les fermiers eux-mêmes viennent y organiser des concours de pêche : ils attrapent des crevettes, des grenouilles, des escargots et des anguilles, dont ils se régalent ensuite. Le tout sous le regard impavide des épouvantails, plantés dans la boue, une noix de coco en guise de tête !

Un calendrier précis

Le travail du riz obéit à un calendrier très précis. Le terrain est d'abord mis en jachère puis nettoyé, la terre est retournée à l'aide de bœufs ou d'un tracteur (surnommé « japanese cow »). Des sillons sont ensuite creusés, dans lesquels le fermier glisse des graines. Puis il dispose de la paille sur toute la superficie de la parcelle. Ainsi, la température montant, les graines de riz germent et poussent. La parcelle est ensuite inondée. On éclaircit les jeunes pousses de riz, plantées serrées, et on les repique à la main, une par une, dans une autre parcelle remplie d'eau, en lignes régulières bien espacées les unes des autres. Le terrain est ensuite asséché pour que les tiges jaunissent. Enfin seulement la récolte peut avoir lieu, une à trois fois par an selon les régions.

L'eau : une gestion inscrite au patrimoine de l'humanité

Il existe un symbole parfait de l'harmonie des Balinais avec la nature et les dieux : le ***subak***. Son principe est simple : les agriculteurs décident quelle parcelle sera inondée par la source, déviée en sa faveur, et qui devra patienter jusqu'à la lune suivante, sachant que 50 à 400 fermiers se partagent une même source. Dans les maisonnettes jouxtant les parcelles se réunit régulièrement le conseil *subak*, sous la houlette d'un chef. Ensemble, les hommes déterminent le calendrier de répartition de l'eau. En cas de litige, ils s'en réfèrent au code juridique écrit, appelé *awig-awig*, qui détaille les droits et les devoirs des membres du *subak*. Il s'agit donc d'une organisation coopérative d'irrigation, mais pas seulement : si le *subak* balinais a été classé patrimoine mondial par l'Unesco, c'est parce qu'il s'agit d'un système millénaire (des documents datant de 1071 en font mention), égalitaire, unique au monde et qui regroupe l'ensemble des rituels agricoles et religieux entourant la gestion de l'eau à Bali.

Heureux comme un canard…

…dans sa rizière ! Il n'est pas rare de voir une joyeuse bande de canards – parfois une centaine – cancaner dans une rizière. Ils sont très prisés des agriculteurs car, non seulement ils nettoient la parcelle de sa vermine, mais leurs fientes fécondent les champs et leur piétinement oxygène la terre. Leur présence permettrait d'augmenter de 30 % la production de riz. Des bergers en font donc leur fonds de commerce : le matin, ils emmènent la petite troupe docile dans la parcelle désignée ; ils y plantent un bâton surmonté d'un drapeau blanc (qui sert de point de repère pour les canards en mal d'aventures) et viennent les récupérer le soir. Cette méthode balinaise existe depuis toujours et a été introduite dans d'autres pays. ◆

Une agriculture riche et diversifiée

À Bali, on cultive du riz, bien sûr, ainsi que beaucoup d'autres produits : des fruits et légumes, évidemment *(p. 33)*, mais aussi du taro, des palmiers, des fleurs pour les offrandes, de l'épinard d'eau, du piment, du soja, etc. Dans les montagnes, sur les pentes des volcans, là où la terre est la plus fertile, on cultive aussi des clous de girofle *(p. 151)*, du cacao, principalement destiné à l'exportation, et du café, depuis 1750. Au large des côtes, la culture d'algues fait vivre de nombreux villages. À marée basse, les hommes récupèrent, sur des filets tendus entre des piquets, jusqu'à 200 kg d'algues qu'ils portent sur leur dos. Puis les femmes, à terre, les trient en fonction de leur couleur avant de les faire sécher au soleil. Des camions viennent ensuite les chercher pour les emmener vers les usines de Jakarta ou Surabaya, où les algues sont utilisées, notamment comme gélifiants ···› **encadré p. 91**.

Le royaume des bêtes

Dans la jungle, aux abords des temples ou près des routes de forêt, vous apercevrez certainement des macaques à longue queue jouer, s'épouiller ou quémander un brin de nourriture (méfiez-vous tout de même, ils peuvent s'avérer de redoutables pickpockets !). Au nord-ouest, l'une des régions les plus riches en animaux (cerfs, buffles, reptiles, oiseaux), les plus chanceux pourront observer le Bali Starling. Cet étourneau est une espèce endémique à Bali, encore vivante bien que menacée par le commerce illégal d'oiseaux en cage ···› **encadré p. 162**. Il en reste quelques dizaines à peine dans le Parc national Bali Barat. En revanche, n'ayez crainte, il n'y a plus aucun risque que vous tombiez nez à nez, comme l'artiste hollandais W.O.J. Nieuwenkamp au début du XXe s., avec une espèce

▶ Le Bali Starling, l'étourneau de Bali, est une espèce en voie de disparition.

© Soberka Richard / hemis.fr

endémique de tigre, réputé mangeur d'hommes. Le dernier spécimen, une femelle, a été tué par des chasseurs en 1937. Nouveau venu parmi la faune locale, un hibou aux plumes marron et blanc et aux grands yeux dorés, identifié grâce à son hululement par plusieurs chercheurs en 2013 à Lombok. Il appartient à une espèce inconnue !

Fleur parmi les fleurs

À Bali, la flore est riche et variée. Plus de 30 000 espèces de fleurs s'y épanouissent, pour le plus grand bonheur des voyageurs et des Balinais. Ils aiment en effet disposer une fleur fraîche derrière leur oreille, en un geste d'une grâce infinie, le matin ou lors des danses rituelles – les danseurs de *kecak* ···> encadré p. 77 utilisent une fleur d'hibiscus rouge, tandis que les jeunes danseuses de *legong (p. 54)* ornent leur coiffe d'une fleur de frangipanier blanche, jaune, rose ou fuchsia (surnommée la fleur des dieux) au parfum envoûtant. Les Balinais aiment aussi glisser quelques pétales entre leurs mains jointes lors de la prière ou réaliser de somptueuses offrandes de fleurs lors d'une cérémonie.

Le banian, symbole d'éternité

Le banian tient un rôle majeur parmi la flore locale. Vous en verrez beaucoup à Bali, se dressant, immenses et superbes, notamment en surplomb des temples. Appartenant à l'espèce du figuier, il est considéré comme sacré car Bouddha aurait connu l'illumination sous son feuillage. Ainsi, avant de couper des lianes au-dessus d'une route par exemple, faut-il impérativement faire des offrandes à l'arbre. Lorsqu'elles touchent terre, les branches prennent racine et se développent en tronc. Le banian ne meurt donc jamais, ce qui en fait un symbole d'éternité. Les banians confèrent aux temples un faux air du film *Avatar*, avec leurs lianes aux ramifications infinies qui tombent en pluie jusqu'au sol. Ils peuvent avoir des centaines de gros troncs et plusieurs milliers de petits. Le plus gros banian du monde se trouve en Inde : il mesure 131 m de diamètre ! ◆

focus

L'urgence écologique

Les Balinais hindous vénèrent tout particulièrement la nature. La relation avec l'environnement est en effet l'un des piliers du Tri Hita Karana, qui vise à une relation harmonieuse entre les domaines de l'esprit, du monde humain et de la nature. Pourtant, aujourd'hui, en raison d'une explosion du tourisme de masse et en l'absence de politique de développement durable, ce concept s'est vidé de sa substance et l'environnement est sérieusement menacé.

Une crise de l'eau d'ici 2015 ?

Selon une étude réalisée par le Dr Stroma Cole, chercheuse britannique et ex-présidente de l'ONG Tourism Concern, l'industrie touristique à Bali consomme trop d'eau. En effet, **65 % des ressources en eau de l'île sont absorbées par le tourisme.** Le nombre de chambres d'hôtel est passé de 5 000 en 1982 à 90 000 en 2012. À cela s'ajoute le développement des spas, des villas avec piscines et Jacuzzi, et des golfs, grands consommateurs d'eau. Entre 2000 et 2006, l'utilisation des ressources de l'île (sources, rivières et lacs) est passée de 73 % à 85 %, atteignant ce qui est considéré comme un « seuil critique ». Cette surconsommation provoque aujourd'hui des pénuries et des conflits de plus en plus nombreux entre les communautés villageoises chargées de l'irrigation des rizières *(subak)* et les villages qui autorisent le développement touristique sur leurs terres.

Quand les villas remplacent les rizières

Face au développement des infrastructures hôtelières et à la spéculation immobilière, plus de 1 000 hectares de rizières disparaissent chaque année. Ce n'est pas seulement un symbole du paysage balinais qui disparaît, mais aussi des pans entiers de l'économie rurale. Les zones de production de riz de la région de Tabanan, considérée comme le grenier de Bali, ont presque été divisées par trois en cinq ans, passant de 60 000 hectares en 2001 à seulement 22 000 hectares en 2006. Parallèlement, les jeunes Balinais préfèrent quitter l'éreintant travail des champs ou des rizières pour occuper un emploi mieux rémunéré dans l'industrie hôtelière. Et qui pourrait reprocher à un paysan de vouloir vendre ses terres face à l'envolée des prix du terrain ?

La question des déchets

Partout, le plastique pollue l'espace balinais. Il est le symbole le plus visible d'un problème de pollution beaucoup plus vaste. On estime que plus de 1500 m^3 de déchets plastiques sont produits quotidiennement à Bali. À cela s'ajoutent les ordures : les cinq millions de touristes locaux et étrangers qui visitent l'île tous les ans produisent à eux seuls 2500 tonnes d'ordures par jour. Selon une enquête réalisée par le WWF, la plupart des ordures produites à Bali finissent dans des décharges « informelles » et dans les rivières.

L'érosion et les coraux en danger

À Bali, l'érosion du littoral est un sujet de préoccupation depuis plusieurs années. Selon le quotidien indonésien *Kompas*, 181 km de côtes ont été victimes de l'érosion en 2009, soit 41,5 % du littoral balinais, contre seulement 98 km en 2008 et 49 km en 1987. On apprend aussi dans l'hebdomadaire *Courrier International* que le budget national alloué en 2011 à la lutte contre l'érosion ne s'élevait qu'à environ 20 millions d'euros, soit de quoi gérer 30 km de côtes sur les 19000 que compte l'archipel indonésien. En 2010, Bali a pu compter sur l'aide du Japon qui a octroyé 400000 € afin de protéger les plages touristiques et les lieux sacrés. La ville de Candi Dasa, dans l'est de Bali, illustre ces problématiques d'érosion *(p. 133)*. Sur l'île de Serangan, dans le sud, la majorité des récifs coralliens a été détruite durant l'expansion de l'île il y a 20 ans.

Les récifs coralliens de Bali et des îles Gili autour de Lombok ont également été endommagés par la pêche au mercure et à la dynamite. Des associations comme Gili Eco Trust œuvrent pour restaurer les récifs, nettoyer les plages, éduquer les populations, prendre soin des coraux et mieux les connaître grâce à des études scientifiques. ◆

▼ Bali concentre près de son littoral 53 % des récifs coralliens du monde et 75 % des espèces de coraux.

© imagebroker / hemis.fr

© Morandi Bruno/Sime/Photononstop

À table !

▲ Étal de marché à Ubud.

Cuisine d'influences, la cuisine balinaise révèle des saveurs empruntées à Java, l'Inde, la Malaisie, la Chine ou encore la Hollande. Occupant une place mineure dans le quotidien des Balinais, la gastronomie se dévoile en revanche avec tous ses fastes lors des grandes cérémonies religieuses. Au hasard de ses promenades, le touriste découvrira la cuisine des rues : bon marché, variée et relevée sans être trop épicée.

Du riz et des légumes

Matin, midi et soir, le riz reste l'alimentation de base des Balinais et représente 75 % de la composition d'un repas. Avec le riz, la noix de coco, la banane, la cacahuète et le soja sont les piliers de la cuisine indonésienne. Impossible de trouver un repas sans au moins un de ces ingrédients !

Les Balinais consomment également beaucoup de légumes, bien souvent inconnus du touriste occidental, comme par exemple des jeunes pousses de fougères (*paku* en balinais), des *sayurgonda*, des légumes-feuilles qui poussent dans les rizières avec le riz, de la feuille de patate douce ou encore de la feuille de potiron.

Le cochon, un mets de choix

Contrairement aux hindous d'Inde, **les Balinais ne sont pas végétariens au sens strict.** Si, au quotidien, les Balinais mangent peu de viande ou de poisson, ils en consomment lors des fêtes.

À la différence du reste de l'Indonésie, à majorité de confession musulmane, le porc occupe une place de choix dans les repas de fête. Pas de cérémonies dignes de ce nom, notamment lors des fêtes de *Galungan* *(p. 57)* ou des mariages, sans *babi guling*, un cochon de lait rôti à la broche, ou *lawar*, plat réalisé avec du sang de porc. Dans de nombreux villages, on ne mange encore de la viande (surtout du canard, du poulet ou du cochon) qu'à l'occasion des cérémonies. Ce choix est bien sûr d'ordre économique, mais c'est aussi en raison de son caractère sacré que la viande n'est consommée que pour les grandes cérémonies. Ce sont alors exceptionnellement les hommes qui cuisinent. Le repas quotidien est en revanche préparée par les femmes, le matin, et n'est pas l'occasion d'une réunion familiale. **Chacun prend ses repas en solitaire et à son rythme.**

Au paradis des fruits

Un voyage à Bali, c'est aussi l'occasion de goûter à de délicieux fruits tropicaux. Entre les mangues, les fraises, les bananes, les papayes et les mangoustans, ce litchi aux cheveux rouges, vous n'aurez aucun mal à manger vos cinq fruits quotidiens ! Sans compter les délicieux jus que l'on trouve un peu partout (si vous n'avez pas le palais trop sucré, demandez-les sans sucre ou *tempa gula*). Depuis février 2013, le gouvernement encourage les hôtels et les restaurants à proposer des fruits locaux. Une décision qui fait suite à un constat effarant : 80 % de la production locale, soit près de 195 000 tonnes de fruits, partiraient directement à la poubelle, faute d'acheteurs. À Bali, privilégiez donc les fruits locaux.

Les desserts balinais

Vous trouverez de nombreuses pâtisseries et friandises, ou *jaja* en balinais. Elles sont rarement consommées comme un dessert à la fin du repas mais plutôt le matin

Le piment de la vie

Le piment est l'élément le plus important de la nourriture balinaise et indonésienne au sens large. On en recense pas moins de sept variétés, depuis le plus puissant et le plus petit, le piment oiseau *(cabe rawit)*, jusqu'au *cabe lombok* (le long piment rouge très doux), en passant par le *rawit sunda* (court comme le *cabe rawit* mais plus épais), le *keriting* (long et frisé) le *jambu* (semblable au *jalapeño* mexicain), le *tomat* ou le *terong*, qui ressemblent à des tomates ou des aubergines. Si le piment est essentiel pour la réalisation du *bumbu* (une préparation d'épices), il est également utilisé pour les *sambal* (une purée de piments). On distingue deux grandes familles de *sambal*, les crus et les cuits. Le plus célèbre est le *sambal matah* qu'on sert avec du poisson ou du poulet. ◆

ou pour accompagner un thé ou un café l'après-midi. Ces pâtisseries sont un véritable festival de couleurs : rose, vert, fluo parfois et même à rayures. Certaines ne sont réalisées que pour les cérémonies. Pour la grande fête de *Galungan* par exemple, les Balinais préparent des *dodol*, à base de farine de riz gluant, de sucre de palme, de lait de coco et de sel. Elles peuvent être parfumées à l'aide de différents fruits comme le durian, la banane ou la cacahuète, puis elles sont enroulées dans des feuilles de maïs pour être conservées. En dehors des cérémonies, les friandises les plus connues sont le *bubur ijin*, un gateau de riz noir arrosé de lait de coco et recouvert de morceaux de banane, ou le *kue lapis*, reconnaissable à ses couches de couleur marron, vert, rouge et blanc. Vous pourrez également goûter les *dadar gulung*, de petites crêpes (de couleur verte !) réalisées à partir de farine de riz et fourrées avec un mélange de noix de coco râpée, de sucre de palme, de café ou de chocolat.

Santé !

Tiré de la sève de palmier ou de noix de coco (à base de riz parfois), l'arak est un liquide trouble et blanchâtre auquel on ajoute du sucre de canne. Cet alcool fort (37 à 50 °), bon marché (entre 8 000 et 20 000 Rp), est bu à l'occasion des combats de coqs et est offert aux démons lors des cérémonies religieuses. Certains affirment qu'il est doté de quelques vertus médicinales et faciliterait la cicatrisation des plaies.

Prudence !

Lorsque vous vous laissez aller à déguster un cocktail à base d'arak, soyez prudents et vérifiez bien qu'il porte le label officiel Arak Bali. Chaque année, plusieurs personnes décèdent à la suite d'une consommation d'arak frelaté contenant du méthanol. ◆

▶ Cuisine improvisée sur la plage.

Les touristes, eux, le boivent mélangé à du jus de fruits *(arak attack)* ou avec de l'eau, du miel et une tranche de citron vert *(arak madu)*. Parmi les autres alcools, on trouve également du *brem*, vin de riz, ou du *tuak*, du vin de palme. À Bali, **les vins importés sont hors de prix** en raison de fortes taxes. C'est donc l'occasion de découvrir le vin de Hatten, le principal producteur de l'île. Le rosé, très agréable pour l'apéritif, se marie plutôt bien avec la nourriture indonésienne. En cas d'hésitation, vous pourrez sans peine prendre une bière locale, la Bintang, que l'on trouve partout.

Spécialité de Lombok

L'île-piment possède une spécialité : *l'ayam taliwang*, du poulet grillé avec une sauce au chili. Le poulet est d'abord mariné, puis grillé sur des braises de noix de coco avant d'être enduit d'une purée de piment dite *sambal* ⋯> encadré p. 33.

Les *warung* ⋯> encadré ci-contre proposant de la cuisine de Lombok portent tous le nom générique de Warung Taliwang. Taliwang est le nom d'une petite ville de Sumbawa, une des petites îles de la Sonde occidentales située entre les îles de Lombok et de Florès d'où est originaire cette cuisine. D'après la légende, le roi Anak Agung fit venir à Lombok au XVIIIe s. des soldats originaires de ce village. Certains d'entre eux devinrent cuisiniers dans l'armée et transmirent leur savoir-faire. Même après leur départ, les Sasaks conservèrent leur méthode !

La nourriture des Dieux

À Bali, il n'y a pas que les humains qui se nourrissent. Les dieux aussi ont leurs mets de choix et sont

toujours servis les premiers. Ainsi, avant de consommer du riz, on en offre toujours aux esprits.

On dit par ailleurs que **le poulet est la nourriture préférée des démons**. Lors des cérémonies hindouistes, pas moins de sept poulets sont utilisés à seules fins d'offrandes aux démons et aux puissances souterraines. Quand un Balinais est victime de magie noire, on sacrifie un poulet noir et frisé *(siap cemani)*, dont on donne la graisse et la chair à manger au possédé. Le canard, lui, constitue l'offrande de choix pour les dieux.

Dans la religion hindoue, la noix de coco (*nyuh* en balinais) est également au cœur des offrandes. Elle est utilisée pour les *daksina*, une offrande renouvelée à chaque pleine lune. Cette noix de coco représente le monde (*gumi* en balinais), la chair représentant la terre. On y ajoute un œuf et du riz comme symboles de la vie et de la nourriture. Pour certaines grandes cérémonies qui ont lieu tous les 10 ans, les neuf variétés de noix de coco qu'on trouve à Bali sont utilisées. À la fin de la cérémonie, elles sont enterrées sous le temple. À partir de la noix de coco, on confectionne une huile magique dotée du pouvoir de soigner tous les maux ! L'eau de *nyuh gading*, une des neuf variétés de noix de coco, serait dotée du pouvoir de purification spirituelle *(melukat)*. On l'utilise pour nettoyer les pierres sacrées *(batu bertuah)* et les kriss pour les recharger en énergie. ◆

Le *warung*

Impossible de manger à Bali sans s'asseoir dans un *warung*. Au bord de la route, sur la plage, ou au milieu des rizières, c'est le cœur de la vie balinaise. Autour de quelques tables en bois et de petites chaises en plastique, le *warung*, petit établissement familial, propose une cuisine traditionnelle et bon marché. Certains sont spécialisés dans la réalisation d'un plat en particulier ou dans ceux d'une région d'Indonésie. Dans les campagnes, le *warung* joue le rôle de restaurant, de café et de petite épicerie. ◆

© Ray Maeritz/Look/Photononstop

Des dieux et des hommes

▲ Pura Besakih.

Avec sa multitude de temples, ses offrandes colorées, ses cérémonies quotidiennes, la religion est partout à Bali et les Balinais y consacrent un tiers de leur temps et de leur budget. Cette religion omniprésente et complexe fascinera le visiteur, qui aura parfois du mal à s'y retrouver dans cette île aux dieux multiples.

Un hindouisme mâtiné

L'hindouisme balinais est la religion majoritaire à Bali. Selon le dernier recensement, en 2010, sur près de 4 millions de résidents à Bali, les hindous constituaient 87 % de la population, les musulmans 10 %, les protestants 1 %, les catholiques un peu moins de 1 % et les bouddhistes 0,5 %. S'il est difficile de définir précisément ce qu'est cette religion balinaise, l'anthropologue Franck Michel explique dans un article intitulé *L'Indonésie, Bali et les religions : l'unité dans la diversité ?* qu'il s'agit d'un hindouisme « mâtiné, mélangé, infusé d'éléments animistes, bouddhiques ou chamaniques » . Michel Picard, chercheur au CNRS et spécialiste de la société balinaise, déclare quant à lui dans son essai *Religion, tradition et culture. La construction dialogique d'une identité balinaise* que « la religion balinaise est une religion localisée, dont les rites consistent à entretenir un ensemble de liens, d'ordre à la fois généalogique (avec les ancêtres), social (entre différents groupes humains) et territorial (avec les lieux d'origine et de résidence) ».

Agama Hindu di Bali

Après l'indépendance de l'Indonésie, le Ministère des cultes, contrôlé par les musulmans, a imposé aux Indonésiens d'adhérer à une religion professant une conception strictement monothéiste du divin et qui ne soit pas limitée à un groupe ethnique particulier. Aussi, pour ne pas avoir à se convertir à l'islam ou au christianisme, les réformateurs balinais ont réinterprété l'héritage indo-javanais pour se conformer aux dogmes et aux modes d'organisation d'une religion monothéiste. C'est ainsi qu'ils ont désigné Acintya, ou Sang Hyang Widhi Wasa, comme leur Dieu suprême, alors même que cette divinité, associée au dieu Soleil, ne faisait pas l'objet d'un culte auparavant. En 1958, les efforts des Balinais ont finalement abouti à la reconnaissance de la « religion hindoue balinaise » (Agama Hindu di Bali) comme une forme monothéiste de l'hindouisme.

L'importance de l'eau

L'eau occupe une place tellement importante à Bali que le ritualisme balinais fut un temps appelé « religion des eaux lustrales ». Elle illustre la double fonction de l'eau, pour l'irrigation des cultures mais aussi pour de nombreux rituels et actes de purification. Elle s'apparente alors à l'eau bénite utilisée par les chrétiens. Cette eau « lustrale », dont le nom vient du latin *lustralis* et qui signifie « expiatoire », est spécialement recueillie et « préparée » sous les auspices de prêtres avertis.

Le culte de la nature et des ancêtres

La nature est présente partout à Bali et chacun de ses éléments est la propriété d'un esprit ou d'une divinité que l'on honore par un autel accueillant les offrandes. Vous verrez de nombreux arbres dont le tronc est entouré d'un sarong, signe qu'il est vivant. **Chaque village possède un banian sacré.** Symbole de vie par son côté protecteur, le banian est aussi relié au culte des ancêtres et à la mort. La montagne et les volcans occupent également une place particulière dans les cultes balinais. Le sommet du volcan Agung est ainsi considéré comme le berceau des dieux et des ancêtres.

L'arrivée de l'hindouisme à Bali

L'arrivée de l'hindouisme à Bali remonte au VIIIe s., lorsque des princes balinais firent venir d'Inde des prêtres à la fois hindous et bouddhistes. Après leur enseignement, les Balinais ont adopté la « Trimūrti », ou les trois dieux hindous : Brahma, le créateur, Wishnou, le protecteur et conserva-

teur, et Shiva, le destructeur. Chacun de ces dieux se manifeste à travers différentes formes, parfois positives, parfois négatives. Shiva incarne à lui seul les deux forces opposées de la destruction par la mort et de la renaissance, dont l'équilibre est symbolisé par la danse. D'Inde, Bali a également adopté le *Mahabharata* et le *Ramayana*, les deux grands poèmes épiques de l'hindouisme. Avec une petite adaptation locale cependant : à la place du mont himalayen Meru, c'est le mont Agung qui est considéré comme le lieu de résidence du dieu Shiva.

Au XIIIe s., le rayonnement de la dynastie Majapahit à Bali favorise la diffusion d'une vision javanaise de l'hindouisme. Au XVIe s., déstabilisé par l'arrivée de l'islam à Java, le royaume de Majapahit se réfugie à Bali, entraînant avec lui les survivants de sa famille, les courtisans, les artisans et les brahmanes, renforçant l'influence hindouiste sur l'île. Le plus célèbre d'entre eux est sans aucun doute **Dang Hyang Nirartha**, considéré comme l'un des précurseurs du courant shivaïte à Bali et le principal architecte de la renaissance de l'hindouisme balinais au XVIe s. Il serait à l'origine de l'introduction du système des castes à Bali. On dit aussi qu'il serait le fondateur des principaux temples de Bali dont celui d'Uluwatu *(p. 81)*.

Tout en adoptant l'hindouisme de Java, les Balinais n'ont pas renoncé à leurs cultes aux ancêtres. C'est ainsi que dans les temples, les autels restent attribués aux divinités des origines du territoire et aux ancêtres fondateurs du village.

Le cosmos

Même s'il est difficile de comprendre les subtilités de la religion balinaise, il faut savoir que pour

▲ Femmes portant des offrandes sur le bord de la route.

les Balinais, toutes les choses ont un lien entre elles, qu'elles soient animées ou inanimées. Partout, les deux forces négative et positive s'opposeront toujours car elles sont essentielles. L'univers est composé d'une partie négative, là où siègent les démons, d'une partie neutre où se trouve l'homme, et d'une partie positive, qui est le domaine des dieux. **L'homme a pour mission de faire s'équilibrer les forces du mal et du bien.** Un équilibre symbolisé par l'étoffe sacrée, le *poleng*, à carreaux noir et blanc.

Les offrandes pour les dieux et les démons

Partout à Bali, vous verrez des femmes préparer des offrandes ou les porter avant de les déposer ici ou là: à un carrefour, devant leur maison, un temple ou une petite échoppe.

Afin que l'énergie soit équitablement répartie, il est indispensable de faire des offrandes aux dieux pour les célébrer mais aussi aux démons pour les apaiser. Une attention particulière est consacrée à l'élaboration des offrandes pour les dieux. Les plus impressionnantes sont notamment les *banten tegeh* qui peuvent mesurer jusqu'à deux ou trois mètres de haut et sont constituées d'un assemblage de *jaja*, de petits gâteaux balinais, de fruits et d'œufs. Les *sarad*, d'autres offrandes spectaculaires, sont sculptées dans de la pâte de riz multicolore. Elles sont généralement réalisées par des femmes de haute caste. Pour les démons et esprits « du bas », il faut non seulement leur fabriquer des offrandes mais également réaliser des sacrifices. À la fin des cérémonies, le prêtre tue un poussin et laisse son sang sur le sol pour abreuver les démons. À la différence des offrandes réalisées pour les dieux, les offrandes pour les démons doivent être très laides, mais comme toujours très élaborées.

Les prêtres

Les prêtres sont les gardiens de l'harmonie dans l'univers balinais. On distingue trois catégories de prêtres, les grands prêtres ou ***pedanda***, les prêtres des temples, les ***pemangku***, et enfin les médiums ou les guérisseurs appelés ***balian***. Les grands prêtres sont originaires de la caste des brahmanes. Ils officient souvent pour des cérémonies privées. Ils sont notamment responsables de la fabrication d'eau lustrale, indispensable lors des fêtes, rites funéraires et rites de passage. Les *pemangku* sont facilement identifiables car ils sont toujours vêtus de blanc. Contrairement aux *pedanda*, ils n'appartiennent pas forcément à la caste des brahmanes. Ils sont en revanche rattachés à un temple qui les entretient. Quant aux *balian*, ils agissent sur l'équilibre cosmique en utilisant des plantes, des racines, des massages et des pouvoirs magiques. Certains *balian* ont un pouvoir transmis de père en fils, c'est le cas des *balian usada* qui rétablissent l'équilibre entre le corps et l'esprit. Ces lettrés ont également accès aux textes de la médecine traditionnelle. Héritiers d'une longue tradition d'utilisation des plantes, ils se servaient de la quinine pour soigner la malaria bien avant les pharmaciens modernes. Enfin, les *balian ketakson* ont été choisis par les dieux. Ils n'ont pas étudié ni reçu de savoir ancestral. Lorsqu'ils découvrent leur pouvoir, la plupart des *balian* s'arrêtent de travailler et se consacrent uniquement à la guérison de ceux qui viennent à eux.

Les temples balinais

On dit qu'il y a à Bali plus de temples que de maisons. C'est dire la multitude de temples qui façonnent le paysage.

Dans chaque village que vous traverserez, vous pourrez compter au minimum trois temples : le temple des cérémonies officielles, le ***Pura Desa***, le temple du culte des ancêtres, le ***Pura Puseh***, et le temple réservé au culte des morts et des âmes en cours de purification, le ***Pura Dalem***. À ces temples de village, il faut ajouter ceux des familles, des rizières, des cimetières, des sources, des marchés, des grottes, des plages et des bords de mer.

Le temple où descendent les dieux est séparé du monde profane. On y pénètre par une haute porte fendue derrière laquelle se succèdent trois cours séparées par de grands porches. Dans les deux premières cours, où avaient lieu les combats de coqs, désormais officiellement interdits, on trouve des pavillons à toit de chaume qui servent à la préparation des offrandes, de salle de réunion et d'estrade pour l'orchestre. On trouve également une haute tour qui abrite le *kulkul*, le tambour que l'on sonne lors des cérémonies ou pour donner l'alerte. Passée la seconde cour, on aborde la dernière, gardée par des statues, où se trouve le sanctuaire proprement dit. Seuls les fidèles peuvent y accéder car c'est là que descendent les dieux pour assister aux cérémonies. Le port de la ceinture sacrée qui sépare le haut du corps, pur, et le bas, impur, est obligatoire. Dans ce sanctuaire se dressent aussi les *meru*, aux tours de bois souvent richement sculptées et aux toits en fibre de palmier superposés, dont le nombre, toujours impair, varie selon l'importance du dieu, le maximum étant 11 étages. ◆

▶ Fabrication d'offrandes.

La prière

© Morandi Bruno / hemis.fr

À Bali, la prière occupe une bonne partie de la journée. Elle peut se dérouler au temple du village ou, plus fréquemment, devant l'un des nombreux autels. C'est un acte codifié dont les différentes étapes sont annoncées par une clochette :

1. Puja trisandia (asana & pranayama & karashadana) : Le prêtre dispose devant lui des récipients contenant de l'eau lustrale et des pétales de fleurs. Du riz cru et mouillé est disposé dans un plateau. Les hommes sont assis en tailleur, les femmes sont assises sur leurs talons. Devant eux, un panier contient des fleurs et un bâton d'encens allumé grâce auquel s'établit la connexion divine. Le prêtre commence à purifier les fidèles en les aspergeant d'eau. Ils vont ensuite, des deux mains, recueillir la fumée de l'encens qui monte vers les dieux et s'en enduire le visage.

2. Atmatatwamaswaha : On prie, les mains ouvertes, afin de favoriser les liens avec l'âme et les divinités.

3. Sri anamastuti : Les mains jointes en prière, le fidèle prend une première fleur, généralement un pétale de frangipanier blanc, vénérant le dieu suprême Sang Hyang Widhi qui incarne également le symbole de la renaissance journalière du lever de soleil.

4. Trimūrti : Le fidèle prend cette fois des fleurs colorées pour vénérer la trinité hindoue, les dieux Brahma, Vishnou et Shiva.

5. Samidaya : Plusieurs fleurs entre les doigts, le fidèle prie à nouveau tous les dieux cités précédemment, ainsi que les divinités secondaires ou de son propre choix.

6. Shanti : La prière touche à sa fin. Les mains sont ouvertes en quête de paix intérieure. C'est aussi le moment où l'on échange, entre proches voisins, des sourires et quelques souhaits de paix et bonheur.

7. Nunas tirta : Il s'agit de la prière effectuée au sein de l'espace sacré d'un temple. Le fidèle, les mains le long du corps, est aspergé d'eau lustrale. Il place ensuite sa main droite dans la gauche, formant une coupelle dans laquelle il reçoit de l'eau à trois reprises. Les deux premières fois, le fidèle boit l'eau, censée lui permettre d'avoir de bonnes paroles. La troisième fois, le fidèle s'en enduit le visage. L'eau devra l'aider à agir correctement. Pour terminer, le *pemangku* donne au fidèle des grains de riz que ce dernier va se coller sur le front, les tempes et la gorge. Le reste des grains sera saupoudré sur la tête, se mêlant aux cheveux. Les quelques grains restant sont dégustés comme une sucrerie venant de l'au-delà.

Pour en savoir plus : Franck Michel, *En route pour Bali, Chroniques d'un paradis en mutation*, Presses de l'Université de Laval, Coll. « Anthoropologie », 2013.

Us et coutumes

▲ Cérémonie de crémation.

Bali n'est peut-être qu'une île perdue au milieu d'un archipel indonésien qui en compte près d'un millier, mais elle reste un monde en soi, avec ses règles, ses croyances, sa langue et ses rites parfois uniques au monde. Leur diversité et leur complexité en font une destination à part.

Les rites de passage

De sa naissance jusqu'après sa mort, un Balinais voit sa vie rythmée par un certain nombre de cérémonies organisées dans son village, auxquelles vous pourrez assister sans que cela dérange.

La naissance

La famille se rassemble une première fois aux 6 mois de grossesse, puis quand le cordon ombilical du bébé tombe, et 42 jours après la naissance, lorsque les esprits négatifs qui entouraient le bébé le quittent, enfin à trois mois, lorsqu'on lui donne son prénom. Lorsque l'enfant atteint 210 jours, soit un an balinais, on lui rase la tête pour le purifier et on lui pose les pieds par terre pour la première fois, lors d'une fête de famille. **Les bébés sont sacrés** car ils arrivent tout juste du monde des dieux (les grands-parents le sont tout autant car, eux, vont bientôt le rejoindre). Vers l'âge de la puberté (mais souvent plus tard, faute de revenus suffisants pour financer la cérémonie), se déroule le limage des dents, un rite de purification destiné à tuer le caractère démoniaque de l'adolescent, marquant le passage vers le monde des adultes. En réalité aujourd'hui, le prêtre aiguise deux canines et quatre incisives plus qu'il ne les lime véritablement, car cet acte est très douloureux.

Le mariage

Ensuite vient l'heure du mariage, une étape essentielle dans la culture balinaise, au point que c'est généralement la première question que les gens rencontrés vous poseront: «Êtes-vous marié?» Vous verrez souvent des huttes au milieu des rizières. Garçon et fille viennent s'y retrouver l'espace de quelques nuits dans une discrétion toute relative puisqu'il s'agit en fait de faire connaître leurs intentions au chef du village, qui se chargera de convaincre les parents de la nécessité d'unir les tourtereaux. Les parents de la fille, bien que souvent déjà au courant, prétendent découvrir le soi-disant rapt. Cette stratégie traditionnelle, dite de l'enlèvement *(Ngerorod)*, permet de célébrer un mariage moins fastueux et donc moins coûteux, les beaux-parents n'étant pas censés avoir approuvé l'union. Le jour J, une cérémonie a lieu chez la mariée pour informer les ancêtres que la jeune fille quitte sa branche familiale pour celle de son époux (en cas de divorce, une nouvelle cérémonie aura lieu pour prévenir les ancêtres que l'ex-épouse réintègre sa famille).

Le divorce à Lombok

À Lombok, le taux de divorce est particulièrement élevé. Il n'est pas rare qu'une femme tout juste rencontrée vous dise qu'elle est divorcée. Islam et tradition obligent, un jeune ne peut pas passer quelques instants seul à seul avec sa bien-aimée, avec qui, pourtant, il échange moult SMS ou messages sur Facebook. S'il veut un brin d'intimité, il doit donc... l'épouser! Dès lors, il n'est pas rare que quelques semaines, mois ou années plus tard, les jeunes mariés divorcent. La femme retourne alors vivre chez ses parents, laissant souvent ses enfants à sa belle-famille. Avant de se remarier, et de partir vivre chez sa nouvelle belle-famille. À Lombok, d'après un dicton, «Les gens se marient quand le grenier à riz est plein et divorcent quand il est vide.» ◆

La crémation

Enfin survient l'une des cérémonies les plus importantes de la vie d'un Balinais, à laquelle les touristes sont les bienvenus: la crémation, qui consiste à brûler la dépouille afin de libérer l'âme de son enveloppe et lui permettre de se réincarner. Lorsque le soleil est au zénith, les hommes du village déterrent le corps du défunt, provisoirement enseveli. Ils le placent d'abord dans un cercueil, au creux d'un linceul blanc, où le prêtre l'arrose d'eau lustrale. Le cadavre est ensuite transporté dans un sarcophage – en forme de taureau pour les prêtres et les nobles de haut rang, de lion pour les nobles de moindre rang et de poisson-éléphant pour les roturiers – qui est hissé au sommet d'une tour, portée à dos d'hommes dans les rues du village. Le cortège avance en effectuant des zigzags afin de perdre les démons (les mauvais esprits ne circulant qu'en ligne droite). Le sarcophage est ensuite scellé puis enflammé. 42 jours plus tard, lors d'une nouvelle cérémonie, les cendres du défunt sont disposées dans une noix de coco puis jetées dans une rivière ou dans la mer. Faute de pouvoir travailler pendant parfois plusieurs jours, tous les voisins qui participent aux préparatifs sont nourris par la famille du défunt.

La réincarnation

Les Balinais pensent que l'âme du défunt se réincarne. Si vous avez été bons dans une vie antérieure, vous pouvez vous réincarnez en artiste, en prêtre ou en guérisseur. Dans le cas contraire, vous risquez de vous réincarner en animal, et notamment en ver de terre ou en sangsue, voire en sorcière. C'est le cas par exemple des « Kuta boys », ces jeunes prostitués, dont la rumeur dit qu'ils se réincarnent en cochons reproducteurs.

Les âges de la vie

Les Balinais en distinguent quatre : de la naissance jusqu'à 25 ans, il s'agit d'apprendre ; de 25 à 50 ans, de construire ; de 50 à 75 ans, de méditer (on parle du « départ dans la forêt ») ; enfin de 75 ans à la mort, de préparer sa réincarnation.

Un sacré casting

Depuis le XIVe s., la société balinaise est divisée en castes, un peu à l'image de l'Inde. Ce phénomène est d'autant plus étonnant que ce n'est pas le cas dans le reste de l'Indonésie. D'après la légende, Brahma s'est sacrifié pour créer les humains : de sa bouche sont sortis les grands prêtres *(brahmanes)*, de ses bras, les guerriers *(satrias)*, de ses cuisses, les nobles *(wesias)*, et de ses pieds, les paysans *(sudras)* qui représentent 95 % de la population et n'ont rien à voir avec les intouchables indiens. Les forgerons *(pande)* sont quant à eux hors caste, leurs créations étant considérées comme la manifestation du pouvoir du dieu du feu, Brahma. Une femme peut changer de caste en épousant le membre d'une autre caste (de préférence supérieure, sous peine de se voir en quelque sorte répudiée par son père). Au début du XXe s., les différences étaient encore très marquées. C'est un peu moins vrai aujourd'hui, mais chaque caste possède néanmoins ses propres noms et registre de langue. Ainsi pour s'adresser à un grand prêtre, est-il de rigueur d'utiliser le haut balinais ou balinais littéraire, qui est aussi la langue des dieux dans le théâtre d'ombre ; le balinais poli permet d'échanger avec un étranger ou un membre d'une caste supérieure à la sienne ; et le bas balinais permet de parler entre membres d'une même caste ou avec les membres d'une caste inférieure. Même les princes doivent utiliser un langage châtié pour parler aux forgerons lorsqu'ils ont en main une de leurs créations.

Le calendrier balinais

À Bali, le temps est qualifié de *karet* (« caoutchouc », sous-entendu élastique). Sa mesure est particulièrement complexe ; **les Balinais distinguent trois calendriers** : solaire (ou grégorien, celui des Occidentaux), lunaire (celui des musulmans et donc de l'Indonésie) et *pawukon* (également appelé *wuku*). Ce dernier, uniquement en vigueur à Bali, comporte un cycle de 210 jours, répartis en six mois de 35 jours. Chaque « semaine », qui peut compter entre 1 et 10 jours, porte un nom différent. Le mois commence le jour de la nouvelle lune. Ce calendrier détermine les bons et les mauvais jours pour, par exemple, créer son entreprise, se couper les cheveux, construire sa maison ou organiser une crémation. Les années balinaises ne s'additionnent pas, elles se succèdent tout simplement. ◆

À ne pas faire

Le Top 10 des choses à éviter

N° 1 : Garder ses chaussures quand on entre dans la maison d'un Balinais ;

N° 2 : Utiliser sa main gauche pour donner quelque chose à quelqu'un (elle est considérée comme impure car elle sert à faire sa toilette) ;

N° 3 : S'embrasser ou démontrer son affection en public ;

N° 4 : Toucher la tête d'une personne, y compris celle des enfants (elle est sacrée) ;

N° 5 : Pointer du doigt une personne, ou pointer ses orteils en direction de quelqu'un quand on s'assied en tailleur ;

N° 6 : Croiser les bras en parlant à quelqu'un (position de défi) ;

N° 7 : Poser les mains sur ses hanches (position d'agressivité) ;

N° 8 : S'énerver (cela fait perdre la face à tous les interlocuteurs et est jugé inutile) ;

N° 9 : Avoir de mauvaises pensées et mentir aux abords d'un temple ;

N° 10 : Marcher sur une offrande.

Dans les temples

Il existe un certain nombre de règles à respecter dans ces enceintes sacrées : retirer ses chaussures avant d'entrer, porter un sarong et une écharpe nouée autour de la taille (afin de séparer le pur – le haut – et l'impur – le bas), s'installer, pendant une cérémonie, en dessous du grand prêtre qui officie.

Enfin ne peuvent pas entrer dans un temple : les femmes enceintes, ayant leurs règles, ayant accouché depuis moins de 210 jours (un an balinais), les enfants n'ayant pas encore de dents, les personnes en deuil ou atteintes de troubles mentaux.

Un peu de pudeur à Lombok

Si les Balinais n'ont pas de problème avec la nudité, en revanche à Lombok, terre musulmane, les femmes, et les touristes en général, sont priés de sortir vêtus. Le *topless* est interdit sur les plages et mieux vaut éviter de se promener entre la plage et l'hôtel en maillot de bain. Il suffit de nouer un sarong autour de la taille.

© Lemaire Stéphane / hemis.fr

► Offrande déposée dans un temple.

Petites leçons d'architecture

▲ Les *meru* du Pura Besakih. Ces tours, surmontées d'une succession de toits recouverts de fibres noires provenant d'un palmier à sucre, symbolisent les montagnes sacrées.

L'architecture traditionnelle des maisons obéit à des règles rigoureuses, dictées non pas tant par des contraintes matérielles, financières ou environnementales que par des règles religieuses, dont le maître d'œuvre, l'*undagi*, se porte garant.

Les maisons

La maison balinaise est un monde en soi. Elle ressemble à un grand complexe architectural, où cohabitent jusqu'à **quatre géné-**

rations. Les fils doivent en effet rester au bercail pour prendre soin de leurs parents vieillissants, avec leur épouse et leurs enfants. Dans une grande cour fermée par un muret de pierres, qui sert à préserver une certaine intimité mais surtout à piéger les démons (qui ne savent se déplacer qu'en ligne droite et viennent dès lors butter contre lui), se trouvent notamment un *lumbung* («grenier à riz»), un *bale* («pavillon ouvert») pour se rassembler, cuisiner ou travailler, plusieurs pavillons servant de chambres, la cuisine et la salle de bains. Sans oublier le temple familial dédié aux ancêtres et aux dieux. Le toit de chaque maisonnette, qu'il faut refaire tous les cinq à sept ans, est souvent composé d'herbe *alang-alang* (chaume local), supposée protéger des mauvais esprits.

L'orientation de chacune des trois parties de la maison traditionnelle ne doit rien au hasard: la partie sacrée, dédiée au temple familial, doit être orientée vers Kaja (le mont Agung); dans la partie intermédiaire, les chambres, les têtes de lit doivent être tournées vers le volcan; et la partie impure, à savoir les pièces réservées aux animaux, à la toilette et aux ordures, doivent regarder vers Kelod (la mer, siège des mauvais esprits).

Chaque maison est unique puisqu'on mesure la taille des doigts et de la main du chef de famille pour calculer celle des poteaux de chaque pavillon. De la distance entre son coude et son pouce dépend l'épaisseur du mur d'enceinte. Et la longueur et la largeur de ses pieds détermineront la distance entre le muret et les pavillons, et entre chaque pavillon. De quoi garantir l'harmonie entre le propriétaire et sa demeure!

Les temples

L'architecture des temples *(p. 40)* se compose elle aussi de **trois parties**. Dans la première cour, profane en quelque sorte, les fidèles se réunissent. Dans la partie intermédiaire sont rangées les décorations et sont préparées les offrandes. Enfin, la cour la plus surélevée, où se trouvent les autels et où ont lieu les prières, est la plus sacrée. Elle doit être tournée vers Kaja et délimitée par un mur et une grande porte. Tous les temples sont à ciel ouvert car les dieux et les ancêtres doivent pouvoir y descendre facilement lorsqu'ils sont invités aux cérémonies.

La trinité hindoue n'est jamais représentée mais est symbolisée par les *meru*. Leur nombre, toujours impair, et leur hauteur signalent l'importance du Dieu (onze toits pour Shiva, neuf pour Brahma et sept pour Vishnou).

À Lombok

L'architecture, différente de celle de Bali, obéit également à des règles très strictes. Pour commencer, toute construction doit débuter et se terminer un jour impair. Dans un village sasak, il n'y a que trois types de bâtiments: un pavillon ouvert, une maison familiale dénuée de fenêtres et un grenier à riz, construit en hauteur pour le protéger des hommes et des animaux. Les deux premiers sont rectangulaires avec des murs assez bas et possèdent un toit en forme de cône, qui englobe les murs et vient presque toucher le sol. La maison possède une petite terrasse ouverte, que l'on gagne après avoir grimpé trois marches. C'est là, dehors, que le père dort, à même le sol ou sur un grand sommier, pour protéger la maison et le bétail. Il rejoint sa femme à l'intérieur pour partager un moment d'intimité. Les trois marches ont une double signification: elles symbolisent le trio père-mère-enfant, et les trois étapes clés de la vie: naissance, croissance et mort. Le chambranle de la porte est toujours bas afin que le visiteur se courbe lorsqu'il entre, en signe de respect envers le maître des lieux. À l'intérieur, se trouvent deux pièces: l'une fait office de cuisine et de salon, l'autre de chambre et de rangement. ◆

© Eurasia Press/Photononstop

L'artisanat, un savoir-faire omniprésent

▲ Atelier de tissage à Lombok.

Du délicat tressage d'un panier à offrandes aux sculptures sur bois des portes des palais, le savoir-faire artisanal est omniprésent à Bali. L'île possède en effet une riche tradition d'artisans, une source d'émerveillement supplémentaire pour le visiteur. Attention, la plupart des ateliers sont fermés le dimanche.

L'orfèvrerie

Bali est réputée pour son travail de l'argent en filigrane. Les bijoux reprennent le plus souvent des motifs traditionnels, même si les artisans se sont adaptés et produisent désormais des pièces inspirées de modèles occidentaux. Le village de Celuk *(p. 116)*, sur la route d'Ubud, est le plus grand centre de travail de l'argent et de l'or. Le prix des bijoux en argent est assez élevé, n'hésitez pas à faire appel à vos talents de négociateur.

Les forgerons

Dans toute l'Indonésie et plus particulièrement à Bali, le forgeron, ou *pande*, occupe une place à part dans la société. On le considère comme un magicien, lui attribuant la connaissance de secrets techniques et de rites magiques. Selon les croyances balinaises, c'est grâce à une intervention de Brahma, le dieu du feu, que les *pande* sont dotés de cette force mystique indispensable à l'exercice de leur métier.

Le kriss

L'auteur Vicki Baum, dans son livre *Sang et Volupté à Bali*, raconte comment un prince balinais s'est fait représenter par son kriss lors de son propre mariage ! « L'arme était là pour remplacer l'homme qui pendant ce temps jouait avec ses coqs ». Une pratique assez répandue lorsqu'un noble épousait une femme de caste inférieure. C'est dire l'importance de cette épée, considérée à la fois comme une arme et comme un objet spirituel doté de pouvoirs surnaturels. En effet **le kriss, détenant l'âme de celui qui le possède, bénécie de la force divine.**

Le kriss balinais est hérité des kriss javanais de l'époque hindouiste, plus précisément celle des souverains de la dynastie Majapahit. Selon cette tradition javanaise, les kriss à lame ondulée représentent le serpent sacré en mouvement alors que ceux à lame droite symbolisent le serpent sacré en train de méditer. Le kriss, comme les autres armes sacrées, fait partie des cérémonies balinaises, notamment lors de processions autour des temples ou des palais dont le but est d'enrayer les épidémies.

C'est à Ubud, et plus particulièrement au **musée Neka** *(p. 101)*, que l'on pourra voir l'une des plus importantes collections de kriss. Plus de 300 pièces, dont 27 à valeur historique exceptionnelle puisque ayant appartenu à des princes balinais.

Différents tissages

Bali est réputée pour l'excellence de ses tissus. Simplement noués au quotidien, richement ornés pour les cérémonies, dotés de pouvoir magiques et protecteurs, habillant les temples, les arbres ou les statues, les tissus font partie intégrante du quotidien des Balinais.

Ikat

L'ikat vient du malais et signifie « faire un nœud ». La technique consiste à teindre le fil avant de le tresser. Cet ikat simple dans lequel le motif est formé par teinture de réserve sur la trame est appelé ***endek***. Sur l'île de Nusa Penida, les ikats sont en coton et sont réputés pour être sacrés. Il s'agit des ***cepuk*** que l'on tisse dans le village de **Tanglad** *(p. 91)* et qui sont censés être dotés de vertus protectrices pour celui qui le porte. L'ikat est fabriqué par les hommes.

Le plus célèbre des ikats est sûrement le ***geringsing***, que l'on tisse dans le village de **Tenganan** *(p. 133)*. Ce *geringsing* est aussi connu sous le nom de double ikat, dont la technique est réputée difficile. Les motifs sont pensés sur les fils de chaîne et de trame avant tissage. Ils sont ensuite réservés au moyen de fils ou de fibre végétale avant la phase de teinture des fils. Cette technique de teinture est dite « à la réserve ». Après la teinture des fils, vient l'étape du tissage : les fils de chaîne sont généralement tendus sur un métier à ceinture. Toute la difficulté du travail réside ensuite dans le positionnement du fil de trame afin que le motif soit bien positionné et donc lisible. Le *geringsing* sacré est tissé dans une même pièce, sans raccord. Il faut compter entre cinq mois et sept ans pour obtenir un double ikat. Ne comptez cependant pas en acheter d'authentiques dans le village de Tenganan; ceux qu'on vous propose viennent de Java pour la plupart et ont été tissés à la machine!

On trouve de nombreux ateliers de tissage dans les villages de **Gianyar** *(p. 115)* et de **Sidemen** *(p. 126)*, au pied du mont Agung.

Songket

La technique du *songket*, fabriqué uniquement par les femmes, est plus raffinée car elle consiste à rebroder le tissu de fils d'or ou d'argent. Vêtement aristocratique, il était porté au temple par les nobles. Fleurs, oiseaux, papillons, feuilles, les motifs sont assez variés. Certains revêtent une symbolique particulière: le gecko est le symbole de la chance, le soleil et la lune, du bonheur, et l'oiseau, celui de la lune de miel. Aujourd'hui, n'importe qui peut porter un *songket* lors de cérémonies privées, notamment lors des mariages, mais son prix peut atteindre 200 €. C'est dans le village de **Blayu**, à côté de Mengwi *(p. 119)*, que l'on tisse traditionnellement les *songket*.

Prada

Moins chers que le *songket*, des tissus peints appelés *prada* sont utilisés

Le *poléng*

Il existe un tissu particulier à Bali, le *poléng*, qui habille les statues des démons gardiens mais aussi les banians géants. Les tissus «Poléng» symbolisent «Rwa Bineda», expression par laquelle les Balinais désignent les fondements binaires de l'Univers: le jour et la nuit, le masculin et le féminin, le sud et le nord et le bien et le mal, qui ne vont jamais l'un sans l'autre. Cette complémentarité est matérialisée par un tissu à carreaux noirs et blancs. ◆

▶ Boutique d'artisanat à Ubud.

lors des rituels domestiques comme le limage de dents ou les noces. Le *prada* est une peinture à la feuille d'or réalisée sur des tissus. Ils sont généralement utilisés dans les costumes de théâtre, mais aussi lors des cérémonies pour habiller les temples.

La sculpture

Sur bois ou sur pierre, la sculpture est une expression artistique très répandue à Bali. Les thèmes représentés s'inspirent de l'iconographie indienne et de l'animisme.

La sculpture sur pierre

Batubulan *(p. 116)*, sur la route principale de Denpasar à Ubud, est le centre de la sculpture de pierres volcaniques. Vous pourrez difficilement passer à côté des immenses statues qui jalonnent les deux côtés de la rue. Initialement, les artisans réalisaient des œuvres représentant des dieux, des démons et des gardiens du temple. Aujourd'hui, les créations sont aussi destinées à la décoration de villas ou d'hôtels.

La sculpture sur bois

Traditionnellement, la sculpture du bois à Bali était destinée à orner des temples ou des palais. Les artistes trouvaient leur inspiration dans les légendes hindouistes comme le *Ramayana*, le *Mahabarata*, mais aussi dans le quotidien de la vie balinaise et les animaux. Avec le tourisme, les sculpteurs ont trouvé de nouveaux débouchés. Le village de **Mas** *(p. 115)*, près d'Ubud, est spécialisé dans le travail du bois ⋯> encadré p. 116. Vous y trouverez un grand nombre d'ateliers et de magasins.

La vannerie

Les Balinais excellent dans le tressage de fibres et de feuilles comme le bambou, le rotin et les feuilles de padanus.

Les boîtes à riz ou à offrandes en bambou naturel ou peint que l'on trouve sur les marchés ou le long des routes constituent de très jolis souvenirs à rapporter.

Rotin, bambou, osier : quelle différence ?

Le mot **rotin** vient du mot malais *rotang*, qui désigne un genre de palmier grimpant. Aussi appelé « jonc d'Inde », ce palmier pousse dans les zones humides et chaudes d'Indonésie, de Malaisie et des îles de la Sonde. Les tiges traitées sont commercialisées sous le nom de rotin et utilisées dans la fabrication des meubles et de différents accessoires et objets de décoration.

Résistant, léger, solide et bon marché, le **bambou** qui pousse en abondance sur l'île est utilisé aussi bien en architecture que dans la fabrication d'objets rituels, d'autels, de paniers, de cages pour les coqs de combat et des instruments de musique.

Le bâton de rotin est constitué d'un ensemble de fibres formant un cylindre plein et de diamètre régulier. Le bambou est une plante à tige cylindrique, creuse, ligneuse et aux nœuds proéminents. L'**osier**, quant à lui, est une tige de saule de forme légèrement conique, formée d'une seule et unique fibre.

Une chocolaterie... en bambou

Ben Ripple et Frederick Schilling, les fondateurs de Big Tree Farms, l'un des principaux acteurs de l'agriculture durable en Indonésie, ont décidé de regrouper, dans un même bâtiment, leurs bureaux, une chocolaterie, une boutique et une salle d'exposition. Ils rêvaient de construire cet espace en utilisant le bambou, matériau écologique qui pousse en abondance à Bali. Situé près d'Ubud, le bâtiment appelé « la cathédrale de bambou » occupe une superficie de plus de 2 550 m^2 et est souvent cité comme le plus grand établissement commercial au monde réalisé en bambou.

Plus d'informations sur http://bigtreefarms.com ◆

Le royaume des paysans-artistes

▲ *La danse du Barong*, tableau de Ida Bagus Made Togog, musée Neka à Ubud.

De nombreux Balinais sont des artistes nés. Portés par l'arrivée de talents occidentaux, ils ont continué à développer leurs dons.

La peinture

À l'origine, la peinture était considérée par les Balinais comme un art mineur. Les peintres travaillaient essentiellement à la cour pour le compte des rois, avec pour mission de décorer les palais et les temples. Mais dans les années 1930, l'arrivée d'artistes étrangers change la donne : délaissant les objets religieux, les artistes commencent à peindre des scènes de la vie quotidienne. Grâce à l'enthousiasme des Occidentaux, les peintres locaux réalisent que leur travail peut plaire à des artistes reconnus et qu'ils peuvent eux aussi vivre de leur passion.

La communauté artistique Pita Maha

Des peintres de renom comme l'Allemand Walter Spies, le Belge Adrien-Jean Le Mayeur, le Mexicain Miguel Covarrubias ou le Hollandais Rudolph Bonnet se sont rendus à Bali, dans les environs d'Ubud. Ils étaient à la fois attirés par la qualité et l'authenticité des toiles balinaises et fascinés par ce jardin d'Éden et ses femmes aux seins nus. Ces hommes fortunés (car à l'époque, un tel voyage était réservé aux gens aisés) furent les premiers à s'installer à Bali. Spies, qui qualifiait son style d'impressionnisme mystique, y resta treize ans. Il donnait des cours de peinture à son domicile, surnommé « la maison où se rejoignent les eaux » *(p. 127)*. Il prêtait aux jeunes artistes locaux du matériel occidental : papier, brosses, pinceaux, stylos, encre. Les Balinais représentaient les légendes et les héros, lui peignait la vie quotidienne. En 1936, il crée avec ses comparses, ainsi que le roi d'Ubud et son frère, une coopérative réunissant 125 artistes étrangers et locaux. Son nom : Pita Maha (« grand ancêtre »). Son objectif est de stimuler les talents locaux et de créer un marché avec des débouchés internationaux pour leurs œuvres, tout en assurant un contrôle de qualité strict. Mais elle sera dissoute dès 1942, en partie en raison de la Seconde Guerre mondiale.

Mille et un styles

Le style de la peinture balinaise est à la fois sophistiqué et naïf. Pendant la période précédant l'arrivée des étrangers, dite classique, les toiles étaient le plus souvent dotées d'un symbolisme mystérieux, illustrant essentiellement les histoires et les mythes hindous ainsi que le folklore et la mythologie balinaise. Les protagonistes ressemblaient à des marionnettes vivant des épisodes légendaires du *Ramayana* et des romances balinaises.

Vers une peinture moderne

Dans les années 1930, le style évolue peu à peu vers la peinture dite moderne. On distingue alors **trois styles principaux** : le style Ubud, une peinture plutôt naturaliste intégrant des jeux d'ombre et de lumière et une certaine profondeur, dont l'icône reste **I Gusti Nyoman Lempad** *(p. 97)* ; le style Sanur, une peinture de la vie aquatique et animale et une peinture érotique, utilisant des couleurs pastel et contenant peu de détails, typique des œuvres de **I Gusti Made Rundu** ; et le style Batuan, un village situé à 10 km au sud d'Ubud, une peinture en noir et blanc représentant en d'infinis détails les monstres, sorcières et fantômes peuplant les légendes indigènes, dont l'un des maîtres reste **I Nyoman Ngendon**. Plus tard, dans les années 1960, naîtra la peinture contemporaine grâce au Mouvement des Jeunes Artistes lancé par le Hollandais Arie Smit. Les toiles représentent alors des scènes de la vie balinaise, dans un style naïf, coloré et vivant, très dense, fourmillant de détails.

L'influence des artistes occidentaux

Les experts s'opposent quant à l'influence qu'ont véritablement exercée les artistes occidentaux sur la peinture balinaise, laquelle a toujours évolué au fil des siècles pour se réinventer. Ont-ils contribué à régénérer la peinture balinaise ou n'ont-ils fait qu'observer ou approuver cette évolution ? Certains pensent que c'est parce que la peinture et la sculpture locales ont été exposées aux pratiques occidentales qu'elles ont connu une renaissance remarquable. D'autres cependant, à l'instar de W.O.J. Nieuwenkamp, pensent que les arts balinais sont intrinsèquement de qualité.

W.O.J. Nieuwenkamp

Ce Hollandais a été le premier artiste occidental à poser le pied à Bali, en 1904, avec son vélo. La bicyclette s'avéra vite utile en raison de l'absence de routes praticables. Les Balinais, dont certains voyaient un homme blanc pour la première fois, immortalisèrent Nieuwenkamp à vélo en le gravant dans la pierre du Pura Meduwe Karang, à Kubutambahan *(p. 145)*. Cet aventurier, ethnologue, collectionneur d'art, écrivain et artiste restera à Bali une trentaine d'années. Armé d'un stylo et d'une feuille de papier, il notait tous les détails de l'art et de l'architecture balinais. Il en résulta près d'un millier d'œuvres (dessins, lithographies, gravures, sculptures sur bois, peintures). C'est en partie grâce à lui et à son livre *Bali et Lombok* que l'image du peuple balinais, réputé sanguinaire, cruel et décadent, évolua vers celle d'un peuple innocent, beau et créatif. À ses yeux, les arts balinais étaient précieux, notamment car ils conservaient cette pureté perdue en Occident depuis la Renaissance.

La danse

La danse est étroitement liée à la religion et joue un rôle prépondérant dans la société balinaise. C'est pour cela que les spectacles auxquels vous assisterez se déroulent souvent dans les temples. Chaque village possède sa propre troupe et aucun Balinais n'imaginerait se marier sans la présence de danseurs aux coiffes et costumes étincelants. Les danses balinaises s'apparentent en fait à du théâtre dansé, racontant le plus souvent des histoires tirées du *Ramayana* et du *Mahabharata*, au rythme entêtant du gamelan. Ces épopées reprennent les légendes hindoues indiennes apportées à Java, puis à Bali, vers le Xe s. Vieillards et jeunes enfants sont capables de rester éveillés toute la nuit devant le spectacle. Les mouvements des danseurs, notamment ceux des femmes, sont lents et mesurés, très précis, multipliant les jeux de regards, d'orteils, de doigts. Les femmes exécutent de petits pas et des gestes gracieux jusqu'au bout des cils, tandis que les hommes lèvent les genoux très haut, font des sauts de chat et se servent souvent de leurs mains comme d'une arme.

► Un marionnettiste, le *dalang*, répète un spectacle de *wayang kulit*.

Le répertoire

Parmi les danses les plus célèbres, on trouve le ***legong***, une danse très précise et gracieuse, exécutée par de jeunes femmes; le ***topeng*** («masque»), au cours duquel les danseurs portent sur le visage un masque en bois, narrant les événements politiques et religieux qui surgissent dans le royaume; et le ***kecak*** ⇢ encadré p. 77. La danse du ***barong***, qui n'existe qu'à Bali, met en scène un dragon dansant protecteur, mystique et surnaturel, coloré, qui prend la forme d'un cochon ou d'un tigre, et dont la barbe aurait des pouvoirs de guérison. Un danseur se glisse dans le masque de la tête, un autre dans le corps, un peu comme les lions du nouvel an chinois. L'histoire raconte la lutte contre la méchante sorcière Rangda, dotée d'une horrible langue qui pend jusqu'aux genoux! Les danseurs, qui ne sont autres que des villageois, tentent de la tuer avec leur kriss. Parfois, certains entrent en transe et retournent leur kriss

© Seux Paule / hemis.fr

contre leur poitrine. Certains s'évanouissent, avant de reprendre leurs esprits grâce à de l'eau lustrale.

Le gamelan

Cet instrument de musique à percussion (*gamel* signifie « marteau ») proche du xylophone accompagne toutes les danses balinaises de sa musique lancinante et entêtante. Les musiciens de l'orchestre ne suivent aucune partition ni aucun chef d'orchestre, mais ils connaissent les morceaux par cœur et se les transmettent oralement de père en fils. Les instruments sont sacrés au point qu'il est interdit de les enjamber. Certains fonctionnent en duo et sont accordés de sorte à sonner faux lorsqu'ils sont utilisés en solo. En entendant un orchestre javanais jouer à l'Exposition Universelle à Paris en 1893, Debussy compara la sonorité du gamelan à « la lueur de la lune » et au « bruit de l'eau vagabonde ».

Les masques

Les masques en bois, souvent de l'acajou, sont surtout fabriqués pour couvrir les visages des danseurs. Ils peuvent représenter des visages d'hommes, d'animaux, de dieux ou de démons. Des artisans spécialisés se transmettent le savoir-faire de père en fils depuis des générations.

Le *wayang kulit*

Très répandu depuis des siècles dans toute l'Indonésie où il servait de cinéma avant l'heure, ce théâtre d'ombres met en scène des marionnettes mesurant entre 25 et 75 cm, fabriquées en bois et en cuir, et montées sur des tiges de bambou permettant d'articuler les bras, les jambes et la bouche. Leur ombre se reflète sur un écran blanc en coton ou en lin. Les spectateurs connaissent l'histoire par cœur et savent que le jeune prince est la marionnette au visage blanc, que celle au visage vert est hypocrite, tandis que la rose est violente. Le tout est dirigé de main de maître par le *dalang*, qui manipule les marionnettes, raconte l'histoire, interprète les caractères – à sa droite, les gentils, à sa gauche, les méchants –, parfois pendant plusieurs heures d'affilée, au son du gamelan. Des clowns viennent pimenter le spectacle, commentant la scène en faisant des blagues, pour le plus grand bonheur des enfants, qui apprennent ainsi les notions de bien, de mal et de sacré. ◆

Bali est une fête

▲ Cérémonie du *Melasti* sur la plage de Kuta.

Il ne se passe pas une journée sans cérémonie à Bali. Vous trouverez dans ces pages les principales cérémonies et événements qui marquent la vie des Balinais. Il est cependant difficile de donner des dates précises car de nombreuses fêtes dépendent du calendrier lunaire.

Les fêtes religieuses

L'*ODALAN*

Tous les 210 jours, on célèbre l'anniversaire de la fondation du temple, ou *odalan*. C'est alors l'occasion de rendre hommage aux divinités par des offrandes et des prières. Les temples sont magnifiquement décorés de fleurs et d'offrandes. La prière est suivie d'aspersion d'eau et de distribution de riz béni que les fidèles s'appliquent sur le front, les tempes et le creux de la gorge. Avec plus de 20 000 temples à Bali, vous aurez de fortes chances d'assister à un *odalan* durant votre séjour. L'*odalan* du Pura Besakih → encadré p. 128, l'une des fêtes les plus importantes de l'île, porte le nom de Bhatara Turun Kabeh, « les dieux descendent tous ensemble ». Les festivités peuvent durer 12 jours et attirent des milliers de pèlerins.

GALUNGAN ET KUNINGAN (FÉVRIER)

Ce sont les deux jours les plus sacrés à Bali. Ils célèbrent la victoire du bien *(Dharma)* contre le mal *(Adharma)* et la création de l'Univers. À cette occasion, les Balinais invitent les dieux et les ancêtres à venir sur terre. Les fidèles se rendent alors dans les temples familiaux où, selon la croyance locale, les ancêtres rendent visite à leur famille. Quelques jours avant *Galungan*, des *penjor* sont placés le long des routes. Ce sont de longues tiges de bambou qui symbolisent le mont Agung. Leur grande taille doit aider les divinités à descendre sur terre. Sur chaque *penjor*, on trouve un petit autel, qui représente le Pura Besakih. Au terme de dix jours de festivités a lieu *Kuningan*, le jour où les ancêtres rentrent chez eux. Les temples sont ornés de tissu jaune *(kuning)* la couleur de la beauté, et on rend hommage à Mole Mole, le dieu balinais des bijoux.

LE NOUVEL AN SOLAIRE, LE *NYEPI* (MARS)

Le nouvel an solaire balinais est sûrement la fête la plus insolite. *Nyepi* signifie « rester silencieux ». Un mois avant le nouvel an, l'agitation est déjà palpable. On prépare les *Ogoh-Ogoh*, des monstres en papier mâché (sauf les années d'élections présidentielles : ils sont alors interdits par les autorités, de peur que les candidats ne soient transformés en monstres à leur tour !). Une fois terminés, ils serviront à effrayer et à repousser les mauvais esprits qui tentent d'envahir la terre à l'occasion de chaque nouvelle année. Quelques jours avant le nouvel an, les Balinais se rendent en procession vers la mer pour se purifier, c'est le ***Melasti***. La veille du *Nyepi*, les mauvais génies sont appâtés par des offrandes spéciales, puis terrorisés à la nuit tombante par un vacarme infernal de pétards, de sonneries de gongs, de cris et de défilés dans les rues.

Le jour du *Nyepi*, le silence est observé durant 24 h à partir de 6 h du matin. La terre doit apparaître vidée de tous ses êtres humains aux mauvais esprits qui viennent d'être défaits, afin qu'ils ne soient plus tentés de revenir. **Tout le monde reste chez soi**, y compris les touristes qui n'ont pas le droit de sortir de leur hôtel ! Les institutions sont fermées, même l'aéroport international de Bali. Les seules personnes visibles hors des maisons sont la police du Tourisme et les gardes traditionnels, connus sous le nom de *pecalang*, qui patrouillent dans les rues pour veiller au respect des coutumes et à la sécurité.

ET D'AUTRES

Saraswati est la déesse de la connaissance et de la sagesse. On fête son anniversaire tous les 210 jours en réalisant des offrandes aux livres. Il ne faut ni lire, ni écrire ce jour-là. En 2014, cette fête a lieu le 8 mars et le 4 octobre.

Pagerwesi est la journée consacrée aux ancêtres et fêtée tous les 210 jours. En 2014, cette fête a lieu le 12 mars et le 8 octobre.

En dehors de ces grandes cérémonies, tous les 35 jours, les Balinais font des offrandes à différents objets, personnes ou animaux. C'est ainsi qu'on rend hommage aux objets en métal *(Tumpek Landep)*, aux instruments de musique *(Tumpek Krulut)*, aux marionnettes *(Tumpek Wayang)* et au bétail *(Tumpek Kandang)*.

Les fêtes non religieuses

Denpasar Bali Arts Festival

Le festival des Arts de Bali se déroule à Denpasar chaque année **de la mi-juin à la mi-juillet**. Cet événement culturel est l'occasion de représentations de danse, de musique et de théâtre par les meilleures troupes de Bali et de tout l'archipel. Ne ratez pas le lancement du festival et sa spectaculaire procession *(rens. sur www.baliartsfestival.com)*.

Le festival des cerfs-volants

Selon la religion hindouiste, la tradition et la croyance des Balinais, le cerf-volant serait un des sports préférés des dieux. De juin à septembre, saison des vents à Bali, la pratique du cerf-volant ou *layang-layang* n'est plus seulement un jeu pour les enfants mais devient une compétition d'adultes entre villages. Chaque année **en juillet**, sur la plage de Padang Galak au nord de Sanur, se déroule un festival mondial au cours duquel s'affrontent quelques 800 équipes manœuvrant des cerfs-volants pouvant atteindre 5 m d'envergure.

Ubud Writers and Readers Festival

Le Festival de littérature d'Ubud se tient **en octobre** et a fêté son 10e anniversaire en 2013. Durant cinq jours, la capitale culturelle de l'île accueille plus d'une centaine d'auteurs et d'innombrables lecteurs et artistes venus du monde entier dans ce qui ressemble à un grand salon du livre. Ce serait même l'un des six meilleurs festivals de ce type au monde, selon un magazine britannique *(rens. sur www.ubudwritersfestival.com)*.

Bali Spirit Festival

Il s'agit d'un festival annuel de yoga et de danse le jour, de musique la nuit. Pendant cinq jours, le Centre Purnati et le musée ARMA *(p. 104)* organisent des concerts, des ateliers de yoga, des cours de danse, des ateliers de méditation et de philosophie *(rens. ☎ 081 139 222 93, www.balispiritfestival.com)*.

À Lombok

Les fêtes religieuses

La guerre du riz au Pura Lingsar. Chaque année au mois de **décembre**, un jour de pleine lune du septième mois du calendrier sasak, le Pura Lingsar est le théâtre d'un drôle de festival. Pendant *Perang Topat* («la guerre du riz»), des centaines d'hindous et de musulmans viennent prier ensemble et se jeter à la figure, en explosant de rire, des petits gâteaux de riz enroulés dans des feuilles de palmier. Danses, offrandes et chants rythment cette joyeuse bataille, à laquelle les touristes sont conviés → encadré p. 171.

Les fêtes non religieuses

La fête des vers marins à Kuta. Cet évènement étonnant a lieu chaque année au cours du dixième mois du calendrier sasak **(février)**. La nuit, avant que le soleil ne se lève, des milliers de personnes se dirigent vers la plage de Kuta. Ils ont à la main des seaux et des épuisettes et font route pour une véritable pêche miraculeuse. Cette nuit-là, quantités de *nyale*, des vers présumés aphrodisiaques, viennent s'échouer sur le rivage à marée basse. D'après la légende, ils symbolisent les cheveux de la princesse Mandalika qui avait juré de revenir avant de disparaître dans les flots. Pendant les quatre jours précédant cette fameuse nuit ont lieu de nombreuses animations comme des concours de lutte, des compétitions de surf et des courses de chevaux. ◆

Loisirs

focus

Jeux et ... combats de coq

Les hommes balinais sont très friands des jeux de hasard, de cartes et… des combats de coqs. Bien qu'officiellement interdits depuis 2004, exceptés lors des cérémonies dans l'enceinte des temples (le sang du coq sacrifié abreuve les démons), ils sont encore pratiqués. Une multitude de scooters garés au même endroit peut indiquer qu'un combat a lieu dans les parages ! Contrairement aux apparences, les coqs sont chouchoutés avant les combats, massés et parfois installés dans leur cage en bambou sur le bord de la route afin de les distraire. Une lame de rasoir de 10 cm de long est ensuite attachée à l'arrière de leurs pattes, de sorte que les coups que les animaux se portent peuvent être mortels. Le vainqueur est celui qui expire en dernier. L'heureux propriétaire gagne alors l'estime des spectateurs mais aussi potentiellement beaucoup d'argent. Car les paris vont bon train lors des combats.

Les combats rituels sasak

À Lombok, des combats au bâton *(stick fighting)* sont régulièrement organisés, pour le plus grand bonheur des familles qui y emmènent volontiers les jeunes enfants, et des touristes au cœur bien accroché. Des hommes torse nu, armés d'un bouclier en peau de bœuf dans une main et d'un bâton en rotin dans l'autre, s'affrontent sous les vivats de la foule, tels les guerriers sasak d'autrefois. Plus que des bagarres où primerait l'envie de se taper dessus et de faire couler le sang de son adversaire, ces compétitions font office de rituels. ◆

▲ Un coq de combat et son propriétaire.

© Cintract Romain / hemis.fr

Une histoire tumultueuse

▲ Une porte du palais d'Ubud.

Bali est aujourd'hui une petite île paisible, mais ce ne fut pas toujours le cas : elle possède en effet une histoire tumultueuse, marquée notamment par de nombreuses invasions (celle des Javanais puis des Hollandais et enfin des Japonais) et par d'impressionnants suicides collectifs, au cours desquels des centaines d'hommes, de femmes et d'enfants dépourvus d'armes se précipitèrent vers les balles de l'ennemi néerlandais ⇢ encadré p. 62. Le peuple de Bali a longtemps joui d'une réputation de farouches guerriers, qui contraste totalement avec l'image de douceur qu'on lui prête volontiers aujourd'hui et qui semble plus proche de sa nature intrinsèque.

L'empire Majapahit

Bali fut conquise en **1343** par l'empire hindou Majapahit, la première dynastie à s'étendre sur toute l'Indonésie. À l'époque, l'empire connaît son âge d'or. Mais il ne va pas tarder à décliner à la mort du petit-fils du fondateur de la dynastie, en 1389. S'ouvre alors une lutte acharnée pour le pouvoir, qui embrase le royaume. **La dynastie javanaise s'effondre en 1520** et le fils du dernier roi s'enfuit à Bali avec l'élite politique et culturelle du royaume.

L'arrivée des Hollandais

Au milieu du XVIe s., quelques marins portugais et anglais s'arrêtent en terre balinaise, notamment à la recherche d'épices. Mais estimant que l'île n'a pas grand-chose à offrir, ils reprennent la mer. En **1597**, le capitaine hollandais Cornelis de Houtman débarque à Bali. Une partie des marins furent séduits par l'île, notamment par la beauté des femmes. Ils refusèrent de réembarquer et décidèrent de rester. C'est le tout début de la présence hollandaise à Bali.

Les choses ne vont se précipiter que dans les **années 1840**, lorsque les Balinais prennent la fâcheuse habitude de couler des navires de commerce au large des côtes pour en récupérer les marchandises. Les Hollandais, ainsi gênés dans leur commerce par ces pirates des mers, décident alors d'envahir le nord de l'île, du côté de Singaraja, le grand port de l'époque. Ils obligent dans la foulée les Balinais à signer un traité abrogeant cette pratique. Mais en 1845, le raja de Buleleng et son Premier ministre refusent de recevoir les Hollandais venus à leur rencontre pour leur faire signer le fameux traité. Les autorités hollandaises décident alors qu'il est temps de mater ce prince rebelle. L'armée arrive, poursuit l'impétrant et l'oblige à payer une indemnité de guerre en échange du retrait des troupes de ses terres. Il y consent sur l'instant mais ne verse finalement pas une roupie. Les Hollandais lancent alors une véritable expédition punitive à son encontre. Défaits dans un premier temps, les soldats coloniaux l'emportent.

Voilà une partie du territoire acquise, bon gré mal gré, par les Hollandais, qui s'en tiennent là pendant près de cinquante ans. Certes, certains Balinais refusent de s'incliner et de baisser les yeux devant eux comme l'exige la règle dans les colonies orientales, mais ce n'est pas bien grave : à vrai dire, les Hollandais se préoccupent peu de Bali, bien moins importante sur le plan commercial que Java ou Sumatra, si ce n'est pour ses esclaves et son opium (les locaux ont d'ailleurs la réputation d'être les plus grands fumeurs d'opium d'Indonésie). Même après cinquante ans d'occupation, seule la région de Singaraja est réellement impactée par la présence hollandaise. Dans le sud, les royaumes sont encore indépendants et ignorent presque la présence d'étrangers au nord.

L'invasion

Mais au tournant du XXe s., l'empire néerlandais décide de reprendre peu à peu le pouvoir sur les îles de moindre importance, en particulier sur les terres rebelles, afin de consolider l'empire notamment face à l'appétit des Allemands. L'invasion de Bali, tout comme celles de Sulawesi, de Bornéo et du Timor, se prépare en coulisses. La propagande présente alors l'île comme une terre où les princes décadents et les rois autocrates vivent dans des harems, fumant de l'opium et buvant. De quoi préparer les esprits à la nécessité de l'attaque.

Le **14 septembre 1906**, l'opération est lancée : des bateaux s'approchent du rivage de Sanur, avec à bord 4 000 soldats et 1 500 porteurs (des Indonésiens faits prisonniers pendant la guerre d'Aceh). Quelques pêcheurs sur la plage regardent arriver la flotte, sans trop comprendre ce qui se passe. À peine débarqués, les soldats commencent à bombarder la capitale, Denpasar, sans rencontrer de réelle résistance.

Les suicides collectifs

Le **20 septembre 1906**, Denpasar tombe, signant la victoire des Hollandais. Le raja local, se sachant perdu, fait incendier son palais, et bientôt des centaines de Balinais en transe, femmes, enfants, prêtres et le raja lui-même, porté par ses serviteurs sur un palanquin en or, tous vêtus de leurs plus beaux habits et bijoux, marchent en silence, simplement armés de poignards traditionnels, en direction des soldats hollandais. D'abord pris au dépourvu, les Hollandais donnent l'ordre à la foule de s'arrêter par l'intermédiaire d'interprètes. Mais arrivée à une cinquantaine de mètres des soldats, la foule se met à accélérer le pas. Les militaires tirent. Deux mille morts seront retrouvés sur le champ de bataille ···> encadré ci-contre.

Les Hollandais poursuivent ensuite leur avancée vers l'ouest, vers Tabanan. En 1908, l'île est considérée comme pacifiée. Mais pas pour très longtemps.

Le *puputan*

Il est difficile de savoir quand le premier suicide collectif rituel eut lieu, mais l'histoire de l'île en est émaillée. Il résulte d'une obsession chez les Balinais de l'époque : mieux vaut se tuer qu'affronter le déshonneur de l'exil, une punition souvent infligée par l'ennemi mais jugée pire que la mort. Les Balinais croient parallèlement que « le paradis est à la portée de celui qui meurt sur le champ de bataille ». Les exemples de rajas se tranchant le cou ou de princes faisant des overdoses d'opium la nuit suivant leur reddition sont légion. Les suicides collectifs d'ampleur que les Hollandais observèrent, marquèrent les esprits jusqu'en Europe. ◆

La Seconde Guerre mondiale

En 1942, après l'attaque de Pearl Harbor, les Japonais envahissent Bali, en pleine Seconde Guerre mondiale. Occupés par les Allemands, les Pays-Bas se montrent incapables de défendre leur colonie contre l'armée impériale japonaise. L'île sert alors de base au Japon dans ses assauts contre Java. Les Balinais retiennent surtout de cette période noire qu'il est possible de chasser les Hollandais. Dès lors, dans les esprits, l'indépendance germe.

La guerre d'indépendance

Deux jours après la capitulation du Japon, les leaders nationalistes Soekarno (dont la mère était balinaise) et Mohammad Hatta proclament l'indépendance de l'Indonésie. La révolution nationale indonésienne est en marche, et Bali y participe activement. **Le conflit armé dure quatre ans**, jusqu'à ce que, sous la pression des Nations Unies, les Hollandais reconnaissent l'indépendance du pays, en **1949**. La République des États-Unis d'Indonésie est née, avec Sukarno en guise de premier président.

Depuis l'indépendance...

Bali est de nouveau le théâtre de violences en 1965 et 1966, lorsque le général Suharto veut réprimer le « **mouvement du 30 septembre** », une tentative de coup d'État. Il accuse le Parti communiste indonésien d'être l'auteur du putsch manqué. À Bali, la répression anticommuniste est particulièrement sévère : près de cent mille personnes sont massacrées au cours d'une véritable chasse aux sorcières. Les événements permettent finalement à Suharto d'évincer Sukarno, et de devenir le deuxième président de la République (de 1967 à 1998).

La crise asiatique et la fin de l'ère Suharto

Incapable de faire face à la crise asiatique qui a laissé l'économie indonésienne exsangue, Suharto démissionne en 1998 après un règne de 32 ans. En 1999, le parlement se réunit pour élire un nouveau président. À Bali, la grande favorite est Megawati Sukarnoputri, la fille de Sukarno, non seulement car elle dirige un parti laïc mais aussi en raison de ses origines balinaises. Pourtant c'est Abdurrahman Wahid, surnommé Gus Dur, le chef de la plus grande organisation musulmane d'Indonésie, qui remporte les élections. Quelques manifestations ont lieu à Bali mais l'élection de Megawati à la vice-présidence vient assez vite calmer les esprits. Moins de deux ans plus tard, elle devient présidente de l'Indonésie.

Les attentats de Bali

Les débuts de la présidence de Megawati sont marqués par les attentats les plus meurtriers de l'histoire de l'Indonésie, qui ont choqué le monde entier. Samedi **12 octobre 2002**, deux bombes explosent à quelques minutes d'intervalle, frappant Kuta en plein cœur. Attribué à des terroristes liés à Al-Qaida et au groupe islamiste Jemaah Islamiyah, cet attentat, le plus violent depuis celui du World Trade Center, a fait 202 morts et 209 blessés. La plupart des victimes sont des touristes étrangers, principalement australiens. Trois ans plus tard en **octobre 2005**, Bali est de nouveau frappée par des attentats-suicides dans les stations balnéaires de Jimbaran et de Kuta, première destination d'Indonésie des vacanciers étrangers, faisant 26 morts et plus d'une centaine de blessés. Depuis ces attentats, l'Indonésie, pays musulman le plus peuplé de la planète avec 240 millions d'habitants, est lancée dans une guerre contre le terrorisme. En 2012, la justice indonésienne a condamné Umar Patek, considéré comme « l'expert en démolition » du réseau islamiste Jemaah Islamiyah (JI) à 20 ans de prison. Aucun attentat majeur n'est survenu depuis les explosions qui avaient fait neuf morts en juillet 2009 dans deux hôtels de luxe de Jakarta.

À Lombok

L'histoire de Lombok comporte elle aussi son lot de violence et d'invasions. Un poème épique écrit en 1365 cite Lombok parmi les « contrées tributaires » du royaume de Majapahit à Java, au même titre que Bali. Puis c'est au tour des Balinais de dominer l'île, à partir du milieu du XVIIIe s. jusqu'aux années 1890. **Les Néerlandais débarquent à Lombok en 1674** mais ne s'installent qu'à l'est de l'île, laissant aux rois balinais de Karangasem la souveraineté sur toute la partie ouest. Ce n'est qu'à la fin du XIXe s. que les Hollandais décident de s'emparer de la totalité du territoire. En 1894, les troupes néerlandaises lancent une vaste opération militaire à Lombok, avec l'aval de la population sasak locale. D'abord malmenés par les soldats balinais, les Néerlandais finissent par conquérir la capitale, Mataram, puis c'est toute l'île qui tombe. Ils ne partiront qu'en 1942, en pleine guerre mondiale. **En 1949, Lombok, comme les autres îles d'Indonésie, devient indépendante.** ◆

© Jon Arnold / hemis.fr

Les enjeux du tourisme

▲ La plage de Legian au coucher du soleil.

« Le tourisme culturel » sur l'île des dieux

On peut dire que le tourisme de masse fait son entrée à Bali dès 1969, avec l'inauguration de son aéroport international. Mais il faudra attendre 1972 pour voir le premier plan national de développement du tourisme. L'objectif était alors de faire de Bali une vitrine touristique de l'Indonésie, en misant plus particulièrement sur la richesse culturelle de l'île. Pari réussi puisque qu'en une décennie seulement, entre 1970 et 1980, le nombre de visiteurs étrangers est passé de moins de 30 000 à quelque 300 000 par an. Dans le même temps, la capacité hôtelière est passée de moins de 500 chambres à près de 4 000. Si le tourisme est rapidement devenu un moteur de l'économie balinaise, il s'est également accompagné d'un « mal-développement » touristique : un développement tous azimuts mais sans mise en place d'infrastructures pour traiter les déchets et gérer les eaux usées. ⇢ focus p. 30.

Une économie dépendante du tourisme

Il y a quarante ans, avant le développement touristique de l'île, l'économie balinaise reposait principalement sur l'agriculture, et le travail du riz fut longtemps la principale activité de l'île. Aujourd'hui, même si l'agriculture reste le secteur qui emploie le plus de main d'œuvre, notamment dans la culture du riz, 50 % de la croissance vient de l'industrie touristique. Bali doit désormais importer son riz, mais exporte cependant du café, de la vanille et du clou de girofle. Réservées aux classes défavorisées, les ressources de la pêche et, dans une moindre mesure, la culture d'algues ⇢ encadré p. 91, participent également à la croissance économique du pays. Bali accueille quelques petites entreprises de textile ou de meubles, qui se sont implantées dans le sud. **L'île est célèbre pour son artisanat**, qui représente un secteur économique dynamique, majoritairement destiné aux touristes et à l'exportation, avec une importante production de batiks, de sculptures, d'instruments de musique et d'orfèvrerie.

Une manne

Le tourisme a fait de Bali une des provinces les plus riches d'Indonésie. À partir de 1988, la politique touristique s'intensifie encore avec l'arrivée d'investissements étrangers. De grands complexes hôteliers voient ainsi le jour entre 1988 et 1997, plus particulièrement dans l'enclave de Nusa Dua, mais aussi à Sanur et à Kuta. Le tourisme de congrès se développe également. De grandes conférences internationales comme celles de l'APEC ou l'OMC se tiennent régulièrement à Nusa Dua.

Les attentats de 2002 et 2005 *(p. 63)* ont porté un coup très dur à l'économie balinaise et il fallut attendre 2008 pour que le flux touristique soit complètement rétabli.

Une nouvelle bombe à retardement pour Bali ?

En 2012, Bali a accueilli près de **3 millions de touristes**, les Australiens et les Chinois formant les plus gros contingents. Pour 2013, les autorités de Bali s'étaient fixé comme objectif d'attirer 3,1 millions de personnes sur l'île des dieux.

Faisant fi des réalités environnementales et démographiques, ce développement touristique n'est pas sans conséquences. Le tourisme de masse pourrait bien constituer une bombe à retardement. Il pourrait même à terme détruire ce qui attire les touristes. Face à cette menace, de nombreux acteurs locaux s'engagent pour la protection de leur île, rejoints par un certain nombre d'étrangers. Des actions qui feront peut-être prendre conscience aux autorités locales de l'urgence de mettre en place un modèle de développement durable pour Bali. ◆

itinéraires
66

Des enfants jouent au ballon sur la plage de Selong Blanak, dans le sud de Lombok.
© Morandi Bruno / hemis.fr

Le Sud et les îles

Le sud de Bali est incontestablement la zone la plus touristique de l'île. Ici, en dehors des temples du Tanah Lot et de Uluwatu, on ne vient pas pour la culture balinaise mais plutôt pour faire la fête, du shopping, du surf ou tout simplement se détendre. Plus on s'éloigne de Kuta et plus on gagne en calme et en authenticité. En allant plus au sud, Jimbaran est devenue la nouvelle destination des lunes de miel, et la presqu'île du Bukit et ses vagues légendaires séduisent les surfeurs chevronnés. Au large, Nusa Lembongan, la deuxième île d'Asie préférée des touristes, a su conserver une part d'authenticité. Les amoureux des îles à la Robinson se tourneront vers Nusa Penida, un paradis encore inexploré à 30 minutes seulement de Sanur.

Durée

5 jours minimum.

Carte

Carte Le Sud et les îles, p. 70-71.

Bonnes adresses p. 198

◄ Pêcheur sur la plage de Jimbaran.

© Moirenc Camille / hemis.fr

Le Sud et les îles

Itinéraire 1 : Kuta et ses environs p. 72
Itinéraire 2 : La péninsule du Bukit p. 78
Itinéraire 3 : Denpasar, Sanur et les îles p. 84
Klungkung
Gianyar
Kuripan
Kusamba
Blahbatuh
MER DE BALI
Nusa Lembongan
Jungutbatu
Ped
Toyapakeh
Nusa Ceningan
Sakti
Nusa Penida
Sebuluh
Nusa Lembongan ★★
Mushroom Beach
Jungutbatu
Mangrove ★
Lembogan
Dream Beach
Nusa Ceningan
Sunset Beach
Cristal Bay
Toyapakeh
Ped
Sampalan
Pilah
Sakti
Metakih
Grotte de Goa Karangsari ★
Suana
Nusa Penida ★★★
Sebuluh
Batukandik
Pejukutan
Tanglad
Soyor
Cemlagi
Atuh Beach ★★★
Tabuanan
Wates

itinéraire 1

Kuta et ses environs*

programme

Si vous avez décidé de jeter l'ancre entre Kuta et Canggu, c'est que vous avez envie de farniente ou de vous mettre au surf. Le programme, c'est donc la plage!

Toutefois, il serait dommage de ne pas vous rendre jusqu'au **Pura Tanah Lot****, pour la beauté du temple et le panorama sur la côte.

à ne pas manquer

Patrimoine et culture: Une visite au Pura Tanah Lot**.

Farniente: Les plages de Seminyak, Berawa* ou Batu Bolong*.

Sport: Le surf sur les plages de Kuta, Seminyak, Canggu et Echo Beach.

côté pratique

Se déplacer: Privilégiez le scooter, idéal pour se faufiler dans les rues embouteillées du sud de Bali.

Départ: Le centre-ville de Kuta.

Période: Pour échapper aux foules, évitez si possible les mois d'été et les fêtes de Noël. Si vous le pouvez, les mois d'octobre et mai/juin sont les plus agréables.

Conseil: Pour des vacances en famille ou entre amis, pensez à la location de villas. Plus flexible et plus conviviale qu'un hôtel, la location inclut généralement le personnel de maison.

Carte: Le Sud et les îles, p. 70-71. **Bonnes adresses:** p. 198.

◄ Plage de Kuta.

Avec sa longue plage et ses nombreuses boîtes de nuit, Kuta attire une faune jeune, majoritairement australienne, venue surfer et faire la fête. Plus au nord, Legian et Seminyak, plus chic, attirent une clientèle plus âgée et plus branchée. Vers le nord-ouest, on surfe sur les vagues de Batu Bolong, Berawa et Canggu avant d'atteindre le Pura Tanah Lot.

Kuta

···> À 3 km N de l'aéroport Ngurah Rai.

En 1936, Bob Koke, un surfeur californien venu d'Hawai, tomba amoureux de Kuta. Arrivé avec sa femme et sa planche de surf, il décida d'y construire le premier hôtel. En guise de pause, il allait surfer sur la plage, alors déserte. Il faudra attendre les années 1960 pour que ce petit village entame sa mue et devienne la destination la plus touristique de Bali et de toute l'Indonésie. Ce sont d'abord les hippies qui s'arrêtent à Kuta, devenue l'une de leurs destinations favorites avec Katmandou et Kaboul. Puis les surfeurs, séduits par ses kilomètres de plage et ses superbes vagues, investissent le petit village. Aujourd'hui épicentre du tourisme de masse à Bali, Kuta n'est qu'hôtels, bars, boîtes de nuit, embouteillages, fast-foods et enseignes criardes. Seules les offrandes devant chaque établissement et les cérémonies sur la plage vous rappelleront que vous êtes encore à Bali. Sévèrement touchée par un attentat en 2002 *(p. 63)* qui a frappé deux boîtes de nuit faisant 202 morts, Kuta a pourtant su se relever et les touristes sont toujours de plus en plus nombreux à se presser sur sa plage. Un mémorial en mémoire des victimes a été érigé en 2004.

Toute proche de l'aéroport, Kuta est un **point de chute idéal** pour apprendre le surf, faire la fête et se loger à petits prix. Une destination à recommander plutôt aux jeunes, sportifs et au budget serré ! Pour les autres, passez votre chemin.

attention ! L'apparente facilité à se procurer de la drogue à Kuta ne doit pas faire oublier que la loi indonésienne est très sévère en la matière ···> **encadré p. 265**.

Le centre

Le « bemo-corner » constitue le cœur de Kuta. C'est un rond-point duquel partent à l'ouest **Jl. Pantai** qui mène à la plage, au nord **Jl. Legian** et à l'est la route principale, **Jl. Raya Kuta**. L'autoroute appelée **ByPass** permet de relier Kuta à Sanur, Denpasar et Nusa Dua. Les petites ruelles **Poppies Lane**, perpendiculaires à Jl. Pantai Kuta, regroupent l'essentiel des hôtels bon marché. La plupart des boutiques se concentrent sur Jl. Legian et Jl. Pantai.

Kuta est également traversée par de nombreux petits *gangs*, de petites ruelles étroites qui permettent d'échapper au brouhaha du centre-ville.

La plage

C'est l'attraction majeure de Kuta. On y vient principalement pour s'essayer au surf *(p. 190)*, mais on peut aussi simplement se poser sur la plage. L'activité y est intense et les sollicitations nombreuses : vendeurs de cerfs-volants, marchands ambulants, ou encore masseuses qui proposent leurs services. Bémol : la plage est maheureusement l'une des plus polluées de l'île, surtout à la saison des pluies, lorsque les plastiques sont charriés sur les plages et dans la mer… Une promenade qui débute au niveau de Jl. Pantai et longe la côte vers le sud permet une longue balade en bord de mer. Les couchers de soleil y sont splendides !

Legian

···› À 1 km N de Kuta.

Toute proche de Kuta, Legian est tout de même un peu plus élégante. La plage y est plus calme, les hôtels plus luxueux. On peut agréablement se promener le long de la plage Pantai Legian et s'arrêter sur l'une des nombreuses terrasses du bord de mer. Pour une virée shopping, Jl. Legian offre un certain nombre de jolies boutiques.

Seminyak

···› À 1 km N de Legian.

Seminyak a la réputation de devenir le Saint-Tropez asiatique, avec ses hôtels de charme et de luxe, ses boutiques de mode, ses restaurants et ses bars branchés. Tout cela est vrai, mais vous trouverez également de modestes pensions et des petits *warung* où vous pourrez vous régaler pour trois fois rien. Si les Australiens sont en grande majorité à Kuta, les Européens, et notamment les Français, ont investi Seminyak.

La plage est le point de départ d'une longue balade jusqu'à Berawa pour les plus courageux *(voir ci-contre)* et permet une initiation au surf.

Face à la mer, • **La Plancha** *(Jl. Pantai Seminyak.* ☎ *0878.6141.6310. Ouv. t.l.j. 7 h-1 h)*, petite cabane de plage aux couleurs acidulées, invite à faire une pause café le matin ou prendre un cocktail en fin de journée pour profiter du soleil couchant sur la longue plage de Seminyak. Les fêtards ne rateront sous aucun prétexte la soirée du vendredi où l'on danse jusqu'au petit matin les pieds dans le sable.

► **Le Pura Tanah Lot, l'un des sept temples de la mer.**

Jalan Drupardi

Il fait bon flâner sur Jalan Drupardi où s'enchaînent de jolies villas, quelques boutiques de déco et de petits restaurants. En s'enfonçant dans les ruelles, on peut encore apercevoir des parcelles de rizières, rescapées de la folie immobilière à Bali.

petite pause. On peut déjeuner ou prendre un verre au ♦ **Zibiru**, un restaurant logé dans une adorable maison de bois blanc avec tomettes au sol *(Jl. Drupardi 7)*. Installez-vous sur la terrasse à l'étage pour profiter de la vue sur les toits balinais.

Petitenget

···› À 3 km N de Seminyak.

Juste au nord de Seminyak, Petitenget est devenue le nouveau lieu chic du sud de Bali. Face à la mer se trouvent les grands hôtels, comme le W. Sur Jl. Petitenget, on trouve des restaurants comme ♦ **Sardine** ou ♦ **Metis** ···› encadré p. 205 dont la réputation en Asie n'est plus à faire.

Pura Petitenget

···› Au N de l'hôtel Oberoi.

Ce petit temple face à la mer est connu pour ses nombreuses cérémonies colorées qui se tiennent sur la plage. Selon la légende, le temple doit son nom à une boîte à bétel ayant appartenu au prêtre javanais Dang Hyang Nirartha. Construit au XVIe s., il est **l'un des sept temples de la mer** avec, entre autres, le Pura Luhur Uluwatu *(p. 81)*, sur la péninsule de Bukit, et le Pura Tanah Lot *(p. 76)*, un peu plus au nord.

© Chaput Franck / hemis.fr

Canggu

⇢ À 8 km O de Petitenget.

Zone encore préservée il y a peu, Canggu n'échappe plus à la folie immobilière, même si vous y serez un peu plus au calme qu'ailleurs. Ici et là, les rizières cèdent le pas aux constructions et les vaches broutent paisiblement entre les chantiers, imperturbables face à l'avancée du béton.

C'est souvent vers Canggu que l'on trouve le plus de villas à louer. Mais lorsque l'on parle de Canggu, on fait aussi référence à la zone côtière de 8 km englobant les plages de Berawa, Batu Bolong et Echo Beach.

Les plages ne se prêtent pas à la baignade mais sont en revanche très prisées des surfeurs à la saison sèche *(p. 190)*.

pourquoi pas ? Et si vous commenciez la journée par une séance de yoga ? Tous les matins de 8 h à 9 h 30, l'hôtel ▲ **Villa Serenity** *(Jl. Nelayan Gg. Dolphin, Banjar Canggu)* propose des cours de yoga ouverts à tous.

Berawa*

⇢ Au S de Canggu, prenez Jl. Raya Kerobokan puis Jl. Raya Canggu en allant vers l'E, puis Jl. Patai Berawa. **Idée balade :** On peut rejoindre la plage de Berawa par un chemin de 10 km depuis la plage de Seminyak.

Grande plage très agréable et très prisée des surfeurs débutants et confirmés.

Batu Bolong*

⇢ Prenez Jl. Patai Berawa puis Jl. Raya Cangu vers l'O, puis sur la gauche Jl. Raya Batu Bolong. La plage est après l'hôtel ▲ **Tugu** *(p. 204)*.

La plage de Batu Bolong est l'une des plus jolies plages de la région. Plus calme et moins fréquentée que la plage de Seminyak, elle offre les conditions idéales pour débuter le surf. Sur le parking, vous trouverez plusieurs petits *warung*, parfaits pour déjeuner après quelques heures de surf. Sur la droite de la plage, vous trouverez quelques loueurs de planche.

Echo Beach

···➤ À 500 m NO de Batu Bolong. Depuis Batu Bolong, reprenez Jl. Raya Batu Bolong jusqu'au croisement avec Jl. Pantai Batu Bolong sur la gauche. Suivez celle-ci jusqu'à la plage d'Echo Beach. Parking 3 000 Rp.

Echo Beach est l'un des spots de surf les plus courus de Bali *(p. 190)*. Ce n'est pas vraiment une plage car elle n'est pas praticable pour un non-surfeur. Sur une avancée en béton se trouvent plusieurs restaurants qui proposent tous des locations de planches de surf. **Si vous n'êtes pas surfeur, inutile d'y aller en journée.** En revanche, pour une ambiance festive et décontractée, allez-y pour les barbecues du vendredi soir. Vous pourrez également vous y rendre en fin de journée pour profiter du coucher du soleil.

Pura Tanah Lot★★

···➤ À 10 km NO de Canggu, 26 km de l'aéroport Ngurah Rai, 16 km de Seminyak. Prenez vers l'ouest la route côtière et suivez les indications du Nirwana Golf Resort-Pan Pacific. Attention aux embouteillages en fin de journée. Ouv. t.l.j. 7 h-19 h. Entrée payante. L'accès à l'intérieur du temple est réservé aux Balinais.

Un paysage de carte postale

C'est le temple le plus visité et le plus photographié de Bali, particulièrement au coucher du soleil. Tanah Lot signifie « **Pays de la mer** » en balinais. Le temple se dresse sur un îlot, sur lequel viennent se fracasser les vagues de l'océan Indien. Ce petit morceau de falaise, accessible uniquement à marée basse, est creusé de petites grottes, lieux de prières. Dans l'une d'elles vivraient des serpents de mer. Pour quelques roupies, un vieux monsieur vous propose de voir l'un des reptiles. Selon la légende, ces serpents marins préserveraient le temple des mauvais esprits et des envahisseurs.

Temple de la mer

Le Pura Tanah Lot serait l'œuvre du grand prêtre Dang Hyang Dwijendra, aussi connu sous le nom de **Nirartha**, un prêtre du XVIe s. La légende raconte qu'il aurait découvert ce magnifique îlot rocheux au cours d'un voyage et décidé de s'y installer. Des pêcheurs lui auraient alors apporté des présents. Après y avoir passé la nuit, Nirartha aurait jugé cet endroit favorable à l'adoration du dieu de la mer et aurait alors demandé aux pêcheurs d'y construire un sanctuaire.

À l'instar du Pura Luhur Uluwatu, c'est un des sept temples de la mer de Bali. Ces sept temples sont construits le long de la côte de telle sorte qu'on puisse toujours apercevoir le prochain depuis le précédent, formant ainsi un rempart contre les mauvais esprits.

Pura Batu Bolong

L'arrivée au temple se fait par un chemin longeant une longue suite

> **Bons plans**
>
> - Évitez si vous le pouvez le dimanche, lorsque des bus déversent des flots de touristes javanais.
> - Si possible, dormez à côté du temple, vous pourrez profiter d'une nature protégée et d'une ambiance plus authentique qu'en plein cœur de Seminyak.
> - Si vous voulez être au calme, visitez le temple plutôt le matin. Mais si, vous aussi, vous voulez la photo du temple au coucher du soleil, alors vous n'éviterez pas les touristes ! ◆

La danse *kecak*

Apparue au début du siècle, la danse *kecak*, sûrement la plus spectaculaire de Bali, raconte un épisode du *Ramayana*, un récit épique hindou au cours duquel l'armée des singes commandée par Hanuman aide Rama à délivrer son épouse Sita, prisonnière de Ravana, le roi de Lanka.

À la tombée de la nuit, une centaine de danseurs, assis en rond autour d'un feu, produisent eux-même le rythme de la danse par des battements de leurs mains frappant leur poitrine, leurs cuisses, ou d'autres parties de leur corps et poussant des «tchac - tchac - tchac» censés imiter le cri des singes.

Autrefois, le *kecak* était un chœur de percussions vocales balinais qui accompagnait les rituels de transe – *sanghyang* –, lors de certaines cérémonies religieuses. C'est sous l'impulsion de Walter Spies dans les années 1930 que la danse rituelle a évolué vers une forme plus spectaculaire. ◆

d'échoppes. Vous pourrez ensuite prendre à gauche pour aller au temple principal, ou prendre à droite pour rejoindre le **Pura Batu Bolong**, ou le temple de la pierre trouée, posé sur un bras de falaise percée. Le temple est fermé aux touristes mais vous pourrez le contourner sur la droite et atteindre une petite plateforme de pierre. Voilà qui constitue un spot d'observation parfait du Tanah Lot (ne pas y aller avec des enfants, car il n'y a pas de barrières). Vous pourrez continuer ensuite sur la droite, pour atteindre le restaurant ♦ **Melasti** *(p. 206)* qui, depuis sa grande terrasse, offre une vue superbe sur les rizières et les falaises. Mais vous n'aurez pas de vue sur le Tanah Lot.

Après l'entrée du Pura Batu Bolong, prenez le petit chemin bordé d'échoppes sur la gauche. Il mène à une succession de restaurants. Notre préféré: le ♦ **Sunset Corner,** celui qui est tout au bout. À l'écart de la foule, sur des petites chaises en bambou et à l'ombre des arbres, vous profiterez de la vue sur le Tanah Lot sur votre droite et sur le golfe du Pan Pacific sur votre gauche.

Tous les jours, vous aurez la possibilité d'assister au spectacle de **danse *kecak*** *(1 h et environ 3 €)* organisé après le coucher du soleil dans une clairière. N'oubliez pas l'antimoustiques.

idée balade. En sortant du parking du Tanah Lot, prenez la rue qui descend sur la droite, puis tout de suite à gauche, le petit chemin qui mène dans les rizières. Suivez le chemin, puis empruntez la route à gauche. En 20-25 min, vous atteignez la jolie plage encore sauvage de Kedungu. Quelques *warung* y servent des maïs grillés *(4 000 Rp)*. ◆

itinéraire 1

itinéraire 2

La péninsule du Bukit**

programme pour une journée

Commencez la journée au **marché aux poissons de Kedonganan***, près de **Jimbaran***, puis filez sur la plage de **Balangan**** pour profiter de quelques heures de détente ou pour une initiation au surf. Déjeunez au ● Single Finn en observant les vagues et les surfeurs avant de rejoindre ♥ **Nyang Nyang Beach**** pour profiter d'une plage quasi-déserte. En fin de journée, admirez le coucher de soleil sur le **Pura Luhur Uluwatu**** avant d'assister au spectacle de danse *kecak*.

à ne pas manquer

Surf: Le Bukit est le paradis des surfeurs. Les débutants iront à Balangan** tandis que les plus confirmés iront se mesurer aux célèbres vagues de Bingin, Impossibe, Padang Padang et bien sûr Uluwatu**.

Culture: Le musée Pasifika* à Nusa Dua.

côté pratique

Départ: Le marché aux poissons de Jimbaran.

Conseil: Pour circuler sur la péninsule, mieux vaut avoir son propre véhicule car il n'y a pas beaucoup de *bemo* (minibus sillonant l'île).

Bon à savoir: Jimbaran est une destination très prisée des voyageurs en lune de miel. La plupart des hôtels sont des hôtels de luxe et de charme et il est difficile de s'y loger à petits prix.

La plupart des plages sont accessibles par des escaliers plutôt raides, peu conseillés aux jeunes enfants et aux personnes aux genoux sensibles.

Carte: Le Sud et les îles, p. 70-71. **Bonnes adresses:** p. 198.

◄ La plage de Balangan.

Le « bukit », ou colline, est le nom que porte la petite péninsule située à la pointe extrême sud de Bali. Avec ses terres arides et sèches, elle a longtemps été épargnée par le tourisme de masse. Aujourd'hui pourtant, les complexes touristiques géants poussent tous azimuts. C'est avant tout la destination des surfeurs venus affronter des vagues de légendes, telles celles d'Uluwatu, Padang Padang ou Bingin. On peut aussi y venir le temps d'un coucher de soleil pour profiter du Pura Luhur Uluwatu, perché sur une falaise à plus de 70 m de haut. Au nord-est du Bukit, Nusa Dua a été conçue dans les années 1980 comme une enclave touristique de luxe.

Jimbaran*

···> À 7 km S de l'aéroport Ngurah Rai.

Le petit village de pêcheurs de Jimbaran, situé sur la côte ouest de l'isthme qui relie la péninsule du Bukit au reste de l'île, est en plein développement touristique et vise une clientèle haut de gamme.

Une immense plage de sable blanc s'étire dans une baie qui s'achève au sud par une colline où se dressent les grands hôtels de luxe. Peu dangereuse et bien protégée des courants, la plage de Jimbaran est l'une des rares plages du sud de Bali où l'on peut se baigner en toute sécurité avec des enfants. En fin d'après-midi, des hommes et des femmes creusent des trous dans le sable pour ramasser des coquillages qu'ils cuisineront le soir venu. Le soir, en effet, les restaurants du bord de mer occupent la plage, et vous pourrez dîner de poissons, crabes et langoustes fumés au charbon de coco, les pieds dans le sable et à la lumière de petites bougies. Magique !

on the Rocks ! Au coucher du soleil, on prend un verre au ● **Rock Bar** de l'hôtel Ayana *(p. 207)*. Comme son nom l'indique, le bar est construit à même les falaises et surplombe l'océan. Cerise sur le gâteau : on s'y rend par un petit ascenseur aux parois vitrées. Spectaculaire.

Le marché aux poissons*

···> Au N de Jimbaran, Jl. Raya Kedonganan. Suivez les indications de l'hôtel ▲ **Puri Bambu** *(p. 206)* et prenez à droite en arrivant à la plage. Ouv. t.l.j. 4 h-12 h.

Toute la vie locale s'organise autour du retour de la pêche. Derrière la plage, l'animation est à son comble au marché aux poissons. Ici, les sardines (ou *layang layang*) se vendent à 12 000 Rp le kg, le *redsnapper* (connu sous le nom de vivaneau rouge, dont la chair est ferme et savoureuse) qui porte bien son nom avec sa peau très rouge, se vend 50 000 à 60 000 Rp le kg alors que le thon n'en vaut que 30 000. Là, les langoustes géantes des Célèbes se vendent à 180 000 Rp le kg. C'est le plus grand marché aux poissons de Bali.

Si la vue de ces fruits de mer vous a mis en appétit même à 8 h du matin, achetez ce qui vous fait envie. À la sortie du marché sur la gauche, on vous grillera votre poisson (comptez entre 15 000 et 20 000 Rp par kg) que vous dégusterez sur de petites tables installées devant la plage.

Marché de producteurs

···> À l'intersection entre Jl. Uluwatu et Jl. Ulunsiwi. Ouv. t.l.j. 5 h-14 h.

En revenant du marché aux poissons, ne manquez pas une petite balade sur ce marché réputé pour la qualité de ses fruits et légumes.

Pura Ulun Siwi

···> Au croisement de Jl. Uluwatu et Jl. Pemelisan Agung, en face du marché aux fruits et légumes.

Construit au XVIIe s. par la dynastie de Mengwi, ce temple a pour caractéristique de faire face à l'est, et non au nord vers le mont Agung comme tous les autres temples de l'île. Il est aussi considéré comme le plus grand temple dédié à la déesse du riz, Dewi Sri. Les agriculteurs viennent y recueillir de l'eau lustrale pour bénir leurs champs.

Balangan**

···> À 7 km SO de Jimbaran. Au bout de Jl. Uluwatu, au rond-point, prenez la route qui monte sur la gauche. Continuez toujours tout droit. Au niveau du supermarché Pepito Express, un panneau indique la plage de Balangan sur la droite. Il y a environ 6 km pour rejoindre la plage. Parking payant.

La petite route sinueuse qui mène à la plage de Balangan traverse encore des paysages sauvages, même si des constructions inachevées en béton viennent ternir le paysage. Après le parking, on accède à la plage par un petit escalier. Encadrée par des falaises de chaque côté, cette longue plage de sable blanc est le paradis des surfeurs *(p. 190)*, mais pas seulement. Les petites cabanes posées sur pilotis le long de la plage proposent des hébergements rustiques et bon marché. On peut également s'y restaurer, en prenant son temps (le service n'est pas des plus rapides, mais on est en vacances !), en toute simplicité, face à la mer.

Dreamland

···> *(New Kuta Beach.)* À 3 km SO de Balangan.

Le nom de cette plage sonne comme une promesse, mais son accès est improbable. Après avoir roulé sur des autoroutes bordant des chantiers géants et franchi un

▶ Le Pura Luhur Uluwatu.

portail monumental, on arrive à un parking où il faut laisser son véhicule. Longtemps abandonné, le projet de Tommy Suharto, l'un des fils de l'ancien président indonésien, vient de renaître sous le nom de New Kuta-Pecatu. Un projet démesuré sur 400 hectares de terrain regroupant villas, hôtels, différents parcs d'attraction et même un golf. Un non-sens écologique lorsqu'on sait que, sur cette terre calcaire, l'eau est naturellement rare et qu'elle est drainée du nord de l'île, privant les habitants d'une précieuse ressource pour leurs rizières.

La plage de Dreamland, elle, ne fait plus vraiment rêver. Si vous n'êtes pas un surfeur, passez votre chemin.

Les plages de la côte Ouest

Bingin, Impossible, Padang Padang et Uluwatu sont les plages les plus réputées de Bali chez les surfeurs *(p. 190)*.

La plage de **Bingin** (2 km S de Dreamland) est célèbre pour ses superbes « tubes ». Les petits hôtels et *warung* sont accrochés à la falaise, offrant un accès à la mer pour les surfeurs et une superbe vue sur l'océan. À marée basse, on peut rejoindre à pied la plage d'**Impossible**, réputée également pour sa longue vague à trois sections difficile à franchir en une seule fois.

Plus au sud, on accède à la plage de **Padang Padang**, après s'être acquitté d'un droit de parking et avoir descendu un escalier enserré entre deux falaises. Rendue célèbre notamment par le film *Eat, Pray, Love* (réalisé par Ryan Murphy en 2010 d'après le best-seller d'Eliza-

© Chaput Franck / hemis.fr

beth Gilbert, *voir Journée de rêve* *p. 106*), cette jolie petite plage de sable blanc attire de nombreux touristes. Les surfeurs, eux, n'ont pas attendu le film pour profiter des tubes sans fin. Depuis 10 ans, la compétition Rip Curl y organise son étape indonésienne, attirant les meilleurs surfeurs du monde.

Uluwatu★★

À 18 km S-O de Jimbaran.

Uluwatu est sûrement la vague la plus célèbre de Bali. Pour accéder au spot (5 km O de Padang Padang), on descend un long escalier bordé de *warung*. Seuls les surfeurs expérimentés viendront affronter la vague considérée par beaucoup comme la plus belle gauche du monde. Même si vous ne surfez pas, arrêtez-vous dans l'un des *warung* pour observer le spectacle.

une pause avec vue. Avec son bar surplombant l'océan Indien, ● **Single Finn** *(p. 210)* est un lieu idéal pour contempler les vagues et les surfeurs. Le dimanche, un DJ vient animer la soirée.

Pura Luhur Uluwatu★★

Ouv. t.l.j. 8 h-19 h. Entrée et parking payants.

Perché sur une falaise et surplombant les vagues de l'océan Indien, le Pura Luhur Uluwatu est l'un des neuf temples directionnels de Bali. Le temple en lui-même ne se visite pas mais le site mérite à lui seul un détour. Après l'entrée, prenez le chemin sur votre droite pour une promenade le long des falaises et observez les petits toits de chaume du Pura Luhur Uluwatu qui se détachent au loin. Vous pouvez ensuite reprendre le chemin qui longe les falaises pour vous rapprocher du temple. Attention aux singes !

Dédié aux esprits de la mer, le temple fut construit au XIe s. par le brahmane **Empu Kuturan**, venu de Java. Il aurait été complété au XVIe s. par un autre prêtre javanais, Dang Hyang Dwijendra, aussi connu sous le nom de **Nirartha**, à qui l'on doit les autres temples

© Luca Invernizzi Tettoni/Tips/Photononstop

de la mer, comme le Tanah Lot, le Rambut Siwi, le Petitenget et le Pura Sakenan. Selon la légende, c'est en arrivant au village de Pecatu, là où se trouve le temple, qu'il aurait atteint le *moksha*, un terme sanskrit qui signifie la libération finale de l'âme individuelle, soit l'équivalent hindou du nirvana bouddhique.

Tous les soirs après le coucher du soleil a lieu un spectacle de danse *Kecak (env. 6 €)* ···> **encadré p. 77**.

♥ Nyang Nyang Beach★★

···> À 3 km SE du Pura Luhur Uluwatu. Prenez la route qui part du Pura Luhur Uluwatu sur la droite. Juste avant l'hôtel Puri Bali, prenez le petit chemin en terre sur la droite. La route étant très caillouteuse, le mieux est de s'y rendre à pied. Sur la gauche suivez le panneau Nyang Nyang Beach. Traversez la clairière en diagonale. Vous arriverez alors en haut des escaliers.

De la clairière, la vue est à couper le souffle. Un paysage intact, les falaises, le bleu de la mer. Pour accéder à la plage, il faut descendre 526 marches. Le chemin est peu engageant : les marches sont jonchées de détritus et quelques singes peu accueillants (mais pas agressifs) sont postés sur le côté. Après une descente de dix minutes environ, on arrive à cette plage de sable blanc déserte ! Si vous vous baignez, restez près du bord car les courants sont très puissants. À éviter avec des enfants.

Nusa Dua

···> À 18 km E de Nyang Nyang Beach.

Situé à l'extrême-sud de la péninsule du Bukit, Nusa Dua a été choisie dans les années 1970 pour y développer un complexe touristique autonome en bord de mer, loin des principaux centres de population, afin de minimiser l'impact du tourisme sur la culture balinaise. À la fin des années 1980 et jusqu'à la fin des années 1990, de grands complexes hôteliers ont vu le jour sur ces terres

◄ La plage de Nusa Dua.

autrefois arides. Aujourd'hui, on y compte un golf et une trentaine d'hôtels dont le Westin qui accueille un centre de conférences. C'est là qu'eut lieu le sommet de l'APEC (Asia-Pacific Economic Cooperation) en octobre 2013. À cette occasion, 1 319 chambres de luxe ont été ajoutées aux 4 000 existantes sur Nusa Dua !

Si vous ne prévoyez pas de passer du temps à la plage, Nusa Dua ne présente qu'un intérêt très limité.

Musée Pasifika*

···› Dans le centre commercial Bali Collection, Block P. À 100 m du Club Med. Ouv. t.l.j. 10 h-18 h. Entrée payante.

C'est le seul et unique lieu à visiter, et il le mérite. Ouvert depuis 2006, ce musée a été construit sur l'initiative d'un homme d'affaires français, Philippe Augier, installé en Indonésie depuis de nombreuses années. Le musée compte 11 salles dont 5 consacrées à l'Indonésie et 5 à l'Asie-Pacifique.

La **première salle** du musée en entrant sur la droite est naturellement **consacrée à l'Indonésie** et présente différents artistes de l'archipel de Java et de Bali. Mais l'un des points forts du musée réside dans l'importante collection d'œuvres d'artistes étrangers inspirés par Bali au tournant du XXe s. *(p. 53)*. On peut y voir entre autres la *Joconde de Bali* de Hofker, l'une des sept toiles majeures du peintre Adrien-Jean Le Mayeur, *Women Offering to the Sacred Pond*, le tableau iconique de Bali intitulé *Rice Granary* de Miguel Covarrubias, mais également les œuvres du sulfureux artiste australien Donald Friend. Le musée se targue également de posséder la plus grande collection du peintre suisse Théo Meier, l'un des artistes les plus célèbres de Bali. Arrivé en 1936, il n'en est reparti qu'en 1955 !

On passe plus rapidement sur la **salle Indochine** avant d'arriver dans la **grande salle du Pacifique** pour découvrir la collection d'arts premiers de la Fondation Nicolaï Michoutouchkine et Aloï Pilioko, qui serait plus importante que celle du musée du quai Branly à Paris. C'est dire ! Ne manquez pas également le carnet d'aquarelles de Paul Gauguin !

Tanjung Benoa

···› À 5 km N de Nusa Dua. On peut aller de Nusa Dua à Tanjung Benoa en empruntant la promenade sur la plage. Une navette gratuite relie toutes les heures environ Nusa Dua, Tanjung Benoa et le centre commercial Bali Collection.

Situé à la pointe nord-est de la péninsule, le village de pêcheurs de Tanjung Benoa se trouve dans le prolongement de Nusa Dua et s'étend sur 4 km. Tanjung Benoa se limite à une rue principale, Jl. Pratamana, bordée d'hôtels avec vue sur la mer d'un côté et de nombreux petits restaurants, centre de massages et boutiques de l'autre. On est loin ici des complexes géants et luxueux de Nusa Dua et il y règne une ambiance décontractée, presque hors du temps. Des activités touristiques visant essentiellement une clientèle locale se sont développées sur la plage de Tanjung Benoa, comme des promenades en grosse bouée tirée par un bateau ou des excursions en bateau à fond transparent.

un déjeuner balinais. Si vous voulez goûter une authentique cuisine balinaise, arrêtez vous à ♦ ♥ **Bumbu Bali** *(p. 211)*.Ironie de l'histoire, c'est le chef suisse Heinz Von Holzen qui, à travers son restaurant, ses nombreux livres et ses cours de cuisine, redonne ses lettres de noblesse à la gastronomie balinaise. ◆

itinéraire 3

Denpasar, Sanur et les îles*

programme

Passez une demie journée à Denpasar pour découvrir ses **marchés***, puis filez profiter du bord mer et des activités nautiques à **Sanur*** (1 ou 2 jours). Gardez-vous 2 ou 3 jours pour profiter des îles **Nusa Lembongan**** et ♥ **Nusa Penida*****.

à ne pas manquer

Famille : Plus tranquille que Kuta ou Seminyak, Sanur* se prête parfaitement à un séjour en famille.

Sportif : Le surf à la saison des pluies à Sanur*, en toutes saisons à Nusa Lembongan** ; plongée autour de Nusa Lembogan** et ♥ Nusa Penida***.

Nature : De grandes balades à la découverte de ♥ Nusa Penida***.

Culture : Le musée de Bali à Denpasar et le musée Le Mayeur* à Sanur. L'étonnant Pura Goa Giri Putri* à ♥ Nusa Penida***.

côté pratique

Départ : Les marchés de Denpasar.

Meilleure saison : Pour plonger entre Nusa Lembongan et Nusa Penida, voir les *mola mola* et les raies manta, la meilleure saison est d'août à octobre.

À noter : Moins branchée et moins affairée que Seminyak, Sanur peut servir de camp de base agréable pour explorer Bali. Vous trouverez des informations sur les activités proposées à Sanur sur le site www.gotosanur.com.

Conseil : Passez une nuit à Nusa Penida.

Carte : Le Sud et les îles p. 70-71. **Bonnes adresses :** p. 198.

◀ La plage de Jungutbatu, à Nusa Lembongan.

Denpasar

→ À 13 km N de l'aéroport Ngurah Rai, 12 km N de Kuta, 6 km O de Sanur, 22 km S d'Ubud.

Après la conquête du sud de Bali par les Hollandais et la destruction par les princes balinais de leurs propres palais à Denpasar *(p. 62)*, le gouvernement colonial y établit son siège administratif en 1908. Mais ce n'est qu'en 1958, après l'indépendance de Bali, que Denpasar ôta à Singaraja le titre de capitale. Vivante, bruyante, embouteillée, la ville compte aujourd'hui un demi million d'habitants. Si elle offre peu d'intérêt aux voyageurs de passage, on peut y passer quelques heures pour visiter son marché et tenter de capturer une certaine réalité du quotidien balinais.

Denpasar en fête. Chaque année en juin/juillet se tient le festival des arts de Bali *(**Bali Arts Festival**, www.baliartsfestival.com, p. 58)*.

Les marchés*

Le pasar Badung

Etape incontournable, le pasar Badung (Jl. Gajah Mada) occupe un bâtiment de trois étages au bord de la rivière éponyme. Au rez-de-chaussée se trouvent les étals d'alimentation et tout le nécessaire à la fabrication des offrandes du quotidien, ces petits paniers de bambous ronds, triangulaires ou carrés. En entrant à gauche dans le marché, on trouve un petit temple dédié à Rambut Seda, la déesse de l'argent et du commerce, que les commerçants ne manquent pas de venir honorer en la couvrant d'offrandes. Regardez autour de vous : le marché est un monde de femmes. Ce sont elles qui tiennent les étals, elles aussi qui portent les lourds paniers remplis de fruits ou de légumes. En montant, on trouve les **épices**, les **poissons séchés** mais aussi une multitude de **biscuits** utilisés pour les offrandes, également très appréciés des hommes ! Au dernier étage, vous trouverez tout le **nécessaire à offrandes**. Négociez les prix ! Allez-y de préférence le matin avant 10 h pour profiter de la pleine animation du marché.

Le marché aux tissus

En face, la Jl. Sulawesi qui longe le pasar Badung sur sa gauche est tout entière dédiée aux tissus.

Le pasar Kumbasari

→ En sortant du pasar Badung, prenez sur votre droite et empruntez le petit pont qui franchit le fleuve traversant l'ouest de Denpasar. Vous arrivez au pasar Kumbasari.

Filez directement au 2e étage. C'est une véritable caverne d'Ali Baba où en cherchant bien on pourra rapporter quelques **souvenirs**.

Le marché aux oiseaux

→ (*pasar Burung.*) Jl. Veteran.

Petit marché coloré où l'on vient surtout pour admirer la multitude de cages à oiseaux de toutes les formes et de toutes les tailles. Au-delà des oiseaux, on y trouve également des petits rongeurs, des chauves-souris, des singes, des chiens et des chats… en cage. Âmes sensibles s'abstenir.

Taman Puputan

→ Entre Jl. Udayana et Jl. Surapati. Espace au centre de la ville à l'endroit où s'élevait jadis le palais Royal avec une statue commémorant le *puputan* (soit le suicide collectif de 1906, *p. 62*).

Construit en 1928 par les Hollandais, sur le site du *puputan*, le **Inna Bali Hôtel** (Jl. Veteran 3) fut le premier hôtel de tourisme et de luxe de l'île. Des hôtes célèbres comme Charlie Chaplin y ont séjourné et les plus grands artistes de l'île s'y sont produits.

Le musée de Bali

···› (***Bali Museum.***) Jl. Letkol Wisnu, à côté de Taman Puputan. Ouv. mar.-ven. 8h30-16h, sam.-dim. 8h30-15h. Entrée payante.

Construit par les Hollandais en 1910, le musée fut détruit 7 ans plus tard lors du plus puissant tremblement de terre que Bali ait jamais connu. L'artiste allemand Walter Spies et quelques colons hollandais ravivèrent plus tard l'idée d'un musée visant à préserver le patrimoine local. Il fut achevé en 1932 et chaque pavillon s'inspire d'un style régional. La collection comprend de superbes sculptures de pierre et de bois mais aussi des accessoires rituels pour les cérémonies familiales et les fêtes religieuses. On y découvre également une impressionnante collection de masques. Le pavillon Sud, ou Buleleng, abrite de nombreux tissus et étoffes traditionnels. Le musée comporte de très belles pièces même si elles ne sont malheureusement pas très bien mises en valeur.

Pura Jagatnatha

···› À côté du musée (au coin NE de Taman Puputan).

C'est le temple le plus important de la capitale et une visite permet de s'échapper du brouhaha de la ville pour se détendre à l'ombre des frangipaniers. Construit en 1953, il est dédié à **Sang Hyang Widhi Wasa**, le dieu suprême depuis l'instauration de l'Agama Hindu *(p. 37)*. Le sanctuaire de Sang Hyang Widhi Wasa ou *padmasana*, réalisé en corail, repose sur une tortue porteuse de l'Univers entourée de *naga* (serpents) qui veillent sur elle. Très fréquenté, le temple s'anime particulièrement au moment de la nouvelle et de la pleine lune. À ces occasions, on peut même assister à des spectacles de marionnettes.

Pura Maospahit Gerenceng

···› Jl. Sutomo, Gerenceng. L'entrée principale du temple n'est ouverte que lors des cérémonies. Le reste du temps, l'entrée se fait sur la gauche du temple.

Situé dans le quartier de Gerenceng, le Pura Maospahit, construit au XIVe s., se dissimule derrière de grands murs de briques rouges. Comme son nom l'indique, le temple a été fondé par la dynastie Majapahit venue de Java. Fortement endommagé par le tremblement de terre de 1917, il a été restauré en 1925. On pénètre dans le temple par le *Candi Bentar*, une porte fendue protégée par une série de sculptures représentant différentes divinités.

◄ Le marché de Denpasar.

Le centre culturel Werdi Budaya

···> Jl. Nusa Indah.

Centre culturel comprenant un jardin, un musée consacré aux expositions d'art contemporain, des salles de spectacle et un théâtre de verdure. Le *Bali Post* donne les programmes de ses expositions et spectacles.

petite faim. Juste en face de l'entrée du centre culturel, une petite gargotte de quartier sert un excellent *nasi campur*.

Sanur*

···> À 8 km SE de Denpasar, 14 km NE de l'aéroport Ngurah Rai, 16 km E de Seminyak, 23 km S d'Ubud.

Sanur fut la station balnéaire la plus prisée de Bali durant l'entre-deux-guerres. Aujourd'hui, moins branchée que ses voisines Kuta et Seminyak, elle apparaît aux yeux de certains comme démodée. Mais, avec ses 4 km de plage de sable blanc, Sanur n'en reste pas moins une destination idéale pour profiter de la douceur du bord de mer. C'est aussi une ville chargée d'histoire puisque c'est sur sa plage que débarquèrent les premières troupes néerlandaises en 1906 *(p. 61)*. Ce sont ensuite les peintres et artistes européens qui se sont arrêtés à Sanur *(p. 53)*. Le plus célèbre d'entre eux est sans doute le peintre belge, Adrien-Jean Le Mayeur de Merprès ···> **encadré ci-contre**, à tel point que les noms de Sanur et Le Mayeur sont aujourd'hui presque indissociables.

les cerfs-volants de Sanur. Tous les ans au mois de juillet se tient le festival de cerfs-volants, le Bali International Kite Festival sur la plage de Palang Galak. Pas moins de 800 équipes viennent faire voler leurs créations *(p. 58)*.

Adrien-Jean Le Mayeur de Merprès

Né Belgique en 1880, Le Mayeur quitte son pays natal, en quête d'une meilleure lumière. Déçu par Tahiti, il décide au début des années 1930 de se rendre à Bali en bateau. Arrivé à Sanur en 1932 à l'âge de 52 ans, il tombe éperdument amoureux de Ni Pollok, une jeune danseuse balinaise de 15 ans à peine, qu'il épousera. Couple mythique de Sanur, ils organisent de nombreuses réceptions dans leur propriété édifiée dans le plus pur style de l'architecture balinaise. Ni Pollock reçoit les seins nus et l'on imagine l'émotion ressentie par les touristes fraîchement débarqués de leurs paquebots ! ◆

Le bord de mer*

En 2002, en raison des travaux d'aménagement de l'île de Serangan et de la destruction de la mangrove, la **plage** de Sanur, menacée par l'érosion, a dû être réhabilitée. Du sable a été apporté du sud de Nusa Dua et des jetées brise-lames ont été installées.

La **promenade du front de mer** est l'attraction majeure de Sanur. Longue de 4 km, elle se prête parfaitement à de longues balades à pied ou à vélo (la plupart des loueurs se trouvent sur Jl. Danau Tambligan), ponctuées de haltes dans les nombreux petits restaurants et cafés qui longent la plage. Les couchers de soleil avec le mont Agung et la silhouette de Nusa Penida au loin sont de toute beauté.

Musée Le Mayeur*

···> Jl. Hangtuah (au bout de Jl. Hangtuah, prenez à droite au niveau de la plage. Suivez le chemin jusqu'aux boutiques de souvenirs. L'entrée est indiquée sur la droite). Ouv. t.l.j. 7h30-15h30. F. le samedi. Entrée payante.

Après la mort de Ni Pollok ···> **encadré ci-dessus**, la demeure devint un musée à la mémoire du peintre.

Au total, près de 90 toiles y sont exposées. Certaines œuvres datent de la période pré-balinaise et rendent compte de ses voyages en Europe du Sud, Afrique, Asie ou dans le Pacifique. Les femmes sont le sujet de prédilection de ses œuvres de l'époque balinaise. Les peintures du musée sont malheureusement dans un triste état, à cause du climat mais aussi de la piètre qualité des matériaux utilisés, surtout pendant l'occupation japonaise.

Mangrove Information Center (MIC)

···> Suwunh Kauh, sur Ngurah Rai ByPass, à 1 km E du carrefour Simpang Siyur. Ouv. mar.-sam. 8 h-16 h. Entrée payante.

Jadis, une forêt de mangrove bordait abondamment les environs de Sanur, permettant d'offrir au rivage une barrière protectrice des foudres de l'océan. En effet, la mangrove est un écosystème tropical, une interface entre le milieu terrestre et le milieu marin. Elle protège la côte de l'abrasion causée par les vagues et empêche les sols érodés de se répandre dans la mer. Par ailleurs, comme n'importe quelle autre forêt, la mangrove transforme le gaz carbonique en oxygène. Mise à rude épreuve notamment par l'urbanisation sauvage et la pollution, la mangrove du sud de Bali meurt à petit feu. Le centre essaie de sensibiliser les jeunes et les touristes à la nécessité de préserver cet écosystème. Vous pourrez y faire une balade, de préférence le matin, pour observer les nombreuses espèces d'oiseaux.

Pura Blanjong

···> Jl. Danau Poso, Blanjong (au S de Sanur).

C'est le temple le plus célèbre de Sanur et **le plus ancien monument de Bali**. Sur un pilier figurent des inscriptions relatant des exploits militaires vieux de plus de 1 000 ans. Ces inscriptions relatent l'histoire d'un roi javanais qui aurait visité Bali au Xe s. et y aurait établi le premier gouvernement. L'utilisation du sanskrit témoigne de l'influence hindoue 300 ans avant l'arrivée des Majapahit.

L'île de Serangan

···> ***(Pulau Serangan.)*** À env. 8 km S de Sanur, sur Ngurah Rai ByPass, prenez en direction de l'est. L'île est accessible par un pont.

L'île de Serangan est aussi connue comme l'**île aux tortues** car jusque dans les années 1970, celles-ci venaient y pondre. Chassées pour leur carapace, leur viande et leurs œufs, et menacées par des projets immobiliers, elles ont quasiment disparu. En s'associant avec des partenaires locaux, le WWF a ouvert le **Turtle Conservation and Education Center** *(ouv. t.l.j. 9 h-17 h)* destiné à sensibiliser les communautés locales, à lutter contre le trafic et à réintroduire cet animal menacé. Un petit complexe abrite des couveuses pour les œufs. Après éclosion, les bébés tortues sont remis dans la mer. Une activité appréciée des enfants !

Pura Sakenan

···> Au bout du pont qui relie Sanur à l'île de Serangan. Droit d'entrée de 2 000 à 5 000 Rp lors de l'*odalan*.

Le temple, l'un des six plus importants de Bali, a été construit au XVIe s. par Dang Hyang Nirartha, le prêtre à qui l'on doit le temple de Tanah Lot *(p. 76)*. Selon d'autres sources, les origines seraient beaucoup plus anciennes et il aurait été édifié au XIe s. par le moine javanais Mpu Kuturan. Construit en calcaire et en coraux provenant des récifs, le Pura Sakenan s'anime lors des cérémonies de l'*odalan* qui durent trois jours et coïncident avec le jour de la grande fête de *Kuningan*.

Nusa Lembongan★★

···> À 12 km E de Sanur. *Accès : p. 219.*

Comme sa voisine Bali, Nusa Lembongan doit son essor au surf. Même si le tourisme s'est beaucoup développé, ce petit îlot d'à peine 8 km² bordé d'eau turquoise a su conserver une atmosphère paisible. Ici, pas de voitures ni de bars branchés, de boîtes de nuits ou de boutiques, mais une vie simple rythmée par le surf, la plongée ou des balades à vélo. Nusa Lembongan et Nusa Penida abritent plus de 250 variétés de coraux et près de 600 espèces de poissons de récifs ! La meilleure saison pour plonger est entre août et octobre, on y pourra observer le *mola mola* ou poisson-lune, un géant pouvant peser jusqu'à une tonne !

Jungutbatu

C'est là qu'accostent les bateaux et que se trouvent la plupart des hôtels bon marché. C'est la partie la plus animée de l'île où vous trouverez de nombreux petits restaurants, des clubs de plongée et de surf ainsi qu'une longue plage.

balade. À Jugutbatu, lorsque vous êtes face à la mer, prenez la petite digue sur la gauche qui longe la côte et continuez toujours sur ce chemin qui mène à la **plage de la noix de coco**. Vous y croiserez de nombreux surfeurs. Comptez 45 min aller-retour.

La mangrove★

···> Au N de Jungutbatu.

La route plate longe la mer et, de chaque côté, les algues, principale source de revenus de l'île, fraîchement ramassées, sèchent sur des bâches posées au sol. Le meilleur moment pour se promener sur la mangrove est à marée basse pour observer la faune. Arrêtez-vous au **Warong Nano Nano**, son propriétaire parle très bien anglais et il vous organisera un tour guidé *(comptez 100 000 Rp pour un bateau de 4 personnes et 45 min de visite)*. Conscient des dérives que connaît Bali, il a à cœur de sensibiliser les populations locales sur la nécessité de préserver la mangrove et de trouver un équilibre entre la population locale, l'environnement et le tourisme. Après une balade à l'ombre des palétuviers, la mangrove s'ouvre sur la mer et un magnifique récif corallien qui fait aussi bien le bonheur des plongeurs de tout niveau que des amateurs de snorkeling.

bon conseil. Si vous voulez faire la balade en pirogue à moteur sur la mangrove, pensez à prendre de l'antimoustiques, un chapeau et de la crème solaire.

Le sud-ouest

La côte sud-ouest compte de jolies plages à **Mushroom Beach**, **Sunset Beach** et **Dream Beach**. À l'extrémité sud, Lembogan concentre l'activité administrative de l'île et permet l'accès à Nusa Ceningan.

Nusa Ceningan

···> À 12 km E de Sanur. Accès depuis Lembongan par le pont suspendu accessible aux piétons et aux deux roues.

Pour un tour de l'île, on prend à droite. Là encore, on aperçoit en contrebas de nombreuses parcelles de cultures d'algues. Enfoncez-vous alors sur les routes sauvages en suivant les indications **Blue Lagoon** (au sud-ouest de l'île). De là, des falaises offrent une vue à couper le souffle sur la mer et les vagues qui viennent se fracasser.

♥ Nusa Penida★★★

···> À 12 km E de Sanur. *Accès : p. 219.*

Nusa Penida est connue des Balinais comme l'île de la magie noire. On dit qu'elle était jadis habitée par des démons, des revenants et des mauvais esprits

parmi lesquels le plus redouté de la mythologie locale, **Jero Gede Mecaling**, réputé pour provoquer toutes sortes de maladies et d'épidémies.

Au XVIIIe s., cette île aride et relativement inhospitalière servait de colonie pénitentiaire pour les bagnards du royaume de Gelgel. C'est peut-être grâce à sa réputation que cette île bordée d'eau turquoise à seulement 30 min de Bali a été épargnée par l'industrie hôtelière. Aujourd'hui pourtant, les mauvais esprits ne semblent plus arrêter les promoteurs immobiliers. Un hôtel de plus de 100 chambres devrait ouvrir en 2015 à Crystal Bay, l'une des plus belles baies de l'île.

Encore peu exploitée, l'île ravira les amateurs de nature, de grandes balades à moto menant d'un temple à une plage à travers des paysages arides où chaque virage offre des vues imprenables sur la mer et le mont Agung. Nusa Penida devrait également séduire les amateurs de plongée. Il existe un centre de plongée à Nusa Penida mais la plupart des plongées sont organisées à Nusa Lembongan.

Toyapakeh

Située au nord-ouest de l'île, c'est là que la plupart des bateaux en provenance de Nusa Lembongan accostent. Un paysage de carte postale avec sable blanc, mer turquoise et bateaux traditionnels colorés vous attend. Sur la route qui longe la plage, vous pourrez facilement prendre un *bemo* pour vous conduire à Ped et Sampalan. Si vous préférez louer une moto, vous n'aurez que l'embarras du choix.

Crystal Bay

···› À 7 km SO de Toyapakeh.

La plage de Crystal Bay n'usurpe pas son nom ! Oui, l'eau est aussi transparente que du cristal et le sable y est blanc et fin. Allez-y tôt le matin et vous serez sûrement seul à profiter de ce bout de paradis. Pensez à prendre vos masque et tuba.

Pura Penataran Augung Ped

···› À 4 km E de Toyapakeh, à Ped.

Dédié à Jero Gede Mecaling, le Pura Penataran Ped est le plus important de l'île. Il est connu de tous les Balinais, qui y viennent en pèlerinage pour bénéficier de la protection du démon contre la magie noire, les maladies ou les mauvaises affaires. On y vient également pour chercher l'inspiration pour des pratiques de magie noire.

bon à savoir. Il existe un petit **centre d'information** dans le village de **Ped,** juste à côté de la fondation Friends of the

◄ **Les habitants de Nusa Lembongan vivent de la culture des algues.**

National Parks. Pour plus d'informations sur Nusa Penida, jetez un œil au site très complet *www.nusapenida.com*.

Sampalan

···> À 6 km E de Pura Penataran Augung Ped. De Ped à Sampalan, la route longe la côte nord et offre des vues sur les cultures d'algues, avec toujours au loin le majestueux mont Agung.

La principale attraction de Sampalan est son marché, le plus important de l'île, qui se tient tous les jours. Pour profiter pleinement de l'effervescence, allez-y tôt le matin, vers 9 h.

La grotte de Goa Karangsari*

···> À 5 km S de Sampalan. Une lampe de poche est indispensable pour la visite.

Depuis la route, on gravit une centaine de marches pour atteindre le **Pura Goa Giri Putri** qui compte plus d'une dizaine de petits temples. C'est l'un des rares temples de Bali qui combine temple de Shiva et temple bouddhiste. La grotte sacrée, peuplée de chauves-souris, traverse la montagne pour s'ouvrir sur une vallée luxuriante, avec la mer en toile de fond. C'est tout une vie souterraine que l'on découvre alors : plus d'une dizaine de *manku*, ou prêtres, sont responsables du lieu.

♥ Atuh Beach***

···> À env. 14 km S de Goa Karangsari. Depuis la grotte, suivez la direction Suana, puis Pejukutan. Au premier banyan après le village, prenez la route qui part sur la gauche jusqu'au village de Cemlagi. **Conseil :** mieux vaut demander à un habitant du coin de vous accompagner car il n'y a aucune indication sur la route.

L'accès à cette plage est une expédition en soi. Aucun village, aucune âme qui vive sur ces routes qui serpentent à travers les terrasses en pierre et qui offrent des vues spectaculaires sur l'océan. À Cemlagi, un petit escalier escarpé descend vers une vallée d'où la vue sur les falaises est magnifique. C'est à travers les plantations de cocotiers et de papayers que l'on arrive à la plage.

Les algues : l'or vert et rouge des îles

Depuis les années 1980, les Javanais ont introduit la culture d'algues sur les îles de Nusa Penida, Lembongan et Ceningan, devenue leur principale source de revenus. Entre Lembongan et Ceningan, plus de 2 000 jardins aquatiques dessinent les côtes des îles. On y cultive deux espèces. La *spinosum*, de couleur rouge, est utilisée pour l'alimentation et la *cotoni*, de couleur verte, pour les cosmétiques. Cette dernière est la plus rentable. Récoltées puis séchées au soleil, elles sont transportées à Nusa Penida et exportées à Surabaya, le principal port de Java, avant d'être envoyées au Japon, aux États-Unis et au Canada. ◆

Tanglad

···> À env. 6 km N de Atuh Beach.

Ce petit hameau est réputé pour ses textiles *cepuk*. À 2,5 km après la sortie du village se trouve le **Pura Tunjulpusuh** ou « temple des jeunes pousses ». Ce temple très simple à trois *meru* repose sur une petite colline arborée où se cache une source sacrée. La route n'étant pas en très bon état, il est préférable de laisser votre moto et de faire la balade à pied. Comptez 2 h, aller-retour.

bonne initiative. Durant votre séjour à Nusa Penida, vous pouvez être bénévole au sein de la fondation **Friends of the National Parks**, *www.fnpf.org*. Cette association œuvre pour la réintroduction de l'étourneau de Rothschild et le reboisement de l'île et vient de lancer une nouvelle mission d'observation des tortues. ◆

Le centre de l'île

Le cœur de Bali bat ici, dans cette campagne jalonnée de rivières et de gorges, de rizières et de temples. Il suffit d'emprunter les routes étroites pour s'enfoncer dans un village aux maisons basses ceintes par un muret de pierre, aux temples fleuris et aux banians centenaires. Loin des foules de la côte et de la chaleur des plages s'étend sans conteste l'une des plus belles régions de l'île. Peu d'endroits au monde recèlent autant de richesses culturelles, artistiques et naturelles. Ubud doit sa renommée au fameux *taksu* (l'inspiration divine) qui anime le village et s'étend largement au-delà de ses frontières : au nord, vers les sites sacrés de Tampaksiring, au sud, dans les villages d'artisans et les sites historiques, et à l'ouest, au cœur des rizières.

Durée

Au moins cinq jours : 2 jours pour découvrir tranquillement le centre d'Ubud, 3 jours pour découvrir sa campagne, magnifique, et les villages environnants.

Carte et plan

Carte Le centre de l'île, p. 94-95 ; plan d'Ubud, p. 99.

Bonnes adresses p. 221

◄ Les rizières de Tegallalang, dans les environs d'Ubud.

© Moirenc Camille/hemis.fr

Le centre de l'île

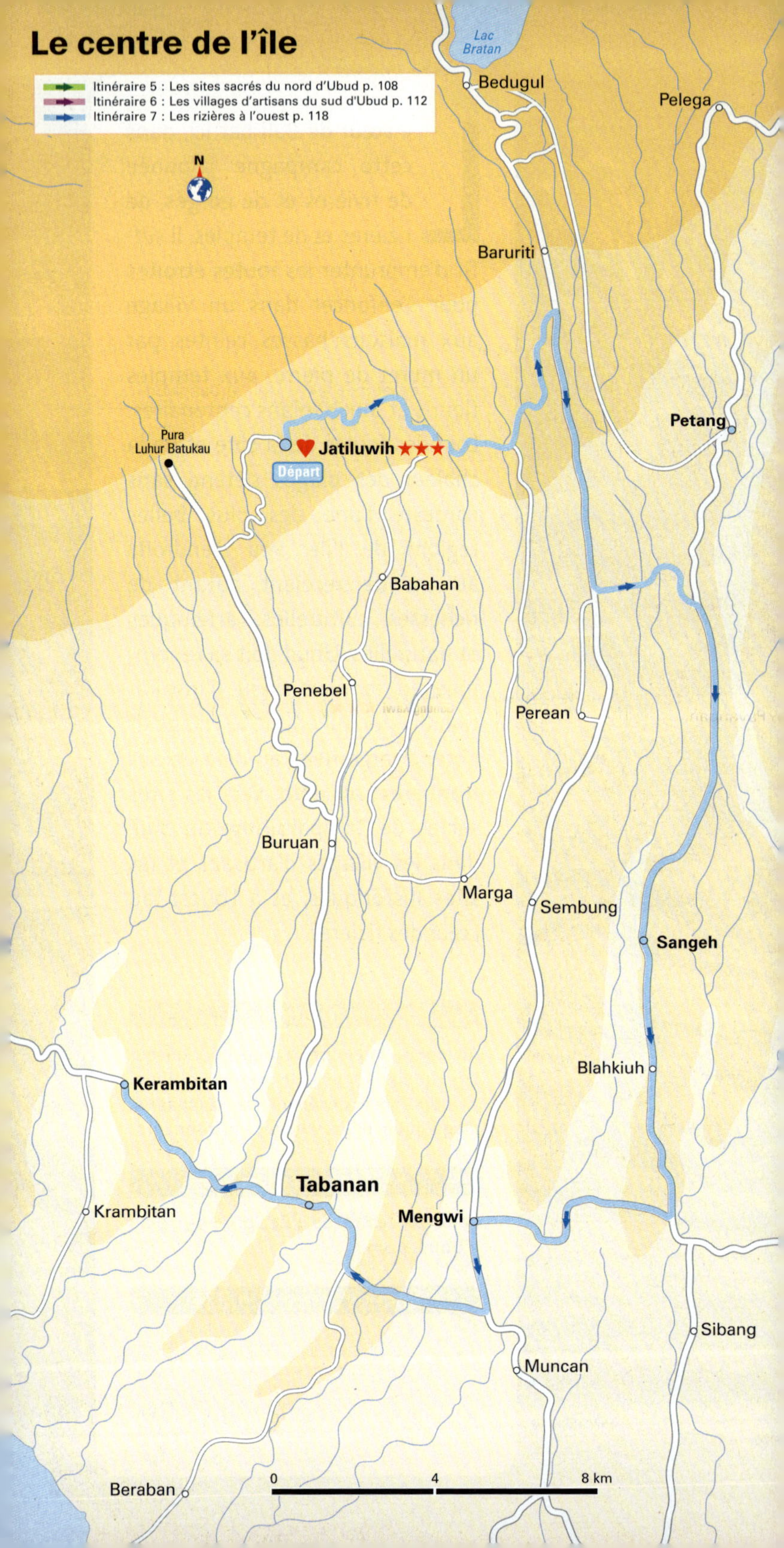

Lac Batur
Penelokan
Apuh
Penyabangah
Kayuambua
Bangkled
Pujung
Taro
Pengiangan
Tirta Empul
Penglipuran
Tampaksiring
Tombeau de Gunung Kawi
Payangan
Cempaga
Tegallalang
Bangli
Route de Laplapan
Petulu
Laplapan
Ubud
Départ
Pejeng
Bedulu
Départ
Klungkung
Mas
Gianyar
Blahbatuh
Lebih
Sukawati
Singapadu
Celuk
Batubulan

© Vincent Leblic/Photononstop

itinéraire 4

♥ Ubud★★★

programme pour une journée

Du **marché**, où il faut venir tôt le matin, faites un tour dans un des **musées** du village, déjeunez au milieu des rizières puis arpentez la ♥ **forêt des Singes**★ avant de filer voir le coucher du soleil sur les **gorges de l'Ayung**★★, prélude idéal au spectacle de danse nocturne donné dans un temple.

à ne pas manquer

Culture : Les musées ♥ Puri Lukisan★, ♥ Antonio Blanco★ et ♥ ARMA★.

Art : Un spectacle nocturne de danse, de théâtre ou de marionnettes dans un temple.

Détente : Un cours de yoga à Yoga Barn ; un verre au coucher du soleil au Kupu Kupu Barong sur les gorges de l'Ayung★★ ; un massage à Cantika Spa.

Nature : ♥ Les hérons de Petulu ; une balade dans les rizières de Tegallalang.

Sport : Rafting sur la rivière Ayung★★.

Pour les enfants : Une balade dans la ♥ forêt des Singes★.

côté pratique

Accès : À 35 km N de l'aéroport Ngurah Rai (comptez au moins 1h30), 35 km N de Kuta, 25 km N de Sanur. Les routes sont souvent embouteillées, notamment le soir.

Départ : La maison de Lempad, Jalan Raya Ubud.

Se déplacer : À pied bien-sûr, mais la chaleur, la fatigue et le bruit aidant, le scooter ou la voiture s'imposent vite. Bali Trip Car Rental *(0361.974.923, www.hirecarbali.com)*.

Bon plan : De nombreux restaurants, spas, activités, proposent de venir vous chercher gratuitement en voiture à votre hôtel et de vous y ramener ; la plupart des hôtels ont des navettes gratuites de/vers le palais Royal trois à cinq fois par jour, y compris le soir.

Carte et plan : Le centre de l'île, p. 94-95 ; Ubud, p. 99. **Bonnes adresses :** p. 221.

◀ Des enfants sur le chemin de l'école, près d'un temple du village d'Ubud.

Avec ses maisons aux toits de tuiles pentus, ses rizières, ses forêts denses et ses rivières tranquilles, Ubud reste un village au charme intemporel. Il suffit de pousser la porte finement sculptée de la demeure du peintre Lempad, du palais Royal, d'un des musées ou d'une simple maison anonyme pour découvrir une explosion de fleurs, un jardin tropical flamboyant, un bassin rempli de lotus.

Le nom « Ubud » viendrait de « ubad », la médecine : ce terme renvoie aux vertus curatives des plantes poussant près de la rivière Campuhan, qui coule dans le village. D'après des écritures retrouvées sur des feuilles de palmier, un prêtre indien serait venu, au terme d'un long pèlerinage, s'installer le premier sur ses berges pour méditer et enseigner l'hindouisme.

Très vite, Ubud s'est imposée comme un foyer culturel majeur. Dans les années 1930, des artistes européens de tout horizon se pressaient ici à la cour du roi. Peintres, sculpteurs, danseurs, écrivains sont tombés sous le charme de l'atmosphère luxuriante et authentique des lieux, jusqu'à parfois n'en plus repartir. Hippie, néo-hippie, rustique chic, toutes les étiquettes ont été données à la capitale culturelle et artistique de l'île qui, bien que devenue très touristique, parfois bruyante et embouteillée, conserve ses airs de refuge éternel.

Trop de touristes ?

Bali s'est ouverte timidement au tourisme dès 1914. Mais l'office de tourisme prévenait alors que, faute de logements, seul un petit groupe de quelques personnes peut visiter Bali à la fois ! En 1924, on dénombrait 213 visiteurs par an. En 1934, ils étaient 3 000 et ils se plaignaient déjà de ce que Bali était abimée par le tourisme. Au milieu des années 1930, 30 000 visiteurs débarquaient sur l'île chaque année, notamment à Ubud, village le plus prisé. Aujourd'hui, 3 millions de visiteurs se pressent à Bali, chaque année et Ubud reste une étape incontournable pour la plupart des touristes. ◆

La route principale, Jalan Raya Ubud

···> A2/B2 Sur la route principale, le tronçon palais Royal - Jl. Hanoman est à sens unique entre 6 h et 18 h.

C'est le long de cette rue vibrante, qui s'étire sur 2 km d'ouest en est entre le musée Blanco et la statue d'Arjuna, que se trouve une grande partie des sites intéressants. La plupart des hôtels ont installé leurs quartiers dans les ruelles perpendiculaires à cet axe, au nord comme au sud.

La maison de Lempad

···> B2 Sur Jl. Raya Ubud. Ouv. du lever au coucher du soleil. Visite libre, entrée gratuite.

On pénètre ici au cœur d'un véritable embrouillamini d'arbres, de chauves-souris en cage, de sanctuaires, d'oiseaux, de coqs et de fleurs, le tout dans un silence apaisant. L'artiste **I Gusti Nyoman Lempad**, dessinateur, sculpteur et surtout l'un des peintres balinais les plus réputés, a vécu ici et y est mort à l'âge de 116 ans. Sa petite-fille y vit toujours et propose de vous faire faire le tour de son jardin secret. Quelques pavillons où sont exposées certaines des toiles, sculptures et créations de l'artiste complètent cette véritable oasis. Ses dessins au crayon noir dépeignent les légendes, le folklore et la mythologie balinaise. On y voit notamment des nymphes dont les corps dénudés sont à peine émaillés de touches de couleur.

Le marché

···> **B2** À 50 m O de la maison de Lempad, à l'angle de Jl. Raya Ubud et de Jl. Monkey Forest.

Les Balinais sont des lève-tôt. C'est donc au lever du soleil, voire dès 3 h, qu'ils se bousculent au marché ouvert, pour acheter les fruits, légumes, fleurs qui nourriront la famille et permettront de composer les offrandes pour les dieux. Venir à ce moment-là permet de s'immerger véritablement dans le quotidien des Balinais. Ensuite seulement, vers 8 h, le marché touristique s'installe pour la journée : éventails, fleurs, robes, bracelets, masques, robes de plage, sculptures, batiks, cartes postales, tambours, cerfs-volants... Négociez les prix (d'au moins un bon tiers !).

Le palais Royal

···> **B2** À l'angle de Jl. Raya Ubud et de Jl. Suweta, en face du marché. Ouv. t.l.j. du lever au coucher du soleil. Entrée libre.

Avant la proclamation de la République en 1949, les rois successifs d'Ubud vivaient ici. Le dernier souverain s'est éteint en 1978 mais sa descendance, en l'occurrence sept frères, y vivent toujours avec leur famille respective. Le palais a été en partie reconstruit après le tremblement de terre de 1917. Comme on ne peut y entrer – des descendants du roi y vivent encore –, on vient ici pour observer, depuis la cour intérieure, la beauté des portes : de couleur rouge et or, en bois, elles sont finement sculptées et ciselées. Tous les soirs, un spectacle de danse a lieu devant l'entrée.

À gauche dans la cour, une porte mène aux chambres d'hôtes (on peut tout à fait demander au gardien de les visiter ; *p. 222*). Dans les années 1930, le roi y logeait ses invités.

Une crémation royale

Lorsque le roi Peliatan IX fut incinéré fin 2010, la cérémonie fut grandiose. Le cortège partit du palais Royal d'Ubud. Des centaines d'hommes, tout de blanc vêtus, portèrent le cercueil puis le hissèrent via un immense escalier au sommet de la tour de crémation. Elle était tellement lourde – près de 10 tonnes ! – qu'ils durent la porter sur leurs épaules, et tellement haute – 25 m ! – que les lignes électriques d'Ubud furent coupées. Plus de 7 000 personnes assistèrent à cet événement historique. ◆

passage secret. Entre le palais Royal et le musée Puri Lukisan se trouve le **Pura Taman Saraswati B2**, baptisé l'Ubud Water Palace (*la terrasse du ◆ **19. Cafe Lotus** donne dessus, p. 223*). On peut pénétrer au cœur du temple via l'hôtel voisin, le ▲ **3. Puri Saraswati** (*p. 222*). Au fond du jardin de l'hôtel, à droite, une petite porte y mène. Prêt de sarongs, donation, et le coeur du temple est à vous !

un déjeuner pimenté. Entre deux visites, offrez-vous un plat typique de la gastronomie balinaise, le *babi guling*, du cochon de lait rôti à la broche, par exemple au ◆ ***26.* Babi Guling Gung Cung** (*à 200 m N du palais Royal sur Jl. Suweta* **B2**. ☎ *0361.2022.568. Ouv. t.l.j. 11 h-17 h*). Le demander « not spicy » (pas épicé) sous peine de repartir la bouche en feu !

♥ Le musée Puri Lukisan*

···> **A2** À 300 m O du palais Royal. ☎ 0361.971.159. www.museumpurilukisan.com. Ouv. t.l.j. 9 h-17 h. 50 000 Rp par adulte, incluant une boisson, gratuit pour les moins de 15 ans. Spectacle de danse *barong* par les enfants du village le dimanche après-midi.

Le Puri Lukisan (« puri » signifie palais) possède quatre pavillons agencés autour d'un grand jardin calme, doté d'une pelouse et de bassins de lotus. On y découvre notamment les œuvres des artistes du groupe Pita Maha et des peintures de style surnaturel, naturaliste ou naïf, tantôt colorées et vivantes, tantôt dotées d'un symbolisme mystérieux quand elles illustrent des histoires et des mythes (*p. 53*). Le plus ancien musée d'Ubud, ouvert en 1956, offre donc un bel

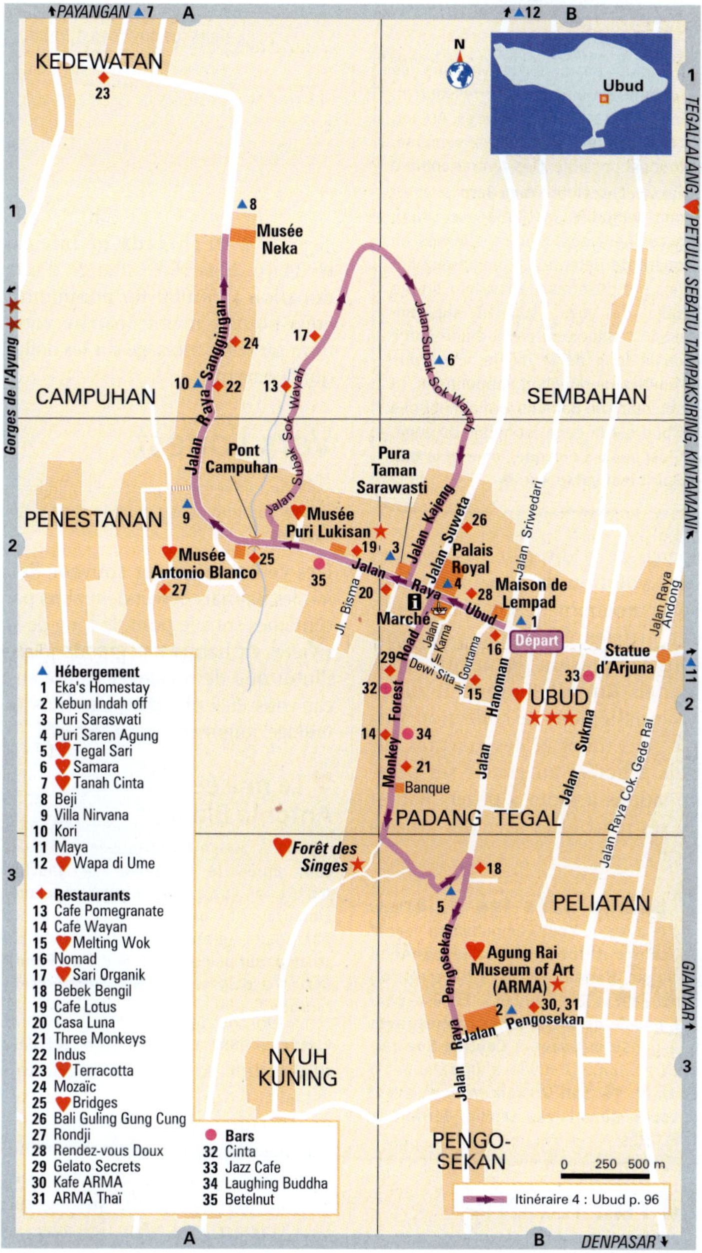

PAYANGAN 7
A
12
B
N
Ubud
KEDEWATAN
23
1
8
Musée Neka
Gorges de l'Ayung
Jalan Raya Sanggingan
24
17
Jalan Subak Sok Wayah
6
10
22
13
CAMPUHAN
SEMBAHAN
Jalan Subak Sok Wayah
Pont Campuhan
Pura Taman Sarawasti
Jalan Kajeng
Jalan Suweta
26
Jalan Sriwedari
PENESTANAN
9
Musée Puri Lukisan
19
3
Palais Royal
2
Musée Antonio Blanco
25
35
Jalan Raya Ubud
4
28
Maison de Lempad
27
20
Jl. Bisma
Marché
1
Jalan Raya Andong
Jalan Karna
Jl. Goutama
16
Départ
Statue d'Arjuna
29
Dewi Sita
Monkey Forest Road
15
Hanoman
33
11
32
UBUD
2
14
34
Jalan Sukma
21
Jalan
Banque
Jalan
Jalan Raya Cok. Gede Rai
PADANG TEGAL
Forêt des Singes
18
3
5
PELIATAN
Jalan Raya Pengosekan
Agung Rai Museum of Art (ARMA)
2
30, 31
Jalan Pengosekan
GIANYAR
NYUH KUNING
3
PENGO-SEKAN
0 250 500 m
Itinéraire 4 : Ubud p. 96
A
B
DENPASAR
TEGALLALANG, PETULU, SEBATU, TAMPAKSIRING, KINTAMANI
Hébergement
1 Eka's Homestay
2 Kebun Indah off
3 Puri Saraswati
4 Puri Saren Agung
5 Tegal Sari
6 Samara
7 Tanah Cinta
8 Beji
9 Villa Nirvana
10 Kori
11 Maya
12 Wapa di Ume
Restaurants
13 Cafe Pomegranate
14 Cafe Wayan
15 Melting Wok
16 Nomad
17 Sari Organik
18 Bebek Bengil
19 Cafe Lotus
20 Casa Luna
21 Three Monkeys
22 Indus
23 Terracotta
24 Mozaïc
25 Bridges
26 Bali Guling Gung Cung
27 Rondji
28 Rendez-vous Doux
29 Gelato Secrets
30 Kafe ARMA
31 ARMA Thaï
Bars
32 Cinta
33 Jazz Cafe
34 Laughing Buddha
35 Betelnut

Ubud.

Yoga mania

De plus en plus de visiteurs se rendent à Ubud pour se ressourcer, méditer et s'adonner au yoga. Atelier, cours, stage d'1 h ou d'une semaine, tout est possible. Des centres comme **Taksu** et le célèbre **Yoga Barn** *(p. 226)*, une véritable institution à Ubud, accueillent des citadins stressés en quête de détente. De nombreux hôtels ont désormais aussi leur propre salle de yoga, souvent superbement installée au creux d'une gorge ou le long de la rivière. C'est une Américaine, Meghan Pappenheim, et son mari, un Balinais, qui ont imposé Ubud sur la carte mondiale du yoga. C'est aussi à eux que l'on doit le **Bali Spirit festival** *(p. 58)*. ◆

aperçu de la diversité des styles et de l'évolution de la peinture balinaise, notamment sous l'influence des artistes étrangers. Construit sous l'impulsion du peintre néerlandais **Rudolf Bonnet**, il abrite essentiellement sa collection privée: des toiles et des gravures sur bois achetées au gré de ses pérégrinations à moto à travers Bali et de ses rencontres avec des artistes locaux.

balade dans les rizières. 300 m avant le pont Campuhan en venant du centre d'Ubud, suivez le panneau Abangan Bungalows puis l'inscription « Foot Path to Rice Paddies ». En piste pour une boucle de 2 h dans les rizières, avec une pause massage à **Çantika Spa** *(A2 0361.79.444.25)* suivie d'un déjeuner à ♦ **17.** ♥ ☘ **Sari Organik** *(p. 223)*, avant d'atterrir dans la rue Kajeng, derrière le Cafe Lotus.

La rue Kajeng

B2 Cette ruelle perpendiculaire à la rue principale fourmille de petits hôtels et pensions de famille, mais surtout de boutiques où l'on peut acheter des batiks plutôt bon marché (après négociations), ou au contraire des pièces de grande qualité et donc plutôt onéreuses

▸ Cérémonie de crémation dans les environs d'Ubud.

comme à ☘ **Threads of Life** au nº 24 *(p. 224)*. En échange d'une donation (150 000 Rp minimum), vous pouvez même inscrire votre nom ou votre message sur les dalles qui la pavent !

Vers l'ouest

··· Il faut traverser le pont qui enjambe la rivière Campuhan, au confluent de deux rivières.

Des cérémonies ont souvent lieu ici: les Balinais descendent alors par centaines sous le pont, le long de la rivière, en habits des grands jours. Plutôt que de maugréer contre eux car vous êtes pris dans un embouteillage, joignez-vous au cortège !

♥ Le musée Antonio Blanco*

··· **A2** À 700 m O du musée Puri Lukisan, après le pont sur la gauche. ☎ 0361.975.502. www.blancomuseum.com. Ouv. t.l.j. 9 h-17 h. Entrée 50 000 Rp par adulte (gratuit pour les moins de 10 ans). Sur place, restaurant ♦ **27. Rondji** *(A2 ☎ 0361.975.502. www.rondjirestaurantubud.com)*.

Cette grosse maison perchée sur une colline couverte de végétation est avant tout l'antre d'un artiste excentrique qui a figé dans ses œuvres une vision originale de l'île. Antonio Blanco, né aux Philippines de parents espagnols, surnommé le « Maestro », a vécu ici avec sa femme, Ni Ronji, Balinaise, qui était aussi sa muse et une danseuse mondialement célèbre, dans cette étonnante demeure qui lui servait d'atelier, de galerie et de résidence, jusqu'à sa mort en 1999. Son fils, Mario, lui aussi peintre de talent, y vit toujours.

© Morandi Bruno / hemis.fr

La maison

Elle compte deux étages et est couverte par une immense coupole. Pour y entrer, il faut passer sous une arche de 15 m de hauteur, en marbre italien, gardée par deux dragons en pierre. L'architecture des lieux peut surprendre, **à mi-chemin entre un palais espagnol et une maison balinaise** (montez sur le toit-terrasse pour profiter de la vue). Des stars mondiales ont gravé leur nom sur ces murs : Mickael Jackson, Ingrid Bergman, John Steinbeck. L'atelier du peintre conserve tout son mobilier d'origine et même une toile non achevée posée sur un chevalet…

Les œuvres

Les peintures à l'huile d'Antonio Blanco, tout comme ses œuvres sur papier, sont tantôt érotiques, tantôt romantiques : la plupart célèbrent le corps des femmes, notamment celui de son épouse. Le style du « Salvador Dali indonésien » s'inscrit dans le même surréalisme que celui de son maître. S'en dégagent des pulsions d'énergie créatrice. Toutes les périodes, des années 1940 aux années 1990, sont présentées, même si l'artiste ne datait pas ses peintures, estimant que la créativité d'une œuvre ne peut se réduire à l'âge de son auteur. Quelques toiles de Mario, son fils, sont exposées.

Le jardin

Antonio Blanco fait partie de ces artistes tombés amoureux d'Ubud. En 1952, le roi d'Ubud lui donna un lopin de terre : un terrain mesurant précisément 20 000 m². Aujourd'hui, il y fait bon flâner, au milieu des perroquets et des oiseaux tropicaux, dont le rare étourneau de Bali ⋯› **encadré p. 162**.

Le musée Neka

⋯› **A1** À 1,5 km N du musée Antonio Blanco. ☎ 0361.975.074. www.museumneka.com Ouv. t.l.j. 9 h-17 h (sauf le dimanche 12 h-17 h). 50 000 Rp par adulte (gratuit pour les moins de 12 ans).

Suteja Neka, un Balinais professeur et amateur d'art, a ouvert ce musée en 1982 afin de partager sa collection. L'idée lui est venue après un voyage en Europe en 1975 au cours duquel il vit de très belles œuvres balinaises exposées dans les musées et réalisa qu'on n'en voyait pas de telles à Bali.

© Moirenc Camille / hemis.fr

Pas moins de 400 tableaux sont exposés ici, au sein de dix pavillons. On peut y voir des toiles très diverses : certaines ont été réalisées sur du papier, du tissu d'écorce et du coton, d'autres reflètent l'influence technique et esthétique des artistes étrangers venus s'installer à Ubud à partir des années 1920. Une galerie est également dédiée à la peinture de Batuan, un style indigène pur, libéré de toute influence occidentale. Également une intéressante collection de kriss (long poignard traditionnel), avec quelques explications en anglais sur leur utilisation et leurs supposés pouvoirs magiques *(p. 49)*.

9 promenade dans les rizières. Environ 4 km après le musée Neka, en remontant sur la route principale vers Sayan, se trouve l'hôtel ▲ **Kenanga**. Il donne sur un tapis de rizières, à perte de vue. On peut sillonner ces champs à pied à sa guise, par un entrelacs de chemins utilisés par les agriculteurs.

◄ Rafting sur la rivière Ayung.

Encore plus à l'ouest

Les gorges de l'Ayung★★

En continuant après le musée Neka en direction de Sayan (à 10 min du centre d'Ubud), on atteint les gorges de la rivière Ayung, la plus longue de Bali. L'accès étant difficile en raison de la végétation exubérante, mieux vaut s'adjoindre les services d'un guide *(p. 225)* pour les sillonner ou se contenter de les observer d'en haut, depuis la terrasse d'un hôtel, ou d'en bas, en rafting ···> **encadré ci-contre**.

Pour embrasser au mieux le superbe panorama sur les gorges noyées dans la jungle, engouffrez-vous dans l'un des hôtels de charme (▲ Amandari – ☎ *0361.975.333* – et ▲ Kupu Kupu Barong – ☎ *0361.975.478* – sur Jl. Kedewatan, ▲ Four Seasons – ☎ *0361.977.577* – sur Jl. Raya Sayan) installés en surplomb des gorges. Par temps clair, on voit jusqu'au mont Batukaru.

Rafting sur la rivière Ayung★★

Une excursion familiale, un brin sportive (rapides de classe 2 et 3), dans une nature de toute beauté ! On peut descendre en rafting la rivière Ayung pendant 2 h. Le parcours est superbe, dans des gorges envahies par la végétation et les cascades. Ici ou là ont même été gravées dans la roche, sur des dizaines de mètres, d'incroyables scènes mythologiques. ◆

Vers le nord

♥ Les hérons de Petulu

···> À 4 km N d'Ubud. 15 000 Rp par personne.

Entre avril et octobre, tous les soirs vers 17 h 30, a lieu un étrange ballet : des milliers de hérons et d'aigrettes se détachent dans le ciel ; ils arrivent par vagues régulières de dix ou quinze, puis piquent vers un arbre, se battent contre leurs congénères y ayant déjà élu domicile et s'installent enfin pour la nuit sur une branche, dans un vacarme assourdissant. Pendant les autres mois de l'année, les oiseaux donnent naissance à leurs petits puis s'en occupent. Ils ne quittent donc guère leur refuge. Selon la légende locale, la région était très pauvre en raison d'un nombre présumé insuffisant d'offrandes faites aux dieux. Les habitants organisèrent une grande cérémonie et, ce jour-là, en 1965, des hérons vinrent se percher sur un arbre. Il fut décidé qu'il faudrait tout faire pour accueillir cet oiseau de bon augure. Installez-vous par exemple au warung ♦ **Kokokan** *(prêt de jumelles)* pour les regarder rentrer au coucher du soleil, ou partir au lever du soleil vers 5 h 30.

à pied dans les rizières. À 12 km N de Petulu se trouvent de très belles rizières, à Tegallalang. Pause photo et balade impératives ! Pour déjeuner, siroter une noix de coco ou simplement jouir du panorama, le ♦ **Teras Padi Cafe** *(☎ 0361.742.57.89)*.

Vers le sud

···> **B2** Retour au centre d'Ubud.

L'animation d'Ubud se prolonge notamment le long de Jl. Haloman *(rue parallèle à l'E de Jl. Monkey Forest)*, qui descend vers la forêt des Singes puis remonte vers la route principale en une large boucle à sens unique *(carte p. 99)*.

pause gourmande. À ♦ **28. Rendez-vous Doux** *(B2 ☎ 0361.747.01.63. Jl. Raya Ubud. Ouv. t.l.j. 9 h-23 h)*, une sorte de librairie-café-restau-

▶ Pause détente dans les rizières de Tegallalang.

© Jon Arnold / hemis.fr

rant tenue par Thierry, un Français. On peut feuilleter ou acheter un livre (en français), manger, discuter entre compatriotes. Et se régaler d'une vraie crêpe au Nutella...

♥ La forêt des Singes*

(*Monkey Forest*.) **A3** À 1,3 km S du palais Royal. ☎ 0361.971.304. www.monkeyforest-ubud.com. Ouv. t.l.j. 8h30-18h. 20000 Rp par adulte, 10000 Rp pour les 3-12 ans.

Une très agréable promenade dans la jungle, au milieu des somptueux banians. Les stars ici sont les centaines de *kera*, macaques à queue longue typiques de Bali, qui jouent, s'épouillent, plongent dans le bassin d'eau, s'ébrouent, se pourchassent, volent et parfois sautent sur les touristes insistants. Attention avec les jeunes enfants, un coup de griffe est vite arrivé. Ici vivent une cinquantaine de mâles et plus de 150 femelles, qui s'accouplent toute l'année. À leurs côtés, plus de 350 petits, qui naissent entre mai et août. La communauté se compose de cinq groupes, qui ne se mélangent pas. Trois temples construits au milieu du XIe s. se nichent au creux de cette végétation dense. En contrebas de la forêt coule une rivière.

une petite glace ? ♦ **29. Gelato Secrets** (**B2** ☎ *0361.898.96.90. www.gelatosecrets.com. Ouv. t.l.j. 10h-22h30*) vend des glaces faites maison sur Jl. Monkey Forest (à mi-chemin entre le palais Royal et le terrain de football). Parfums classiques ou originaux: pain d'épices, macaron, lollipop. Testez la « bombe alaska », un sorbet framboise avec meringue et glace au chocolat blanc...

pause shopping. Pour acheter de très beaux batiks en coton et en soie, filez dans la boutique **Macan Tidur** *(p. 224)* sur Jl. Monkey Forest. Choix varié et qualité au rendez-vous.

Les plus belles rizières d'Ubud

Certes les villas grignotent de plus en plus les rizières, mais il en reste au cœur même du village ! Pour les trouver, partez au nord vers l'hôtel ▲ 12. Wapa Di Ume *(p. 223)* ; à l'est, du côté de l'hôtel ▲ ♥ ♣ Natura *(p. 226)* ; au centre, près de l'hôtel ▲ 5. ♥ Tegal Sari *(p. 222)* et à l'ouest, devant le restaurant ♦ 23. ♥ Terracotta *(p. 224)* ◆

♥ Le musée ARMA*

(*Agung Rai Museum of Art*.) **B3** À 700 m E de la forêt des Singes. ☎ 0361.976.659.www.armabali.com/museum. Ouv. t.l.j. 9h-18h. 50000 Rp incluant une boisson, gratuit pour les moins de 10 ans. Visite guidée en anglais sur demande. Cours de danse *legong* pour les enfants t.l.j. vers 16h (sauf le samedi, et à 10h le dimanche).

Cet immense complexe, doté de multiples pavillons mêlant les architectures balinaise, javanaise et européenne, et d'un grand jar-

din, est l'œuvre de monsieur Agung Rai, un Balinais amoureux des arts. Simple vendeur de souvenirs à Kuta pendant sa jeunesse, il s'intéressa petit à petit aux œuvres de ses compatriotes jusqu'à devenir un marchand d'art de talent, grâce à son œil averti. Le musée ARMA s'impose aujourd'hui comme l'un des plus dynamiques d'Ubud. Il abrite 250 œuvres, dont des peintures sur écorces d'arbres, de rares toiles de l'artiste allemand **Walter Spies**, comme son célèbre *Calonarang* (quatre figures fantomatiques sont assises autour d'un feu que l'on devine seulement, et au-dessus d'eux, dans le noir, flotte un monstre rouge) ou encore des tableaux à la fois poétiques et réalistes du peintre hollandais **Arie Smit**, arrivé à Bali en 1956 et qui s'efforça de promouvoir le talent des jeunes artistes locaux (*p. 53*). Plus qu'un simple musée, ARMA fait office de véritable centre culturel avec des séminaires, des conférences et des spectacles, notamment de danse et de théâtre, le soir. Sur place, le ♦ **30. Kafe ARMA** (*B3 ☎ 0361.975.742*) et le ♦ **31. ARMA Thaï** (*B3 ☎ 0361.975.742*). ◆

Alors on danse

Chaque soir à 19h30, les temples accueillent un spectacle de danse, de théâtre ou de marionnettes racontant les aventures des héros du *Ramayana* et du *Mahabharata* au son du gamelan. Les spectacles, qui durent 1h30, sont de qualité. Comptez entre 50 000 et 150 000 Rp par adulte, parfois gratuit pour les moins de 10 ans. Les billets s'achètent, au même prix, à l'hôtel, dans la rue auprès des rabatteurs, sur le lieu même du spectacle ou à l'office de tourisme. En haute saison, mieux vaut réserver la veille. L'office de tourisme donne toutes les informations sur les horaires, les lieux et les tarifs des représentations. ◆

journée de rêve

« Mange, prie, aime »

Pratique

Mange, Prie, Aime est publié en Livre de poche.

♦ **River Cafe** au sein de l'hôtel Maya, Jl. Gunung Sari Peliatan *(À 2 km E d'Ubud. ☎ 977.888. www.mayaubud.com)*.

● **La View** au sein de l'hôtel Kupu Kupu Barong, Jl. Kedewatan *(☎ 975.478. www.kupuresorts.com. Happy-hour 17 h-19 h)*.

Guérisseurs :

Pak Man *(☎ 081.338.935.369)*.

Ketut Arsana *(☎ 0361.975.720. www.ubudbodyworks-centre.com)*.

Liana *(☎ 0361.971.490. www.taksuhealinghaven.com)*.

···› Bonnes adresses p. 221.

Dans *Mange, Prie, Aime*, le best-seller d'Elizabeth Gilbert, l'héroïne – incarnée dans l'adaptation cinématographique par l'actrice américaine Julia Roberts – termine son périple dans la campagne d'Ubud. Après un divorce traumatisant, Elizabeth entame un voyage à travers le monde en quête d'elle-même et d'équilibre. Première étape, l'Italie, pour retrouver le goût des saveurs, puis, en quête de spiritualité, elle se rend en Inde pour prier et enfin à Bali pour concilier corps et âme et trouver l'amour. Nous vous proposons de vivre en accéléré ce chemin initiatique car il est tout à fait possible de manger, prier et aimer en une seule journée à Ubud.

Mange

Après un tour de bon matin sur le marché, Jl. Raya Ubud, pour acheter les fruits, légumes, viandes, poissons et épices qui permettront de préparer les mets du jour, le chef d'un restaurant, qu'il soit simple (♦ ♥ ☘ **warung Padi Organic**, *p. 226*), réputé (♦ **20. Casa Luna**, *p. 224*), ou installé dans un hôtel de luxe (▲ ♥ **12. Wapa di Ume**, *p. 223*), vous apprend à concocter certaines spécialités locales : la délicieuse sauce aux cacahuètes dans laquelle on trempe les brochettes de viande *(sate)*, le *gado-gado*, la salade végétarienne indonésienne ou les *ketupat*, du riz gluant enserré dans des feuilles de pandanus. Direction ensuite l'un des restaurants d'Ubud pour le déjeuner. Choisissez de goûter aux gambas caramélisées dans une sauce *laksa* à ♦ **Bridges** *(p. 224)* pour une « fusion food » occident-orient dont Ubud a le secret. À moins que votre âme d'écologiste ne vous mène au luxueux ♦ **River Cafe** ? Le chef est un adepte du mouvement *slow food*, lancé en 2009 à Ubud *(http://slowfood-bali.com)* et qui vise à réintroduire dans la cuisine locale le *wing bean*, un haricot très nutritif qui se cultive facilement et qui permettrait de remplacer le soja (l'Indonésie en importe chaque année des tonnes, notamment des États-Unis). Au menu : légumes organiques, quinoa, farine de noix de coco, crudités et aliments sans gluten. Pour un repas gourmet et 100 % bio !

Prie

Bien-sûr vous pouvez vous rendre dans un temple d'Ubud. Ou méditer lors d'un cours de yoga *(p. 226)*. Ou, à l'instar de l'héroïne de *Mange, Prie, Aime*, entrer en contact si vous en éprouvez le besoin, avec un guérisseur *(p. 40)*. **Pak Man**, **Ketut Arsana** ou **Liana** jouissent d'une bonne réputation.

Les Balinais pensent que la maladie n'est pas tant causée par le visible (*sekala*) que par l'invisible (*niskala*), par exemple les pouvoirs maléfiques d'un voisin mal intentionné. Le *balian* peut dès lors alerter sur le risque de déséquilibre de la nature cosmique et donc de maladie. Il peut aussi entrer en contact avec l'âme d'un de vos proches ou lire l'avenir dans les lignes de votre main.

Aime

Le soleil faiblit déjà ; il est l'heure d'aller assister à son coucher, par exemple depuis le bar ● **La View,** qui offre une vue splendide sur les gorges de l'Ayung et, par temps clair, sur le mont Batukaru. Les romantiques termineront la journée au cœur d'un temple, en assistant à un spectacle de danse tiré du *Ramayana*, racontant l'histoire d'une princesse kidnappée par le roi des démons et finalement délivrée par son bien-aimé. ◆

▼ Pura Taman Saraswati *(p. 98)*.

© Lemaire Stéphane / hemis.fr

© Niels van Gijn/John Warburton-Lee/Photononstop

itinéraire 5

Les sites sacrés du nord d'Ubud**

programme pour une journée

Pour récupérer de la montée des marches des ♥ **tombeaux de Gunung Kawi*****, rien de mieux que de s'immerger dans les ♥ **sources sacrées de Tirta Empul****, avant d'arpenter les ruelles de **Penglipuran**, pour observer l'architecture traditionnelle balinaise.

à ne pas manquer

Nature : La campagne de Laplapan ; la gorge de Gunung Kawi.

Patrimoine : Les ♥ tombeaux de Gunung Kawi*** ; les ♥ sources de Tirta Empul**.

Détente : Pause massage à Umacarik Spa ; cours de cuisine au Warung Padi Organic.

Pour les enfants : L'Elephant Safari Park de Taro.

côté pratique

Départ : La statue d'Arjuna, dans le centre d'Ubud.

Bon à savoir : Arrivez sur les sites de préférence tôt le matin (8 h), avant les cars de touristes ; si vous voulez vous plonger dans les sources de Tirta Empul, prévoyez un sarong et un t-shirt de rechange car on se baigne habillé, et non en maillot de bain.

Bon plan : Achetez pour de bon un sarong avant de visiter ces sites, ce qui évite d'en louer un à chaque fois.

Carte : Le centre de l'île, p. 94-95. **Bonnes adresses :** p. 221.

◄ Les tombeaux de Gunung Kawi.

Cette microrégion compte parmi les plus belles de Bali. Rizières de Laplapan, tombeaux millénaires creusés dans la roche à Gunung Kawi, sources d'eau sacrées de Tirta Empul : elle recèle mille et un trésors historiques, noyés dans la nature, plus ou moins connus des touristes. Ces sites sont facilement accessibles, de préférence le matin avant que les rayons du soleil ne tapent trop fort sur la pierre. Qu'il est agréable d'emprunter les routes de campagne, désertes et silencieuses, pour s'y rendre !

La route de Laplapan

···› À la statue d'Arjuna, prenez tout droit en venant d'Ubud (ni au S vers Denpasar, ni au N vers Tampaksiring) direction l'hôtel Maya, puis prenez la route sur la gauche. Au bout de 20 min, on rejoint l'axe principal qui mène à Tampaksiring.

Cette petite route de campagne sillonne les rizières et longe les canaux d'irrigation. Quelques *warung*, hôtels, spas en chemin, mais surtout un silence bienvenu. Et le vert tendre des champs de riz à perte de vue...

envie d'un massage ? À 3 km N de Laplapan, à Umahanyar *(sur la route vers Tampaksiring)* se trouve **Umacarik Spa** *(☎ 0361.338.518.071. www.umacarikspa.com)*. Massages avec vue sur les rizières, bon marché de surcroît *(à partir de 140 000 Rp pour 1 h)*.

cours de cuisine. Au beau milieu des rizières de Laplapan, se trouve le charmant ♦ ♣ ♥ **warung Padi Organic** *(p. 226)*, visible et indiqué depuis la route principale. Tous les matins, il propose un cours de cuisine dans l'un de ses pavillons ouverts, entre 9 h et 12 h. Réservez à l'avance.

♥ Les tombeaux de Gunung Kawi★★★

···› À 15 km N d'Ubud, à Tampaksiring. Ouv. t.l.j. du lever au coucher du soleil. 15 000 Rp par adulte, 7 500 Rp par enfant.

Il faut d'abord descendre une longue ribambelle de marches (315 au total !) pour gagner un petit pont et accéder au site, encaissé dans une gorge tapissée de rizières en terrasses. Les tombeaux, uniques en leur genre à Bali, ont été creusés à même la falaise, vraisemblablement au XIe s., à l'époque où les rois étaient jugés de nature divine. Les mausolées *(candi)* mesurent 7 m de haut. Selon la légende, c'est le Premier ministre de Bedulu, réputé avoir des mains dotées de pouvoirs surnaturels, qui aurait creusé la roche à l'aide de ses ongles en l'espace d'une nuit. Encastrés dans la roche, les caveaux des cinq épouses du roi Anak Wungsu (présumées mortes sur le bûcher funéraire aux côtés de leur mari !) et de ses deux fils se font face de part et d'autre de la rivière Pakerisan dans cette immense nécropole à ciel ouvert.

Variante 1 : Arrivé en bas, après le pont, on peut partir sur la gauche et longer la rivière à contre-courant. Au bout de 10 min, on atteint une ravissante petite cascade.

Variante 2 : En descendant les marches, 30 m avant d'entrer sur le site, montez sur le remblais en face de la dernière cahute de souvenirs : un chemin bien visible part dans les rizières ; il vous mènera facilement à un temple et à un autre tombeau royal. Comptez 15 min aller-retour.

Mieux vaut venir tôt sur le site, avant les marchands du temple, quand la nature s'éveille. Quitte à prendre son petit-déjeuner au retour, sur la terrasse du ♦ **Cafe Kawi** *(☎ 081.338.177.554. Ouv. t.l.j. 9 h-18 h)*.

♥ Les sources sacrées de Tirta Empul★★

···› À 1,5 km N de Gunung Kawi. Ouv. t.l.j. 8 h-18 h. 15 000 Rp par adulte, 7 500 Rp par enfant.

Cela fait plus de mille ans que les Balinais viennent ici en famille, à l'instar des Indiens qui se purifient dans le Gange, pour déposer des offrandes et faire de longues ablutions dans les différents bassins, hommes, femmes et enfants ensemble, de l'eau jusqu'à la taille, sous chacun des onze robinets d'eau glacée. Certains fidèles repartent avec des bouteilles en plastique ou des bidons remplis d'eau sacrée. Ces sources sont les plus sacrées de Bali. Il en est fait mention dans une inscription gravée sur une pierre datant de 962. Selon la légende, leurs eaux apportent santé et prospérité. La rivière Pakerisan prend sa source ici et irrigue les rizières de la région de Pejeng situées en contrebas.

À 200 m de là, sur la colline surplombant les sources, se trouve le **Pura Pegulingan**, construit au IXe s. À l'intérieur a été découverte une

Le *kulkul*

À l'entrée de Penglipuran, observez le *kulkul*, une sorte de cloche typique de Bali, fabriquée à partir d'un tronc de bois fendu et suspendu dans un abri en bois surélevé. Lors des cérémonie ou en cas d'urgence, le chef du hameau vient taper dessus avec un marteau en bois, à un rythme préalablement défini, pour avertir les habitants qu'ils doivent se réunir au *benjar*, sorte de salle municipale. Mieux qu'une sirène ! ◆

© Cintract Romain / hemis.fr

◄ Le Pura Tirta Empul et sa source sacrée.

boîte contenant une fine feuille d'or et des tablettes en argile, des mantras bouddhistes inscrits dessus.

pour les enfants. À Taro, à 10 km NO de Tampaksiring se trouve l'**Elephant Safari Park** *(☎ 0361.721.480. www.elephantsafaripark.com. Ouv. t.l.j. 8 h-18 h. 59 us$ par adulte, 40 us$ pour les 5-12 ans, 18 us$ pour les moins de 3 ans)*. Vingt-six éléphants de Sumatra ont été transférés ici en 2000 afin d'être protégés. Vous pouvez les nourrir, les laver, assister à un spectacle et faire une petite promenade confortablement installés sur leur dos. Transfert possible depuis Ubud.

Pura Kehen

→ À env. 20 km SE de Tirta Empul, à Bangli. Ouv. t.l.j. du lever au coucher du soleil. 13 000 Rp par adulte.

Une trentaine de marches flanquées de statues grimpe à la première des trois cours du temple. Là se dresse un incroyable banian. Dans l'enceinte sacrée s'élève un *meru* à onze étages et de nombreux autels. Le temple doit sa renommée à la beauté de ses sculptures et de ses bas-reliefs. Construit au XIe s., il est considéré comme le deuxième plus grand temple de Bali, après celui de Besakih, et est **dédié au dieu du feu, Brahma**.

Penglipuran

→ À 5 min N de Bangli. Ouv. t.l.j. du lever au coucher du soleil. 10 000 Rp par adulte, 7 500 Rp par enfant. Visite possible avec un jeune du village faisant office de guide.

Avec sa très longue allée pavée bordée de maisons cossues, de gazon vert tendre et de frangipaniers bien alignés, ce superbe village traditionnel détonne. Désigné comme un site touristique majeur par les autorités balinaises, il a été entièrement restauré en 1992. Fondé vers le VIIIe s., désormais entièrement piéton, il est habité par 76 familles. Penglipuran signifie « se souvenir des ancêtres ». En haut du village, à côté du grand temple dédié à Brahma se trouve une forêt d'où les villageois extraient le bambou nécessaire à l'édification des toits de leurs maisons et à la fabrication des petits paniers tressés destinés aux offrandes, leur spécialité. Du temple, un chemin goudronné s'enfonce dans la forêt de bambous. La boucle constitue une agréable promenade de 1,7 km, réalisable en près de 20 min. En bas du village se trouve un petit cimetière avec les tombes de soldats tués en 1946 pendant la guerre d'indépendance *(p. 62)*. ◆

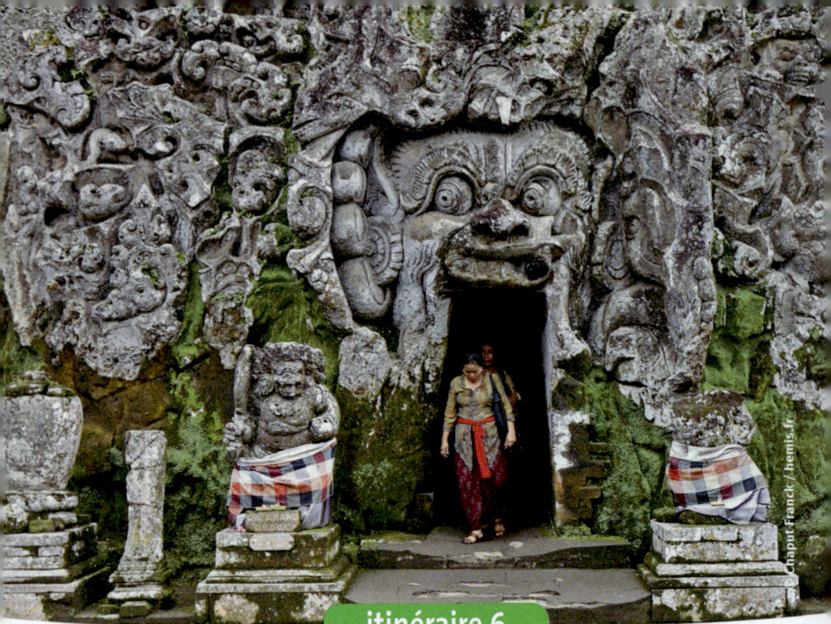

© Chaput Franck / hemis.fr

itinéraire 6

Les villages d'artisans du sud d'Ubud*

programme pour une journée

Au départ d'Ubud, commencez le matin par les sites historiques de **Goa Gajah** et de ♥ **Yeh Pulu***, puis visitez les ateliers des artisans de ♥ **Mas, Celuk** et **Batubulan**.

à ne pas manquer

Culture : La grotte de Goa Gajah ; les reliefs de ♥ Yeh Pulu* ; le ♥ Pura Samuan Tiga et le temple du tambour de Pejeng.

Shopping : S'offrir une sculpture sur bois à ♥ Mas ou un bijou en argent à Batubulan.

Pour les enfants : Le zoo ; le Bali Bird Park.

côté pratique

Se déplacer : En voiture exclusivement. L'axe routier Denpasar-Ubud, qu'il faut emprunter pour se rendre sur ces sites, est bruyant et régulièrement embouteillé.

Départ : La grotte de Goa Gajah, à Bedulu.

Bon à savoir : Dans les villages d'artisans, on peut négocier les tarifs d'au moins 30 % et se faire expédier la marchandise en Europe.

Carte : Le centre de l'île, p. 94-95. **Bonnes adresses :** p. 221.

◄ Entrée de la grotte de Goa Gajah.

Il y a près de mille ans que les sites de cette région existent. Découverts ou redécouverts par des Européens, qu'ils soient soldats ou artistes, ils témoignent de la richesse historique des vallées situées au sud d'Ubud. Un patrimoine culturel que les artisans du bois, de l'argent et de la pierre célèbrent aujourd'hui encore à l'aide de leurs outils, en créant des œuvres à la gloire de leurs anciens rois et de leurs dieux éternels.

Bedulu

···› À 4 km SE d'Ubud.

Ce bourg abrite plusieurs sites intéressants, témoins de son riche passé.

La grotte de Goa Gajah

···› Ouv. t.l.j. du lever au coucher du soleil. Entrée 15 000 Rp par adulte, 7 500 Rp par enfant.

Cette grotte taillée dans une paroi rocheuse fut découverte par W.O.J. Nieuwenkamp, l'un des tout premiers artistes occidentaux à poser le pied en terre balinaise, en 1923. À l'intérieur, on peut voir dans une semi-obscurité un lingam, pierre phallique, un yoni, sa contrepartie féminine, ainsi qu'une petite statue de Ganesh, le dieu à tête d'éléphant. La cavité rocheuse date probablement du Xe s., ce qui en fait **l'un des plus anciens sanctuaires de Bali**. À l'époque, elle servait de monastère et de lieu de méditation à des prêtres hindous, comme souvent les temples sous roche en Asie. À l'extérieur, deux bassins d'ablution leur permettaient aussi de se purifier. Ils sont entourés de six statues de nymphes, chacune laissant couler un mince filet d'eau de son nombril, symbole des six rivières sacrées d'Inde.

bon à savoir. On peut aller de Goa Gajah à Yeh Pulu à pied : à Goa Gajah, descendez vers le temple bouddhiste. Là, à droite, un sentier plat et clairement identifié part dans la forêt. Au bout de 15 min, on arrive au pied d'un escalier. En haut des marches, suivez les panneaux Yeh Pulu. Comptez encore 20 min de marche dans le village de Bedulu pour arriver jusqu'aux reliefs.

Les reliefs de ♥ Yeh Pulu*

···› À 5 min de Goa Gajah. Ouv. t.l.j. du lever au coucher du soleil. Entrée 15 000 Rp par adulte, 7 500 Rp par enfant.

Quand l'artiste néerlandais Nieuwenkamp arriva dans la région, les Balinais le mirent sur la piste d'un autre site, encore plus ancien : Yeh Pulu. Il revint le lendemain et mit au jour des reliefs gravés dans une roche, en partie masqués par la végétation. Il défricha le terrain avec l'aide d'une trentaine d'hommes. Et découvrit alors des gravures sur pierre qui, sur environ 25 m de long et 2 m de haut, racontent de manière étonnamment réaliste la vie des champs, la récolte, la chasse et la vie des animaux, loin des scènes

Un roi qui a du nez

Au XIVe s., lorsque le puissant royaume de Majapahit étendit son hégémonie sur Bali, le roi de Bedulu fut l'un de ceux qui opposa le plus de résistance à l'envahisseur javanais. Selon la légende, il était doté de pouvoirs surnaturels, au point de se vanter de pouvoir se faire couper la tête puis de la replacer sur son corps sans douleur. Mais lors d'une démonstration, la tête du roi roula malencontreusement dans la rivière et fut emportée par le courant. Sans doute une punition des dieux ! Désemparé, le serviteur coupa la tête d'un porc et la remit sur les épaules du roi. Ce dernier continua de régner, un groin à la place de la tête... ◆

mythologiques chères au cœur des Balinais. Aujourd'hui les reliefs se trouvent dans un site charmant, entouré de rizières, délaissé par les touristes.

Une agréable marche d'environ 2h part dans les rizières et revient au parking de Yeh Pulu. Y aller accompagné, par exemple de **Made Weca** (*☎ 081.238.316.287*), qui vous y emmène pour 200 000 Rp, de préférence le matin.

pause fraîcheur. Le ♦ **Yeh Pulu Café** (*☎ 081.236.60.278. www.yehpulu2.com*) sert des jus de fruits frais et une nouriture saine dans des pavillons ouverts sur la nature, au calme.

♥ Pura Samuan Tiga

À 5 min de Yeh Pulu. Ouv. t.l.j. du lever au coucher soleil. Donation bienvenue.

Ce grand temple, doté de multiples statues en pierre, de pavillons de différentes tailles au toit de chaume et d'allées recouvertes de végétation, se trouve à l'écart de la route principale et des circuits touristiques. Il y règne un calme bienvenu dans ses sept cours (au lieu des trois conventionnelles) reliées par divers escaliers et ombragées par de superbes banians. Le Pura Samuan Tiga (« la rencontre des trois ») fut le théâtre d'un des plus importants rassemblements que connut Bali. Vers le Xe s., un grand prêtre décida d'y convoquer les chefs des trois principales sectes hindoues de Java et de Bali, en proie à de violentes querelles. Cette réunion inédite permit de pacifier leurs relations et d'unifier l'hindouisme balinais. En 2013, c'est ici qu'eut lieu le Sommet mondial hindou, en présence de centaines de leaders religieux venus du monde entier. Le temple a été détruit lors du tremblement de terre de 1917 puis reconstruit. La porte principale a été dessinée et construite par l'artiste **I Gusti Nyoman Lempad**, originaire de Bedulu.

▶ Entre les mains des artisans, les noix de coco deviennent de jolis objets décoratifs, comme des photophores.

Le temple du tambour de Pejeng

(Pura Penataran Sasih.) À 5 min du Pura Samuan Tiga. Ouv. t.l.j. du lever au coucher du soleil. Donation bienvenue.

Ce temple est doté de **trois cours principales**. Sa particularité : il abrite le plus grand tambour de bronze du monde. Ce dernier mesure 1,86 m pour un diamètre de 1,10 m au niveau du manteau et 1,60 m au niveau du tympan. Y sont gravés huit visages en forme de cœur pourvus d'yeux grands ouverts et de lobes d'oreille distendus par d'énormes boucles, ce qui prouve qu'à l'âge de bronze, les Balinais avaient déjà un sens artistique particulièrement développé. Chose rare, il a été fondu à Bali. Il n'a donc pas été importé du Vietnam, où étaient pourtant fabriqués la plupart des objets en bronze au cours du Ier millénaire avant Jésus-Christ, avant d'être exportés à bord de bateaux traditionnels. Perché en hauteur, couché et malheureusement en partie caché (il est jugé trop sacré pour être touché sans rituels de purification préalables), ce tambour possède une histoire digne d'un conte. Il serait une des roues du chariot de Candra, la déesse de la Lune, qui tomba sur terre après avoir heurté un cocotier. Brillant de mille feux en haut de l'arbre où il avait atterrit, il dissuadait les voleurs de venir s'en emparer. Un homme décida de grimper à l'arbre et d'uriner sur le tambour pour le rendre moins brillant et le récupérer en catimini. Mais l'objet explosa, tua l'impétrant et tomba au sol, à Pejeng. Les villageois

© Tippy/Iconotec/Photononstop

bâtirent un petit temple pour l'abriter. Plus que d'un instrument de musique, ce tambour sert d'objet rituel. Son existence a été reportée pour la première fois en 1708, par un naturaliste néerlandais du nom de Rumphius.

marché de nuit. À **Gianyar** (à 5 min du tambour de Pejeng et à 25 min d'Ubud) s'installe à la nuit tombée un « night market ». On peut y déguster, dans une ambiance très locale, des plats indonésiens typiques, en plein air.

La route des artisans

Sculpture sur bois ou sur pierre, travail de l'argent : chaque village est spécialisé dans une catégorie d'artisanat. Et environ 80 % des habitants de chaque commune imaginent, fabriquent ou vendent les œuvres en question. Leur savoir-faire se transmet depuis des générations.

♥ Mas

À 6 km S du temple de Pejeng.

Dans ce village spécialisé dans la **sculpture sur bois**, le seul de la sorte à Bali, hommes et femmes travaillent de concert, assis en tailleur à même le sol, dans des ateliers-boutiques ou à leur domicile. Chacun se voit attribuer une étape particulière et, armé d'un marteau, d'un couteau, de cire ou d'une brosse, parvient à donner vie à des statues d'animaux mythologiques, de déesses, de bouddhas et de personnages tirés, comme toujours, des grandes épopées du *Ramayana* et du *Mahabarata*, en travaillant ce qui, hier encore, n'était qu'un obscur tronc d'arbre. Pendant des siècles, ces sculptures en bois ont servi à décorer les temples, les palais et les villas des rois et des aristocrates. Aujourd'hui, elles embellissent aussi les demeures des touristes ! Avant d'entamer la sculpture du bois, l'artisan peut demander la bénédiction du prêtre local, qui en profite pour désigner le jour le plus propice au début du travail. Les artisans de Mas sculptent aussi les masques utilisés lors des danses sacrées dans les temples, notamment le *topeng* et le *barong*.

Plutôt que se rendre dans une boutique de la rue principale de Mas, Jl. Raya Mas, mieux vaut sillonner le quartier de **Tengkulak**, à l'est. Là, au milieu des rizières, le long d'une charmante route de campagne, se trouvent les plus beaux ateliers-boutiques, dont celui de **Dewa Malen** (☎ *0361.978.917*).

Le bois sous toutes ses coutures

Les artisans utilisent plusieurs types de bois, de qualité, de couleur et de valeur différentes. L'ébène, marron, est lourd et coûteux car il est importé des forêts vierges des Célèbes ou de Bornéo. L'acajou, rouge, vient de Java et n'est coupé qu'une fois mort. Le bois de crocodile (ou palétuvier), qui doit son nom à l'aspect de son écorce qui ressemble aux dents du reptile, est un très beau bois de couleur blanc-ivoire réservé aux petites statues. L'hibiscus vient de Bali et ne peut servir à la sculpture que s'il est à fleurs rouges. Avant d'être travaillé, le bois est séché pendant trois mois : s'il se fend, il sera utilisé pour la cuisine. Sinon, il pourra être sculpté. ◆

Celuk

···› À 7 km S de Mas.

Celuk est le seul **village d'artisans orfèvres** de Bali. Ils fabriquent sous vos yeux des bijoux en argent, au design traditionnel ou contemporain, et les exposent dans de grandes boutiques (prix à négocier).

Le zoo

···› À 3 km NO de Celuk, à Singapadu. Ouv. t.l.j. 9 h-18 h *(nocturnes tous les soirs 18 h-21 h 30)*. ☎ 0361.294.357. www.bali-zoo.com. 24 us$ par adulte, 12 us$ pour les 3-12 ans. Transfert possible depuis votre hôtel.

350 animaux au total vivent ici. La plupart appartiennent à des espèces indigènes d'Indonésie, comme le *binturong*, un chat-ours de la famille des civettes, ou le *kasuari* (casoar), un oiseau parmi les plus grands et les plus lourds de la planète. Parcours accro-branches, spectacles de danse, balade à dos d'éléphant, nocturnes où l'on peut nourrir les éléphants à la main et approcher de près crocodiles et pythons : les enfants se régaleront !

► Les rizières de Jatiluwih, classées au Patrimoine mondial de l'Unesco.

Batubulan

···› À 3 km S de Singapadu.

Ce village s'est spécialisé dans la sculpture sur pierre. Les artisans travaillent de la roche volcanique, récupérée au pied des volcans Agung et Batur, ou du sable volcanique (un peu d'eau et de ciment sont ajoutés pour le solidifier). Dieux, déesses et animaux mythologiques comptent parmi les sujets privilégiés. Venir de préférence le matin dans l'un des nombreux ateliers-boutiques, comme celui de **I Made Sura** *(☎ 0361.298.296. www.imadesurastonecarving.com)*. Il est possible de faire expédier la statue de ses rêves en Europe par bateau.

spectacle de danse. Batubulan est également réputée pour son spectacle de *barong*, qui a lieu tous les jours au temple à 9 h 30 pendant 1 h, au son du gamelan, auquel participent les gens du village. Très prisé des cars de touristes.

Bali Bird Park

···› Ouv. t.l.j. 9 h-17 h 30. ☎ 0361.299.352. www.bali-bird-park.com. Ticket commun avec le Bali Reptile Park voisin à 23,50 us$ par adulte, 11,75 us$ pour les 2-12 ans. Visite guidée gratuite pour les groupes de plus de 20 personnes.

Le parc aux oiseaux organise des spectacles de **vols libres d'aigles**, de hiboux ou d'aras. Près de mille oiseaux appartenant à 250 espèces différentes originaires d'Indonésie, d'Afrique et d'Amérique du Sud s'ébrouent ici. À deux pas des impressionnants reptiles du Bali Reptile Park, et notamment des **dragons de Komodo**, ces varans appartenant à la plus grande espèce de lézards au monde. ◆

itinéraire 7

Les rizières à l'ouest*

programme pour une journée

À partir d'Ubud, rendez-vous au nord vers ♥ **Jatiluwih***** où vous pourrez vous restaurer après une promenade dans les rizières, puis redescendez vers Mengwi, à l'ouest d'Ubud, avec extension possible pour une promenade dans la campagne de Tabanan.

à ne pas manquer

Paysage : Les ♥ rizières de Jatiluwih*** ; la campagne de Tabanan.

Culture : Le Pura Taman Ajun* à Mengwi.

Pour les enfants : La forêt des Singes de Sangeh.

côté pratique

Se déplacer : En voiture ou en scooter exclusivement.

Départ : Les rizières de Jatiluwih.

Bon à savoir : On circule difficilement à plus de 40 km/h sur les routes de campagne et dans l'agglomération embouteillée de Tabanan.

Carte : Le centre de l'île, p. 94-95. **Bonnes adresses :** p. 221.

Au nord-ouest d'Ubud s'étirent, à perte de vue, les rizières de Jatiluwih qui font désormais partie du patrimoine mondial en tant que paysage culturel d'une valeur universelle exceptionnelle. Cette région est aussi le berceau du *subak*, un système d'irrigation unique au monde dont il est fait mention sur des plaques de cuivre et des feuilles séchées de palmier datant de 1071. Plus proche d'Ubud, toujours à l'ouest, le superbe temple d'eau Taman Ajun témoigne de la richesse passée de la région, du temps de l'empire Majapahit. La région de Tabanan, où se trouvent ces sites, est le grenier à riz de Bali. D'autres cultures y sont pratiquées : clous de girofle, vanille, café. Les terres sont fertiles, et les paysages superbes.

♥ Les rizières de Jatiluwih★★★

➔ À 43 km NO d'Ubud, soit environ 1 h 45 *(et à 21 km S de Bedugul)*. Entrée au site 15 000 Rp par personne.

Elles s'étirent à l'infini sur un plateau très ouvert, situé à 700 m d'altitude sur les premiers contreforts du mont Batukaru. On peut s'y promener à pied librement et sans difficulté, d'un versant à l'autre, en traversant les parcelles vert tendre ou jaune selon le degré de maturation du riz, en enjambant les canaux d'irrigation et en empruntant les petits chemins de terre utilisés par les agriculteurs. Jatiluwih est un endroit magnifique, charmant, idéal pour observer la vie des champs. Les rizières sont inscrites sur la liste du **patrimoine mondial de l'Unesco**, pour leur beauté mais aussi pour tous les rites religieux et les pratiques culturelles qui les entourent *(p. 26)*.

Du parking, au bout de la route principale bordée de *warung* et de pensions de famille, la vue est extraordinaire. Il suffit de descendre en contrebas du parking pour amorcer la balade sans risque de se perdre car le village, en surplomb, est toujours en ligne de mire. Mieux sinon, car moins fréquenté, retournez à l'entrée du village, à la cahute où l'on règle le ticket. Là, un panneau indique le début d'un trek. Comptez entre 20 min et plusieurs heures de marche pour rejoindre le parking, au gré des détours effectués !

Le riz traditionnel

À Jatiluwih, c'est un riz traditionnel, c'est-à-dire sans pesticide, sans engrais (sans OGM !), qui est produit. Résultat, il met sept mois pour arriver à maturité, soit deux fois plus que le riz standard. Il est utilisé en pâtisserie et pour les offrandes aux dieux ; il est servi essentiellement dans les établissements de luxe. Ce riz, avec ses plants particulièrement hauts, fait penser aux scènes rurales peintes par les artistes balinais et occidentaux. ◆

► Un macaque perché sur le Pura Bukit Sari, au milieu de la foret des Singes de Sangeh.

La forêt des Singes

➔ À 30 km S de Jatiluwih, à Sangeh. Ouv. t.l.j. de 7 h 30-18 h. Entrée 20 000 Rp.

À l'ombre bienvenue des muscadiers, environ 500 macaques gris peuplent les arbres de cette forêt sacrée (où se trouve un temple, le Pura Bukit Sari, construit sur des ruines au XVIIe s. par le fils du raja de Mengwi). Ils s'épouillent et jouent à longueur de journée, pour le plus grand bonheur des familles.

Attention, ils peuvent se montrer parfois agressifs, notamment après la naissance de leurs petits.

Pura Taman Ajun*

···› À 12 km S de Sangeh, à Mengwi. Ouv. t.l.j. 8 h-16 h. 15 000 Rp par personne.

Avec ses nénuphars, ses lotus, sa douve remplie d'eau et ses chats, le site du temple s'avère calme et reposant, particulièrement agréable au coucher du soleil. On traverse d'abord une grande pelouse pour y accéder puis un sentier permet de faire le tour des autels richement décorés et de la dizaine de petits sanctuaires, en longeant un muret. Ce temple hindou est le plus grand et, d'un point de vue architectural, **le plus remarquable des temples d'eau de la région**. Il date de 1627. C'est le premier raja de Mengwi qui l'a fait construire : il servait de lieu de repos aux membres de la famille royale, avec ses 44 hectares de jardin, son muguet, ses frangipaniers et ses arbres fruitiers. Quand le raja de Badung prit le pouvoir, le temple fut négligé et se détériora. En 1911, la famille royale fut de retour et le restaura. Mais le séisme de 1917 le ravagea à nouveau. Depuis, des réparations ont été effectuées.

Anecdote

Lors de la crémation d'un prince de Tabanan, en 1937, une tour destinée à transporter l'âme du défunt vers les cieux prit la forme d'un avion à hélices siglé KLM, du nom de la toute première compagnie aérienne (néerlandaise) à débarquer des passagers à Bali. ◆

Musée Subak

···› À 8 km O du Pura Taman Ajun, à Tabanan. ☎ 0361.810.315. www.museumsubak.com. Ouv. lun.-sam. 8 h-16 h, sf ven. 8 h-12 h 30. 15 000 Rp par adulte.

Cet excellent musée permet de mieux comprendre la culture du riz et le système d'irrigation propre à Bali. Quelques panneaux explicatifs en anglais, des outils agricoles, maquettes, photos, scènes de la récolte reconstituées et même un film en anglais : passionnant ! Le ticket inclut la visite d'une belle maison traditionnelle.

rizières de cinéma. Au S et à l'O de Tabanan se trouvent de superbes routes de campagne. Partez du palais Royal (Puri Gede) du village de **Kerambitan**, en direction de la mer, en scooter, à pied, en voiture ou à vélo (c'est plat !). C'est notamment ici qu'ont été tournées les scènes de rizières du film *Mange, Prie, Aime*. ◆

L'Est et le mont Agung

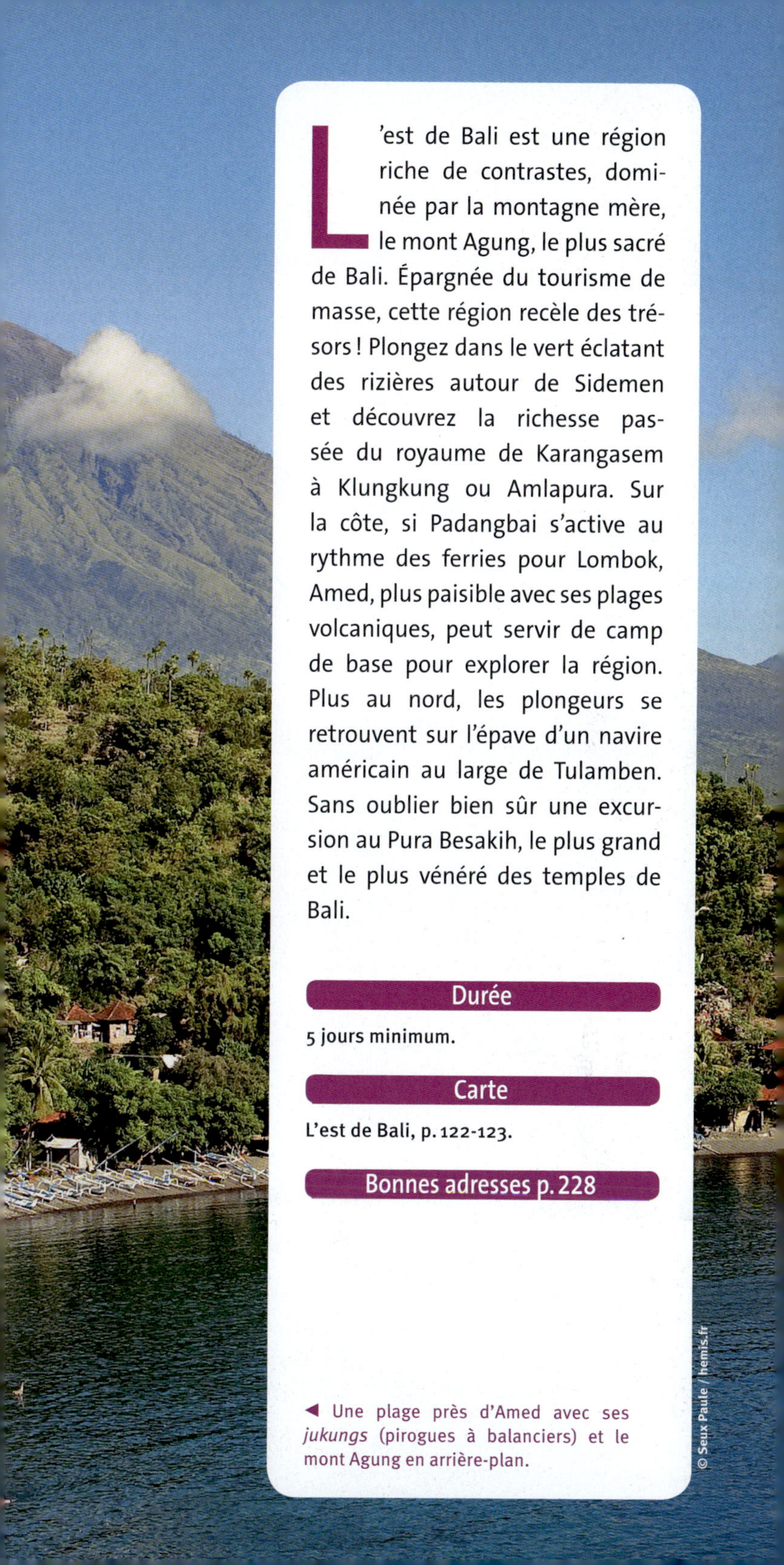

L'est de Bali est une région riche de contrastes, dominée par la montagne mère, le mont Agung, le plus sacré de Bali. Épargnée du tourisme de masse, cette région recèle des trésors ! Plongez dans le vert éclatant des rizières autour de Sidemen et découvrez la richesse passée du royaume de Karangasem à Klungkung ou Amlapura. Sur la côte, si Padangbai s'active au rythme des ferries pour Lombok, Amed, plus paisible avec ses plages volcaniques, peut servir de camp de base pour explorer la région. Plus au nord, les plongeurs se retrouvent sur l'épave d'un navire américain au large de Tulamben. Sans oublier bien sûr une excursion au Pura Besakih, le plus grand et le plus vénéré des temples de Bali.

Durée

5 jours minimum.

Carte

L'est de Bali, p. 122-123.

Bonnes adresses p. 228

◄ Une plage près d'Amed avec ses *jukungs* (pirogues à balanciers) et le mont Agung en arrière-plan.

© Seux Paule / hemis.fr

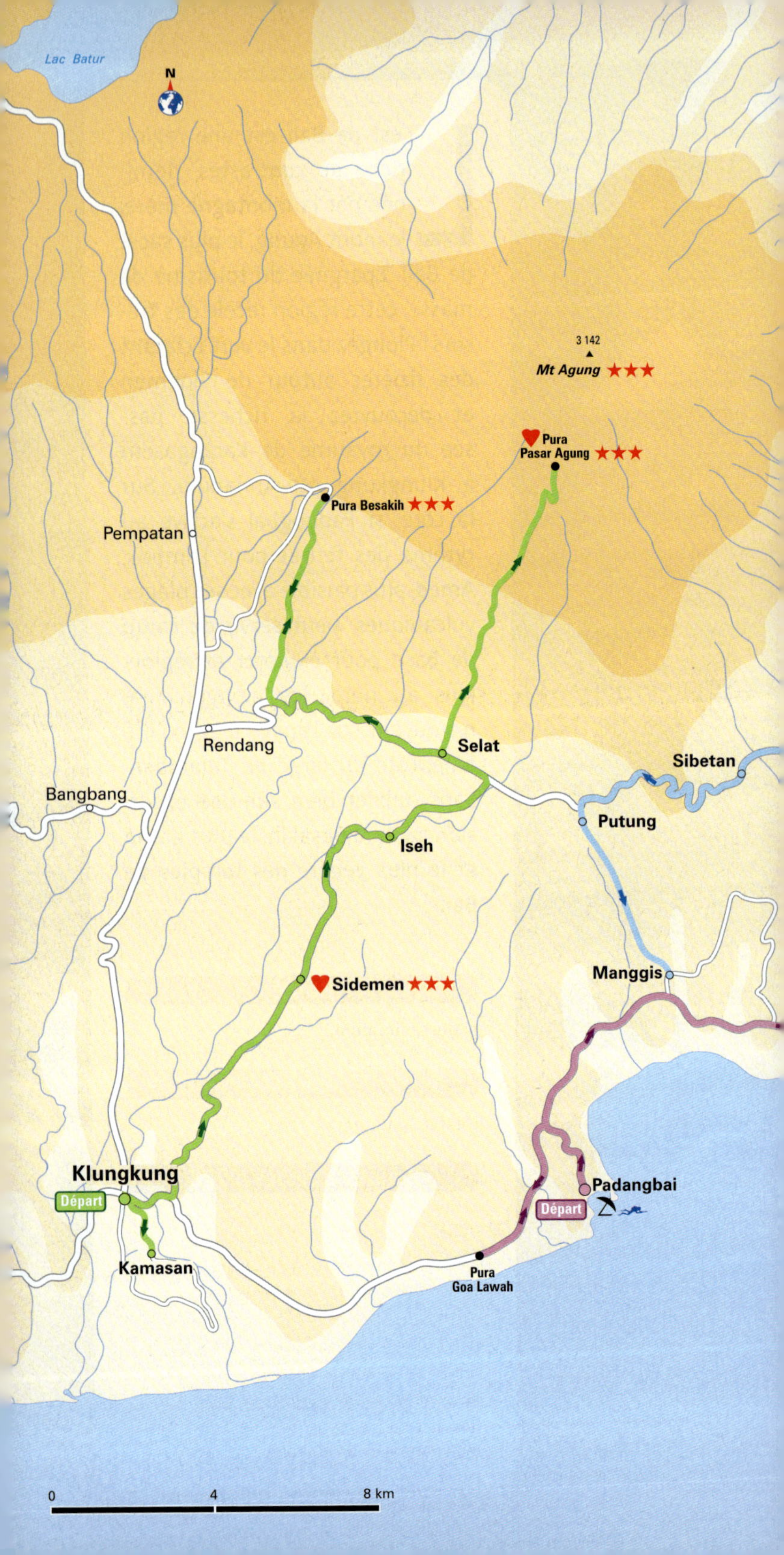

Lac Batur
N
3 142
Mt Agung ★★★
Pura
Pasar Agung ★★★
Pura Besakih ★★★
Pempatan
Rendang
Selat
Sibetan
Putung
Bangbang
Iseh
Sidemen ★★★
Manggis
Klungkung
Départ
Kamasan
Padangbai
Départ
Pura
Goa Lawah
0
4
8 km

L'Est et le mont Agung

itinéraire 8

De Klungkung au mont Agung***

programme

Prévoyez une halte de quelques heures à **Klungkung** sur la route de Sidemen. Comptez 1 ou 2 jours à ♥ **Sidemen***** (2 jours si vous voulez faire l'ascension du **mont Agung** *** ou simplement prendre votre temps).

à ne pas manquer

Culture : Le palais de Taman Gili* à Klungkung ; le Pura Besakih*** et le ♥ Pura Pasar Agung ***.

Sport : L'ascension du mont Agung***.

En famille : Les balades dans les rizières autour du village de ♥ Sidemen***, une descente en rafting sur la rivière Telaga Waja *(p. 229)*.

côté pratique

Accès : Il est préférable d'avoir son propre moyen de transport pour pouvoir faire des haltes sur les ♥ superbes routes *** entre Klungkung et Sidemen et entre Sidemen et le Pura Besakih.

Départ : Le marché de Klungkung.

Meilleur moment : Au mois de mai, lorsque les touristes sont encore peu nombreux.

Conseil : N'oubliez pas de prendre des chaussures de marche si vous comptez explorer les environs de Sidemen.

Carte : L'est de Bali, p. 122-123. **Bonnes adresses :** p. 228.

◄ Le palais royal de Klungkung.

Klungkung

···› ***(Semarapura.)*** À 45 km NE de l'aéroport Ngurah Rai, 39 km NE de Seminyak, 20 km E d'Ubud.

Capitale historique de Bali, Klungkung mérite une pause de quelques heures pour visiter le **Taman Gili,** vestige de l'époque précoloniale. Il n'est pas forcément indispensable d'y passer la nuit mais vous pourrez en revanche vous restaurer aux nombreux petits étals autour du marché ou dans les *warung* à côté du palais.

Klungkung, rebaptisée Semarapura en 1922, occupe une place essentielle dans l'histoire de Bali. En 1840, un article du *Singapore Chronicle* faisait état de l'importance du royaume de Klungkung et de sa supériorité sur tous les autres royaumes. Une supériorité qui ne s'explique pas par des raisons rationnelles d'autorité ou de pouvoir mais par les relations privilégiées qu'entretenaient le roi Dewa Agung et ses ancêtres avec les puissances du monde invisible. C'est cette relation particulière avec le monde invisible qui confère au roi Dewa Agung sa responsabilité sur le monde visible, c'est à dire sur toute l'île de Bali. Une réalité difficile à comprendre pour les Néerlandais qui, le 28 avril 1908, bombardent le palais Royal. Le Dewa Agung appelle alors au *puputan,* ou suicide collectif, qui décima la quasi-totalité de la cour et de la famille royale.

Le **monument du Puputan,** érigé en face du Taman Gili, commémore le suicide collectif de la cour de roi Dewa Agung, dernier roi balinais.

Marché

···› Ouv. t.l.j. 4 h-15 h.

C'est le marché le plus important de l'est de Bali et l'un des plus vivants. Il s'anime plus particulièrement tous les trois jours, lorsque les habitants de la région s'y retrouvent. Vous y verrez de nombreuses échoppes de fruits et légumes et d'innombrables fleurs pour les offrandes. Montez jusqu'au troisième étage pour profiter de la vue sur la ville !

Taman Gili*

···› Ouv. t.l.j. 8 h-17 h. Entrée payante.

Situé au cœur de Klungkung, ce complexe architectural construit en 1710 est aujourd'hui un lieu paisible où il fait bon se promener entre les différents pavillons, les bougainvilliers, les frangipaniers et les lauriers roses.

De ce vaste complexe, probablement inspiré d'un mandala et **siège de la dynastie Dewa Agung**, ne subsistent plus que la porte sud richement sculptée et le Taman Gili (le « jardin de l'île »), avec deux pavillons célèbres pour leurs plafonds peints. Ce sont les seuls vestiges du palais, en partie détruit lors de l'attaque par les Hollandais en 1908.

Sur la droite en entrant, le ***bale* Kerta Gosa** est un pavillon ouvert utilisé comme tribunal avant l'invasion hollandaise. Au plafond, des peintures retracent les châtiments qui attendent les pécheurs en enfer ainsi que des scènes de la vie quotidienne. Au sommet, on remarquera une fleur de lotus entourée de colombes dorées symbolisant l'illumination et le salut.

Au centre du Taman Gili, le ***bale* Kambang,** ou palais flottant, s'élève au milieu d'un bassin ornemental. Vous pourrez admirer ses plafonds peints sur trois niveaux. Le premier niveau représente un

► Rizières autour de Sidemen.

© Morandi Bruno / hemis.fr

calendrier astrologique, les autres illustrent des contes populaires balinais comme celui de Sutasoma, moine bouddhiste qui symbolise la force pacifique.

Musée Daerah Selarajava

À côté du *bale* Kambang, un petit musée présente des **photographies de la famille royale** de Klungkung, des journaux de l'époque du *puputan* mais aussi une collection de kriss (poignards). La dernière salle expose les techniques de fabrication du sucre de palme et du sel à Bali. Malheureusement, il y a peu d'explications en anglais.

Gunarsa Museum of Classical and Modern Art

→ À 3 km O de Klungkung. Jl. Pertigaan Banda 1, à Banda. Ouv. lun.-sam. 9 h-16 h. Entrée payante.

Ce très agréable musée à l'architecture moderne a été créé par **Nyoman Gunarsa**, l'un des peintres modernes les plus connus de Bali. Des toiles classiques balinaises des XVIIIe et XIXe s. sont présentées avec soin. Le musée abrite également une collection d'objets anciens, des instruments de musique notamment.

Kamasan

→ À 3 km E de Banda.

Kamasan est considérée comme le berceau de peinture balinaise classique depuis le XVIe s. Au XVIIIe s., le roi de Klungkung, Dewa Agung Made, demanda à ses artistes de cour de produire des tableaux retraçant les grands récits épiques indiens *Mahabharata* et *Ramayana* mais avec une adaptation balinaise et en s'inspirant du « wayang » ou théâtre d'ombres *(p. 55)*. Ce style de peinture est alors appelé « wayang ». On le retrouve entre autres sur les plafonds du *bale* Kerta Gossa, à Klungkung.

♥ Sidemen★★★

→ À 12 km N de Kamasan.

Loin de la frénésie du sud de l'île, on prend sur la route de Sidemen le pouls de la vie rurale. Les hommes travaillent dans les champs sous la surveillance du mont Agung, que l'on devine dans la brume. Après quelques kilomètres, la route devient plus raide, elle serpente à travers les rizières aux différents tons de vert constituant de véritables mosaïques. En raison de sa proximité avec le mont Agung, Sidemen est considérée comme **l'un des centres spirituels de Bali**, refuge de nom-

breux chamanes. C'est également un centre particulièrement réputé pour la **fabrication de textiles** comme les ikats ou les *songket* *(p. 49)*. Entourée de rizières et de cours d'eau, Sidemen dispose de nombreux chemins de randonnée et d'hôtels agréables *(p. 228)*.

Iseh et le refuge de Walter Spies

À env. 12 km N de Sidemen.

Durant l'entre-deux-guerres, de nombreux artistes furent séduits par la beauté et la magie des lieux. Fuyant l'agitation d'Ubud, l'artiste allemand Walter Spies s'installa à Iseh, le village voisin de Sidemen, qui offre l'une des plus belles vue sur le mont Agung. C'est là qu'il réalisa ses plus belles œuvres comme *Iseh im Morgenlicht* ou « Iseh à l'aube » en 1938. Plus tard, des stars comme Roman Polanski, Mick Jagger ou David Bowie y séjournèrent également.

Pura Besakih★★★

À 18 km N de Iseh. Entrée 100 000 Rp avec le guide. **Conseil :** si vous le pouvez partez tôt de Sidemen, vers 7 h. D'une part vous profiterez d'une superbe lumière et d'une vue dégagée sur le mont Agung durant toute la route, d'autre part, vous pourrez visiter le Pura Besakih en toute tranquillité.

La ♥ **route entre Sidemen et le Pura Besakih★★★** est un enchantement. On croise des femmes qui portent le nécessaire à offrandes, des enfants en uniforme sur le chemin de l'école et des hommes dans les champs.

Construit sur la pente du volcan Agung, le Pura Besakih, **le plus grand sanctuaire de Bali**, réunit les trois dieux de la « trimūrti » hindoue : Brahma, Shiva et Vishnou. Pour les Balinais, il est le « temple mère », le plus important de l'île. Il ne s'agit pas d'un temple unique mais plutôt d'un complexe important réunissant 22 temples sur une superficie de 3 km².

Un symbole fort

Si les textes divergent quant à l'origine exacte du Pura Besakih, l'organisation du temple principal ressemble aux pyramides à étages des premières civilisations mégalithiques d'Indonésie et laisse penser que les premières origines du temple remontent à plus de 2000 ans. Selon des légendes hindouistes, un disciple du sage Markandeya, originaire de Java et venu civiliser la région de Basuki, se serait installé sur les flancs de la montage pour y établir au VIIIe s. un lieu de retraite spirituelle. Au XIVe s., après la prise de Bali par le royaume javanais de Majapahit, les souverains de Klungkung font de Besakih leur sanctuaire d'État. Au XIXe s., alors que Bali est en proie à des divisions et des tensions entre les nombreuses cours royales, le Pura Besakih s'impose comme le symbole de l'unité balinaise. Ce rôle se renforça au cours du XXe s., quand le pouvoir colonial organisa, en 1938, l'intronisation de tous les princes de Bali lors d'une cérémonie à Besakih. Dans les années 1950, dans le cadre de l'imposition de « la religion de Bali » parmi les cultes officiels, Besakih fut considéré comme « le seul temple honoré par tous les fidèles de la religion "Hindu-Bali" ». Cette officialisation aboutit, en 1963, à la réactivation à Besakih d'une

Un anniversaire fastueux

Tous les 210 jours, chaque temple balinais célèbre l'anniversaire de sa création, appelé *odalan* (p. 56). Celui du Pura Besakih est l'une des fêtes les plus importantes de l'île et porte le nom de Bhatara Turun Kabeh qui signifie « les dieux descendent tous ensemble ». Durant dix à douze jours, plus d'un million de pèlerins se rendent au temple pour déposer des offrandes et recevoir de l'eau lustrale. ◆

© Jon Arnold / hemis.fr

◄ Le Pura Besakih.

cérémonie quelque peu oubliée, « Eka Dasa Rudra » qui, pour la première fois, concernait toute la population hindoue de Bali. Cette même année, après un siècle de sommeil, une terrible éruption du mont Agung fit plusieurs milliers de victimes mais épargna le temple, un événement miraculeux pour les Balinais. La cérémonie fut à nouveau célébrée en 1979, en présence cette fois-ci de Sukarno, le président de la République indonésienne. Sa présence signifiait la reconnaissance gouvernementale de la religion hindouiste de Bali et du statut prééminent du temple pour tous ses fidèles.

Au centre du complexe, le temple principal, le **Pura Penataran Agung**, consacré au dieu Shiva, s'étage sur 6 niveaux épousant la pente. Seuls les dévots peuvent y accéder, mais le mur qui ceint entièrement le complexe est assez bas pour permettre la vue sur les temples et les *meru*.

Orienté vers le sud, le **Pura Kiduling Kreteg** est consacré à Brahma. Dirigé vers le nord, le **Pura Batu Madeg,** « de la pierre dressée », est dédié à Vishnou. N'hésitez pas à monter tout en haut du site pour atteindre le **Pura Gelap** orienté à l'est et dédié au dieu Ishwara. Comme posé au pied du mont Agung, il offre une superbe vue sur toute la vallée de Rendang. À l'ouest, le **Pura Ulun Kulkul** est quant à lui dédié au dieu Mahadewa.

une pause bien méritée. En reprenant la route, tournez à gauche au rond-point et suivez les indications du ♦ **Mahagiri Lereng Agung** (*Rendang. ☎ 0812.381.4775, Ouv. t.l.j. 9 h-20 h*). Arrêtez-vous pour prendre une orange pressée avec vue sur le mont Agung.

♥ Pura Pasar Agung★★★

À 24 km (45 min) du Pura Besakih. Donation demandée.

Les routes se font plus étroites en grimpant vers le mont Agung. Le paysage change, la végétation devient plus aride.

Ce temple est connu pour être un des points de départ pour l'ascension du mont Agung mais il mérite à lui seul une visite. Perché à 1 500 m d'altitude sur le versant sud du volcan, le Pura Pasar Agung est un temple directionnel. La vue y est superbe et vous serez sûrement seul pour en profiter.

Le mont Agung★★★

Du haut de ses 3 142 m, le mont Agung est à la fois le point culminant et la montagne la plus vénérée de l'île. Souvent la tête dans les nuages, le mont Agung, symbole de la montagne Meru et donc du centre du monde, est le **berceau des dieux et des ancêtres balinais**. Il est visible de presque toute l'île.

Contrairement à l'ascension du mont Batur *(p. 155)*, l'ascension du mont Agung exige une bonne condition physique et les 1 400 à 2 000 m de denivelé (en fonction de l'itinéraire choisi) ne sont pas à la portée de tous.

Les deux itinéraires les plus empruntés pour en faire l'ascension partent du Pura Pasar Agung et du Pura Besakih.

Depuis le Pura Pasar Agung

Cet itinéraire est le moins exigeant des deux mais il faut compter quand même entre 3 et 4 h d'ascension fatigante, en montée raide et régulière. Sachez également qu'en empruntant ce chemin, vous n'arrivez qu'à l'anté-cime du mont Agung, c'est à dire à 2 900 m d'altitude.

À l'entrée du parking, des guides vous attendent pour faire l'ascension, mais si vous voulez la faire de nuit pour arriver au lever du soleil, mieux vaut avoir tout prévu la veille. Guide **Mertha Yasa** *(merthayasa@ymail.com, ☎ 085.237.008.513)*.

Laissez la voiture au parking et gravissez les marches qui montent jusqu'au temple. Contournez le temple par la gauche pour rejoindre le chemin. Durant la première heure, le chemin passe dans une forêt de pins avant d'atteindre un terrain de lave. Il faut parfois s'aider des mains pour arriver au bord du cratère.

Quelques règles à respecter

- Il est indispensable de faire appel à un guide si vous voulez faire l'ascension de nuit.
- Soyez équipés de bonnes chaussures et de vêtements chauds car à 3 142 m d'altitude au lever du soleil, il fait froid !
- Il est interdit de faire l'ascension durant la grande fête de Bhatar Turun Kabeh (c'est à dire une grande partie d'avril) ; la meilleure saison est la saison sèche, de mai à octobre. ◆

▶ Un homme récolte le sel dans les environs d'Amed.

Depuis le Pura Besakih

Cet itinéraire, le plus exigeant physiquement, part du Pura Pengubengan, au nord-est du Pura Besakih. Cette route permet d'atteindre le cratère en son point culminant, soit 3 142 m. Pour affronter les **2 000 m de dénivelé**, il faut compter environ 6 h de marche de montée et 4 h de descente. Des efforts récompensés par un spectacle époustouflant avec une vue sur tout Bali et même sur la chaîne des volcans de Java.

pause déjeuner. En revenant à Sidemen, déjeunez au bord de la route au ◆ **Warung Organic** *(Br Iseh, Sinduwati, ☎ 0858.5701.3416)*, sur la terrasse en bambou surplombant les rizières. Goûtez leurs *balinese pepes* au poisson ou au poulet ! ◆

© Frédéric Soreau/Photononstop

itinéraire 9

De Padangbai à Tulamben★★

programme

Le matin, commencez la journée par une visite du **temple de la grotte aux chauve-souris.** Arrêtez-vous ensuite à **Padangbai** ou continuez jusqu'à **Candi Dasa.** Après une visite du village Bali-Aga de **Tenganan**, après-midi détente à la plage de **Pasir Putih**★. Le lendemain, visite du **Puri Taman Ujung**★ avant de continuer sur la ♥ **route du Seraya**★★★ pour rejoindre **Amed**★★. À partir d'Amed, vous pourrez faire une excursion à **Tulamben** pour plonger sur l'**épave du Liberty**★★.

à ne pas manquer

Culture : Le village Bali-Aga de Tenganan ; le Puri Taman Ujung★.

Sportif : Plongée à partir de Padangbai ou sur l'**épave du Liberty**★★ à Tulamben.

Nature : La ♥ route du Seraya★★★ pour profiter d'une superbe vue sur la côte en rejoignant Amed★.

côté pratique

Se déplacer : Amed est une succession de petits villages assez éloignés et peu accessibles à pied. Mieux vaut donc avoir son propre moyen de transport. La plupart des hôtels proposent un service de location de moto.

Départ : Padangbai.

Carte : L'est de Bali, p. 122-123. **Bonnes adresses :** p. 228.

© Tippy/Iconotec / Photononstop

▲ Village de Tenganan.

Padangbai

···> À 56 km NE de l'aéroport Ngurah Rai, 55 km E de Seminyak, 35 km SE d'Ubud, 17 km SE de Klungkung.

Nichée au creux d'une petite baie entourée de collines, Padangbai vit au rythme des départs du ferry vers Lombok. L'activité se concentre sur Jl. Silayukti, une petite rue le long de la plage qui rassemble hôtels à petits budgets, restaurants et clubs de plongée. En suivant les indications de l'hôtel ▲ ☘ ♥ **Bloo Lagoon** *(p. 230)*, vous atteindrez la plage éponyme cernée de collines. L'eau y est claire et les vagues viennent se fracasser sur la roche noire.

Temple de la grotte aux chauves-souris

···> (***Pura Goa Lawah.***) À 8 km O de Padangbai. Ouv. t.l.j. 8 h-18 h. Entrée payante.

Faisant face à la mer, logé dans la falaise, le temple garde l'entrée d'une grotte habitée par des milliers de chauves-souris. Considérées comme les gardiennes du temple, elles sont protégées par les Balinais et faciles à approcher. On ne connaît pas la profondeur de la grotte mais, selon la légende, elle serait reliée au Pura Besakih, à quelque 19 km de là.

une pause de star. À Manggis, sur la route entre Padangbai et Candi Dasa, le magnifique hôtel ▲ **Amankila** *(☎ 0363.413.33, www.amanresorts.com/amankila/home.aspx)*, accroché à la col-

line, surplombe l'océan. Avec ses trois piscines en cascade qui se jettent dans la mer, l'hôtel est un havre d'élégance. À défaut d'y passer la nuit, arrêtez-vous pour boire un verre et profiter de la vue.

Tenganan

···> À 22 km NE du Pura Goa Lawah. Donation souhaitée. Allez-y tôt, avant 9 h, pour éviter les touristes. **En savoir plus : Manku Wudia** *(☎ 0817.4793.742)* est le créateur du centre d'archives de Tenganan et se fera un plaisir de vous raconter l'histoire de son village. Le petit centre se trouve tout au bout du village sur la droite. Sur la porte de la maison est indiqué « Ksu Danendra Koperasi Indonesia ».

On dit que Tenganan est le plus ancien village Bali-Aga, à savoir un village qui a résisté à la colonisation des seigneurs de Java et conservé sa culture balinaise originelle. Pour protéger la pureté de leur lignage, les habitants du village se marient entre eux. Le village s'organise autour d'une large avenue à deux voies, considérées comme deux rues sacrées, qui montent vers le nord et sont bordées de maisons toutes construites selon un plan identique. Entre ces deux rues se trouvent les bâtiments communs (salle du conseil, grange, etc). Avec ses coutumes propres, Tenganan a attiré dès les années 1930 des chercheurs du monde entier. Dans les années 1970, l'ethnologue suisse Urs Ramseyer s'est particulièrement intéressé aux pouvoirs magiques du textile double ikat nommé *geringsing* *(p. 49)* ravivant ainsi un savoir-faire sur le déclin. En redescendant, prenez à droite en direction de **Tenganan Dauh Tukad**, un deuxième village Bali-Aga. *(Donation à l'entrée demandée. Des membres du village organisent des visites guidées dans un anglais approximatif.)*

Candi Dasa

···> À 5 km S de Tenganan.

Jusque dans les années 1970, Candi Dasa est restée un simple village de pêcheurs sur la côte est, mais le développement du tourisme et des infrastructures ont eu raison de la plage. En effet, les coraux du lagon ont été utilisés pour produire la chaux destinée aux constructions, entraînant ainsi l'érosion de la plage. Depuis le début des années 1990, les digues de béton et des brise-lames ont limité l'érosion, mais la plage n'est plus qu'un souvenir. Candi Dasa est néanmoins une bonne base pour explorer l'est balinais et le point de départ de très belles plongées, pouvant pourtant être agitées par de forts courants.

Pasir Putih*

···> À 5 km E de Candi Dasa. Accès payant.

Cette superbe plage de sable blanc à l'eau transparente n'est plus un secret pour personne et en haute saison, les touristes s'y pressent. Ils

◄ Bateaux de pêche traditionnels sur la plage de Lehan, à Amed *(p. 136)*.

se concentrent sur la partie gauche de la plage, devant les *warung*, mais si vous vous en éloignez et que vous marchez vers la droite de la plage, vous profiterez du charme du lieu en toute tranquillité !

bon plan. Entre la plage de Pasir Putih et la plage de Jasri *(à env. 4 km E de Pasir Putih)*, **« The Point »** est un spot de surf encore peu connu. On surfe avec vue sur le mont Agung et les rizières. Attention, lors de la mise à l'eau, aux rochers qui peuvent être très coupants.

pause gourmande. Dans le petit village de **Jasri** *(à env. 4 km E de Pasir Putih)*, Isabelle Goodman a ouvert une maison d'hôtes ▲ ♥ **Ruma Kelapa** et concocte une délicieuse cuisine du jour dans son restaurant ♦ **Warung Citronelle,** faisant la part belle aux plats végétariens *(p. 232)*.

Amlapura

··· À env. 5 km N de Pasir Putih.

Amlapura portait le nom de Karangasem jusqu'à l'éruption du mont Agung, en 1963, qui détruisit une partie de la ville. Pour conjurer le sort, il fut décidé de donner un nouveau nom à la ville : Amlapura. Autrefois capitale du royaume Gegel, l'un des plus riches et des plus puissants de l'île au XVIIIe s., Amlapura est aujourd'hui une petite ville tranquille.

Puri Kanginan

··· Ouv. t.l.j. de 8 h à 17 h. Entrée payante.

Des quatre palais royaux d'Amlapura, seul celui-ci est ouvert au public. Siège de la branche régnante de la dynastie de Karangasem du XVIIIe s. jusqu'en 1966, il est le fruit d'une architecture éclectique alliant à la fois les styles européen, balinais et chinois. **Le bâtiment principal** est surnommé le « **bale London** » car les meubles sont frappés des armoiries supposées de la famille royale britannique. L'un des pavillons les plus emblématiques du palais est le **bale Maskerdam**, en hommage à la soumission du royaume de Karangasem à Amsterdam. Certains meubles de la salle de réception de ce pavillon ont été offerts par la reine Wilhelmine des Pays-Bas.

Puri Taman Ujung★

··· À env. 6 km SE de Amlapura. Entrée payante.

Construit en 1919, le Puri Taman Ujung est le palais d'été du dernier roi de Karangasem, I Gusti Bagus Jelantik qui régna de 1909 à 1945 et qui fut à l'origine de la construction de deux autres palais d'agrément, Tirtagangga *(p. 138)* et Tirta Telenga Tista. Entièrement détruit par l'éruption du mont Agung de 1963, il est aujourd'hui restauré dans son intégralité et trône au sein d'un grand parc devenu une destination très prisée des Balinais, qui y viennent en famille le dimanche pour faire un pique-nique à l'ombre des manguiers, des frangipaniers, des cactus et des cyprès.

En face de l'entrée, montez les escaliers pour profiter d'une superbe vue sur le Seraya et Lombok.

♥ La route du Seraya★★★

Pour rejoindre Amed, prenez la route côtière, connue sous le nom de route du Seraya. Elle fait le tour complet du Gunung Seraya, contourne les flancs du mont Agung et longe les côtes du détroit de Lombok. Comptez environ 3 h pour rejoindre Amed depuis Amlapura. ◆

Amed★★

···> À env. 27 km NE du Puri Taman Ujung.

Amed n'est pas un lieu unique mais englobe une dizaine de hameaux répartis sur une dizaine de kilomètres à l'extrême nord-est de Bali. Amed séduit par son ambiance plus reposante et moins touristique que les stations balnéaires du sud. Par ailleurs, sa topographie accidentée lui confère un charme particulier. Du haut de la route escarpée qui relie les villages les uns aux autres, on est face au mont Agung dont les pentes se jettent dans la mer. Les couleurs vives des *jukung*, les bateaux de pêcheurs traditionnels, réhaussent le noir des plages volcaniques.

La côte encore préservée est un endroit idéal pour se détendre, explorer les fonds marins ou les collines alentour. Avec son large choix d'hôtels à tous les prix, Amed peut également constituer un bon camp de base pour l'exploration de l'est de Bali.

Le sel

Situé au cœur d'une des régions les plus pauvres de Bali, Amed reçoit peu de pluie et la végétation y est plus austère que dans le reste de l'île. Dans cette région aride, les habitants vivent de la pêche mais également de la production de sel. Le travail n'est possible que durant la saison sèche, entre avril et octobre, lorsque le soleil brûlant permet l'évaporation de l'eau de mer. Vous verrez alors le long du littoral des hommes et des femmes de tous âges récolter le sel.

Les plages

La région d'Amed est composée de plusieurs petites baies (du nord au sud): Amed, Jemeluk, Bunutan, Lipah, Lehan et Banyuning. Pas de sable blanc ici mais de grandes plages de galets ou de sable noir volcanique. C'est sur la plage de Lehan, en face du bureau de l'association Anak, que l'on verra le plus de *jukung*, ces embarcations traditionnelles colorées. Installez-vous sur la plage de bon matin: les premiers bateaux de pêcheurs arrivent dès 8 h, et le gros des bateaux, entre 9 h et 10 h. Un joli spectacle pour bien commencer la journée.

► **Le Pura Lempuyang.**

Tulamben

···> 8 km N-O de Amed.

Lorsqu'on arrive à Tulamben, on constate très vite que toute l'activité de cette paisible bourgade tourne autour de la plongée. En effet, l'intérêt de Tulamben se trouve sous les mers, à 50 m du rivage. Il s'agit de **l'épave du cargo américain Liberty★★** qui compte parmi les sites de plongée les plus populaires de Bali *(p. 186)*. En 1942, le cargo fut torpillé au large de Lombok par un sous-marin japonais. Remorqué, il fut échoué à Tulamben afin de sauver sa cargaison de rails et de caoutchouc. Le navire resta sur la plage jusqu'à ce que les coulées de lave provoquées par l'éruption de 1963 le poussent à nouveau dans les fonds marins. Aujourd'hui, l'épave est couverte de superbes coraux et habitée par de très nombreux poissons de toutes les couleurs et toutes les tailles. Accessible directement depuis la plage, très riche en biodiversité, sans courant, l'épave du Liberty est à portée de palmes de tous les plongeurs, débutants comme confirmés, et attire beaucoup de touristes (essayez d'être tôt sur les lieux pour plonger au calme). ◆

itinéraire 10

Tirtagangga et ses environs*

programme pour une journée

La journée commence par une visite du **Pura Lempuyang*** puis par une marche jusqu'au second temple (comptez 3 h aller-retour). Après une pause déjeuner, visite des **bains royaux de Tirtagangga***.

à ne pas manquer

Culture : La visite des bains royaux de Tirtagangga* ; le Pura Lempuyang*.

Nature : Un trek en VTT dans les rizières autour de Tirtagangga *(voir BungBung Adventure, p. 235)*.

côté pratique

Se déplacer : Il est plus pratique d'avoir son propre véhicule pour pouvoir sillonner la région de Tirtagangga.

Départ : Amlapura.

Carte : L'est de Bali, p. 122-123. **Bonnes adresses :** p. 228.

Pura Lempuyang*

À env. 7 km N de Amlapura par la route qui mène à Tulamben. Suivez les indications Ngis, puis Kemuda. Ouv. t.l.j. 8 h-17 h. Donation demandée.

Lempuyang est un des rares temples de la région construit en pierre calcaire et non en pierre volcanique. De la grande cour, trois escaliers monumentaux ornés de *nagas*, des serpents, montent vers le temple. C'est l'un des temples les plus vénérés de l'est de Bali. Construit au XIe s., le Pura Lempuyang est dédié au dieu Lempu, Lempu signifiant lumière et Yang, Dieu.

Après la visite du temple, prenez le petit chemin assez raide sur la droite : après une marche de 15 min, on arrive à un petit autel destiné au dieu de la forêt. Sur la droite, les plus courageux emprunteront les escaliers (1 700 marches !) qui mènent au deuxième temple du complexe, le **Pura Luhur Lempuyang.** La végétation est dense et le chemin peu fréquenté, si ce n'est certains fidèles qui viennent matin et soir déposer quelques offrandes. Comptez 3 h aller-retour.

Les bains royaux de Tirtagangga*

À 7 km S du Pura Lempuyang. Ouv. t.l.j. 7 h-18 h. Entrée payante. **Bon plan :** Pour votre baignade, vous aurez le choix entre les bains du roi et les bains publics. Pour une expérience plus authentique préférez ces derniers, où les habitants viennent nager lors des chaudes journées.

La ville de Tirtagangga ou « eau du Gange » fait référence au fleuve sacré des hindouistes. Après la guerre, en 1948, au moment de l'indépendance, le dernier roi des Karangasem, le roi Anak Agung Agung Anglurah Ketut, décide de créer ici son palais d'agrément, un lieu où se reposer et se détendre loin des préoccupations de la cour. Le troisième fils du roi, A. A. Made Jelantik, étudiait alors la médecine en Hollande. Son père vint lui rentre visite et ils rentrèrent à Bali en passant par... Versailles. Séduits par l'ordonnancement des jardins et des bassins, ils s'en inspirèrent pour Tirtagangga. Détruits lors de l'éruption du mont Agung, les bains ont été rénovés et constituent une visite tout à fait reposante. Tout de suite à l'entrée, regardez le cochon qui porte les chiffres 6 et 9 faisant référence à la date de construction des bains, le 6 sep-

© Calle Montes/Photononstop

◀ Les bains royaux de Tirtagangga.

tembre 1948. On y trouve plusieurs bassins, dont une **piscine royale** où s'élève une fontaine à onze étages ornée de toutes les déités de la cosmologie hindouiste. On marche dans ce bassin sur des dalles posées sur l'eau, entre les sculptures représentant les personnages issus d'un livre sacré indien, le *Mahabharata*.

pauses gourmandes. Pour un déjeuner un peu chic, l'hôtel ▲ ♦ **Tirta Ayu** *(p. 235)* propose une très bonne cuisine balinaise et de très bons jus de fruits pressés. Surtout, la terrasse surplombant le parc des bains royaux jouit d'une très belle vue sur Lombok. Vous pouvez aussi vous installer au ♦ **Good Karma Restaurant** *(Jl. Tirtagangga, sur le parking des bains royaux. ☎ 0363.22445. Ouv. t.l.j. 11 h-21 h)*, une institution de Tirtagangga qui propose les classiques de la cuisine indonésienne.

Budakeling

···> À env. 4 km SE de Tirtagangga.

Entre Tirtagangga et Bebandem, le village de Budakeling est réputé pour sa communauté d'artisans, de danseurs, de peintres, de sculpteurs sur pierre et de graveurs sur *lontar* (feuilles séchées du *rontal*, nom indonésien du palmier à sucre). Budakeling est aussi un centre important du bouddhisme Mahayana à Bali introduit par Dang Hyang Astapaka pendant le règne du roi Dalem Waturenggong (1458-1550). Astapaka était le neveu de Dang Hyang Nirartha, gourou spirituel de Waturenggong et le plus influent des grands prêtres à l'époque. Tandis que Nirartha fut le fondateur de l'influent clan brahmane Siwa, son neveu Astapaka fut lui le fondateur du clan des brahmanes Buda, dont sont issus la plupart des grands prêtres Buda de l'île. Aujourd'hui encore, **une grande communauté de prêtres Buda habite à Budakeling.**

C'est aussi à Budakeling qu'habite l'artiste **Ni Tanjung**. Découverte en 2003 par l'anthropologue suisse Georges Bréguet, elle est, à 80 ans, un exemple d'artiste « brut » : elle n'a pas conscience de son statut d'artiste, vit en marge de la société et n'a suivi aucune formation artistique. ◆

♥ Une très belle route : de Tirtagangga à Manggis*

Une très belle route de 11 km part de Tirtagangga et rejoint Manggis (3 km de Candi Dasa, *p. 133*). Elle passe à travers de très beaux paysages et de nombreux petits villages comme **Sibetan**, réputé pour le *salak* ou fruit du serpent (baptisé ainsi en raison de ses écailles brunes qui rappellent la peau du reptile), ou **Putung**, d'où vous aurez une vue splendide sur les côtes de l'Est. La route est bordée de différents ateliers. Ici, on fabrique des tours de crémation, là, de grands monstres appelés *Ogo Ogo* que l'on utilise lors des grandes fêtes de *Nyepi*, le nouvel an balinais. Tous les trois jours à **Bebandem** se tiennent un grand marché et une foire aux bestiaux. ◆

Le Nord et l'Ouest

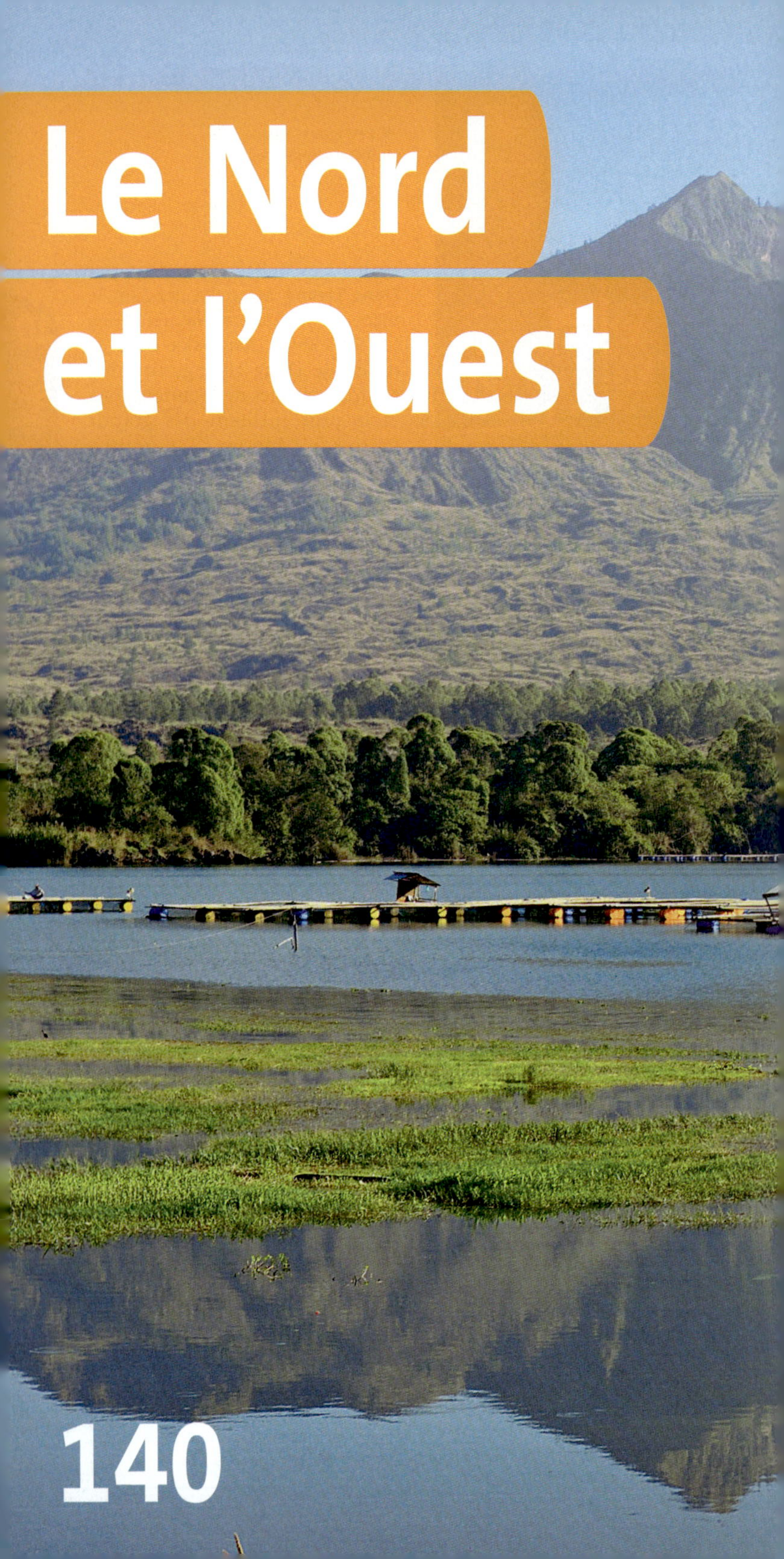

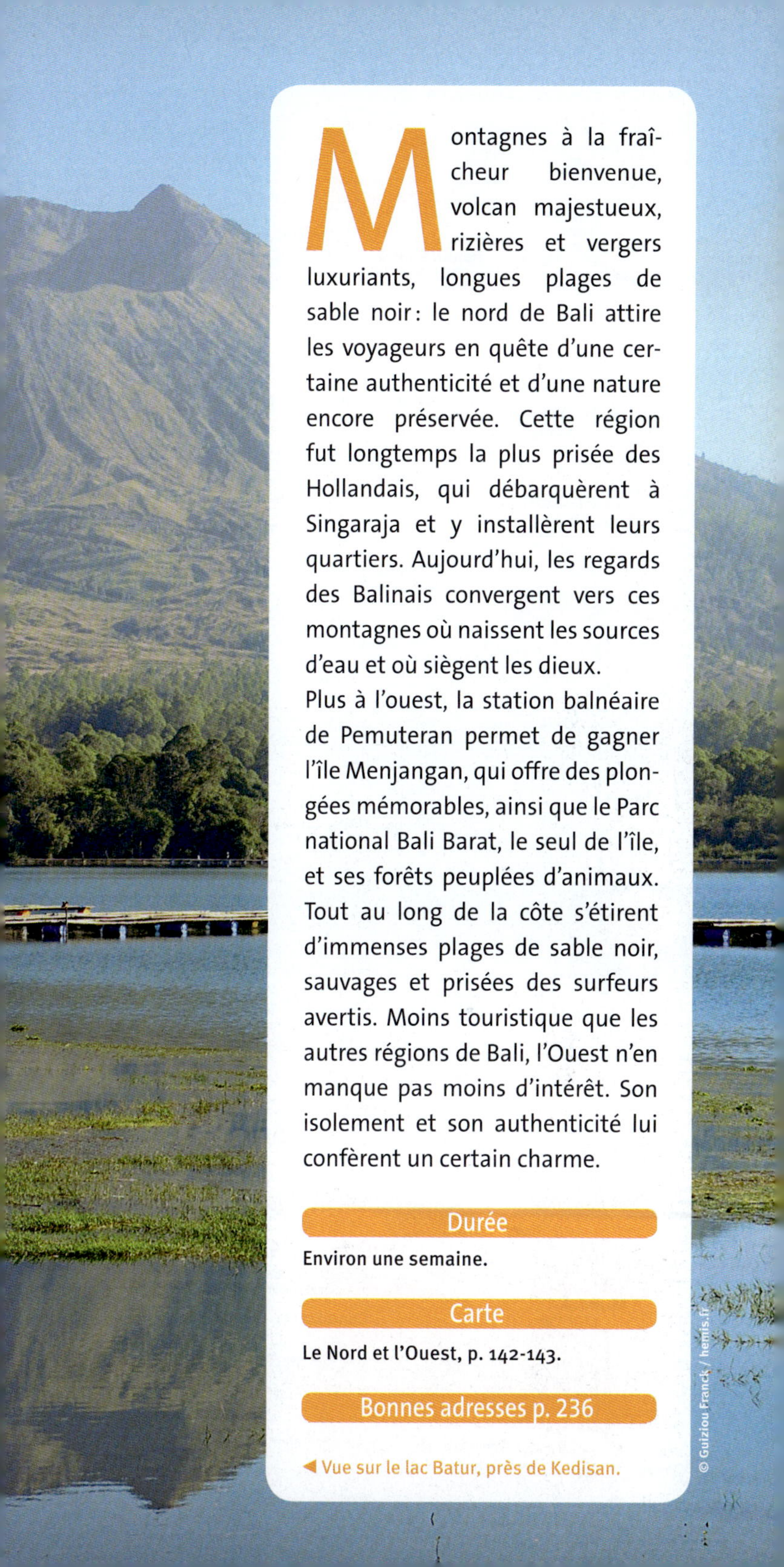

Montagnes à la fraîcheur bienvenue, volcan majestueux, rizières et vergers luxuriants, longues plages de sable noir : le nord de Bali attire les voyageurs en quête d'une certaine authenticité et d'une nature encore préservée. Cette région fut longtemps la plus prisée des Hollandais, qui débarquèrent à Singaraja et y installèrent leurs quartiers. Aujourd'hui, les regards des Balinais convergent vers ces montagnes où naissent les sources d'eau et où siègent les dieux.

Plus à l'ouest, la station balnéaire de Pemuteran permet de gagner l'île Menjangan, qui offre des plongées mémorables, ainsi que le Parc national Bali Barat, le seul de l'île, et ses forêts peuplées d'animaux. Tout au long de la côte s'étirent d'immenses plages de sable noir, sauvages et prisées des surfeurs avertis. Moins touristique que les autres régions de Bali, l'Ouest n'en manque pas moins d'intérêt. Son isolement et son authenticité lui confèrent un certain charme.

Durée

Environ une semaine.

Carte

Le Nord et l'Ouest, p. 142-143.

Bonnes adresses p. 236

◄ Vue sur le lac Batur, près de Kedisan.

© Guiziou Franck / hemis.fr

Itinéraire 11 : De Tejakula à Lovina p. 144
Itinéraire 12 : Munduk et ses environs p. 150
Itinéraire 13 : La région de Batur p. 154
Itinéraire 14 : De Pemuteran à Balian p. 158
MER DE BALI
Île Menjangan
Labuhan Lalang
Pemuteran
Départ
Kertakawat
Gilimanuk
Cekik
Gerokgak
Pungkukan
Belimbingsari
Village Protestant
Palasari
Village Catholique
Parc national Bali Barat
Pangkungdedari
Puseh
Negara
Baleagung
Pura Rambut Siwi
Bunut Bolong
Pekutatan
Medewi
N
OCEAN INDIEN
0 4 8 km
Nangka
Yehketipat
Asahpanji
Asah Gobleg
Lac Buyan
Pancasari
Gobleg
Yehmas
Cascades sacrées
Tamblingan
Lac Tamblingan
Bali Handara Kosaido Country Club
Munduk
Départ
Candikuning
Lac Bratan
Gesing
1 860
Mt Lesong
Umejero
Pura Ulun Danu Bratan
Bedugul
2 093
Mt Sangiyang
Cemara
Pekarangan
Batunya
Baturiti
0 2 4 km

Le Nord et l'Ouest

© Morandi Bruno / hemis.fr

itinéraire 11

De Tejakula à Lovina*

programme pour une journée

La journée commence par la visite des **temples autour de Kubutambahan***. Après un déjeuner sur le front de mer à **Lovina***, visite du **Pura Brahma Vihara Arama.** Pause détente dans les sources d'eaux chaudes d'**Air Panas** avant de profiter du coucher du soleil en mangeant un poisson grillé.

à ne pas manquer

Culture : Les bas-reliefs des temples autour de Kubutambahan* ; le Pura Brahma Vihara Arama.

En famille : Une balade en bateau pour aller voir les dauphins au lever du soleil.

côté pratique

Se déplacer : Une voiture ou une moto sont indispensables pour pouvoir aller d'un temple à l'autre dans la région de Kubutambahan.

Le meilleur moment : Pour profiter du contraste saisissant des couleurs de la côte nord-est, le noir du sable, le vert de la forêt et le bleu de la mer, privilégiez le mois de mai. En saison sèche, la région devient aride et se fait moins accueillante.

Conseil : Pensez à toujours avoir sur vous un sarong pour la visite des temples. On peut également vous demander de porter une ceinture que vous pourrez louer à l'entrée. La plupart des temples demandent des donations à l'entrée. Donnez entre 10 000 et 20 000 Rp.

Carte : Le Nord et l'Ouest, p. 142-143. **Bonnes adresses :** p. 236.

◄ Le Pura Beji, dédié aux divinités de la terre et des récoltes.

Tejakula

···› À 31 km E de Singaraja, 50 km N d'Ubud, 55 km NO d'Amed.

La route qui longe la côte est vers le nord offre de superbes panoramas sur la mer. Tejakula est réputée pour ses bains publics destinés autrefois à rafraîchir les chevaux après de longues journées à tirer des carioles. Le village est également connu pour **son quartier traditionnel de forgerons**, le Banjar Pande, et **ses tours de *kulkul***, des cloches creusées dans des troncs d'arbres sculptés. On tape sur ces *kulkul* comme sur des tambours pour annoncer différents événements.

Mais c'est avant tout le **Wayang Wong**, un ballet de masques sacrés, qui fait la renommée de Tejakula. 180 masques sacrés seraient gardés dans le **Pura Maksan**. Des masques non sacrés sont utilisés lors des représentations publiques. Depuis 2011, les masques sont à l'honneur à l'occasion d'un festival qui se tient à Tejakula au mois de novembre.

Pura Ponjok Batu

···› À 9 km O de Tejakula, à Sembirian.

Le Pura Ponjok Batu ou temple de « la Pointe du Rocher » est en effet construit sur un rocher surplombant la mer. L'histoire de ce temple est liée au prêtre javanais **Dang Hyang Nirartha**, principal artisan de la réforme de la religion balinaise au XVIe s. Un jour, alors qu'il méditait sur le site, il vit au loin un bateau en train de couler. Selon la légende, Nirartha réussit à sauver les passagers du navire. Les habitants du village décidèrent alors d'ériger un autel sur le rocher sur lequel le prêtre était assis. Le site est donc réputé aujourd'hui pour être particulièrement chargé en énergie et certains n'hésitent pas à s'y arrêter afin de recharger leurs batteries spirituelles.

déjeuner avec vue. Il y a peu de restaurants sur la route de la côte entre Tejakula et Singaraja. À proximité du temple, le ♦ **Ponjok Batu Agro Restaurant** *(www.bagus-agro.com)* sert une très bonne cuisine locale alliant fruits de mer, poissons et légumes bio. Le tout, avec une superbe vue sur la mer. Possibilité de prendre des cours de cuisine et d'organiser une marche de 5 h dans les environs.

Yeh Sanih

Petite station balnéaire connue depuis les années 1930, dont l'attraction principale repose sur ses bassins d'eau fraîche.

Sources de Yeh Sanih

···› Ouv. t.l.j. 8 h-18 h. Entrée payante.

Situés en bord de route, sous les banians, les bassins de Yeh Sanih sont remplis d'eau très fraîche qui viendrait du mont Batur. Peu visités, les bains sont fréquentés essentiellement par les Indonésiens qui viennent profiter de cette eau vivifiante pendant les grosses chaleurs.

Kubutambahan

···› À 5 km O de Yeh Sanih.

Sur la route de Singaraja, la ville de Kubutambahan, la plus au nord de Bali, est célèbre pour sa série de temples aux **étonnant bas-reliefs**.

Pura Meduwe Karang*

Le temple des Maîtres de la terre est connu tout particulièrement pour son **bas-relief** représentant un Hollandais sur une bicyclette, assez poétique avec ses roues de fleurs. Selon la légende, il s'agirait du peintre Nieuwenkamp qui explora la région à bicyclette en 1904. Jadis, les Balinais utilisaient les animaux comme moyen de transport et ce sont les Hollandais qui ont introduit le vélo à Bali.

Temple des morts de Jagaraga*

(*Pura Dalem Jagaraga.*) À 12 km SO de Kubutambahan. Entrée payante.

Ce temple est une page d'histoire. En effet, suite à la terrible défaite de Jagaraga en 1849 qui signe la chute du royaume de Buleleng, les villageois entreprirent de reconstruire le temple des morts détruit pendant la bataille. La village fut rebaptisé Jagaraga « Prends garde à toi ». Regardez les **sculptures** sur le mur extérieur du temple. On y voit les colons hollandais mangés par des monstres marins, des voitures, des vélos et des avions tombant du ciel, autant de scènes qui illustrent le traumatisme engendré par l'invasion étrangère. Les Hollandais sont faciles à reconnaître car ils sont représentés avec un gros nez.

Pura Beji*

À 5 km NO du temple des morts de Jagaraga. Entrée payante. Ouv. t.l.j. 8 h-18 h.

Dans le village de Sangsit, le Pura Beji, construit au XVe s., est consacré aux cultures irriguées. C'est donc un **temple de *subak*** dédié à la déesse Dewi Sri, déesse du riz *(p. 27)*. À la différence des autres temples, construits en roche volcanique, le Pura Beji est sculpté dans du grès légèrement rosé, ce qui confère une certaine douceur à l'ensemble. Après avoir franchi l'entrée, prenez le temps d'observer les fidèles venus prier à l'ombre des frangipaniers. Regardez les détails des sculptures. Sur le mur d'enceinte du temple, des **bas-reliefs** représentent la fleur de lotus, la reine des fleurs, qui vit dans les trois éléments puisque la racine est dans la terre, la tige dans l'eau et la fleur dans l'air.

À l'arrière du Pura Beji, un sentier au milieu de la rizière mène au **Pura Dalem Kelod Sangsit**, le temple des morts et des localités. Ici, l'imaginaire balinais s'exprime sans retenue. On y voit notamment Rangda, la reine de sorcières, symbolisant les forces du mal.

Singaraja

À 3 km N du Pura Beji.

Ancienne capitale du royaume de Buleleng, Singaraja, autrement dit « Roi Lion », a longtemps été le premier point de contact avec le monde extérieur. C'est là que se firent les premiers échanges avec Java, la Chine et l'Inde, puis là aussi que débarquèrent les marchands, les colons, les soldats et même les premiers touristes. Dès le VIIIe s. de notre ère, le bouddhisme et l'hindouisme font leurs premières apparitions notables dans la région. C'est ensuite, au XVIe s., par le biais de l'islam et des sultanats javanais qu'arrivèrent colons et marchands en provenance des îles voisines. Au milieu du XVIIIe s., Singaraja résista à plusieurs reprises aux tentatives d'invasion des Hollandais avant de céder en 1855 et de devenir un centre régional de l'administration coloniale. Un rôle qu'elle tint jusqu'à l'indépendance, lorsque le gouvernement décida de faire de Denpasar la capitale régionale. Singaraja plonge alors dans une certaine forme d'isolement. Aujourd'hui, **la ville présente un intérêt limité** pour les touristes. Faites-y une halte pour son **marché** et pour son **musée**, qui recèle une exceptionnelle collection de manuscrits balinais sur feuille de *lontar*.

Musée Gedong Kirtya

Jl. Veteran 20. ☎ 0362.25.141. Ouv. lun.-jeu. 7 h 30-14 h 30 et ven. 7 h-12 h.

Situé dans l'ancien palais Royal, aujourd'hui nommé « Sasana

Budaya» («Maison de la Culture»), le musée-bibliothèque Gedong Kirtya fondé en 1928 abrite la plus grande collection de **manuscrits sur *lontar*** (feuilles de palmier à sucre séchées) au monde. Plus de 3 000 manuscrits traitant de sujets aussi divers que la religion, l'architecture, l'éthique ou la médecine sont exposés.

Pasar Anyar II

···> Jl. Gajah Mada. Ouv. t.l.j. 6 h-14 h et 17 h-21 h.

C'est **le plus grand marché** du nord de Bali. Il mérite une visite, de préférence tôt le matin.

Bali Art Festival of Buleleng. Si le Nord est souvent une région oubliée des touristes, il n'en reste pas moins très riche artistiquement. Le festival des arts de Buleleng qui se tient chaque année **en mai** ou en juin est l'occasion de découvrir l'intensité culturelle de cette région.

Lovina et ses alentours*

···> 9 km O de Singaraja. ···> **Journée de rêve p. 149.**

Le long de la route qui mène de Singaraja à Lovina, les complexes immobiliers s'enchaînent, grignotant les parcelles de rizières qui jadis allaient jusqu'à la mer.

Lovina Beach regroupe une série de villages côtiers allant **de Pemaron à Temukus**. En quelques décennies, les petits villages côtiers sont devenus des destinations touristiques excentrées et mal développées. Plus au calme que les stations du sud, Lovina peut servir de base agréable pour découvrir l'arrière-pays. On y trouve de nombreux hôtels et restaurants mais si vous ne disposez pas de moyen de transport, mieux vaut séjourner à **Kalibubuk**, qui concentre l'activité de la zone. Quelques hôtels plus chics se cachent sur les hauteurs de Lovina.

Lovina doit son essor touristique aux dauphins, comme en témoigne l'immense statue kitsch représentant le mammifère marin au bout de la Jl. Bina Ria. Vous serez très sollicité pour aller les voir au lever du soleil. ···> **encadré ci-dessous.**

Pura Brahma Vihara Arama

···> À 6 km O de Lovina, à Banjar. Ouv. t.l.j. 8 h-18 h.

C'est **le seul temple bouddhiste de l'île** ! En montant les escaliers, vous arrivez à une reproduction en miniature du Pura Borobodur, posé sur un bassin rempli de nénuphars et de fleurs de lotus. De là, vous aurez une jolie vue sur la vallée et les rizières (et malheureusement, sur les constructions également !).

une idée à méditer. Le temple organise des séances de méditation nocturnes. Des retraites sont également organisées pour les enfants ou pour la pratique de la méditation Vipassana ou Dhyana. Contactez Frankie (*☎ 0361.853.4207.shantfrank@yahoo.com*).

Les dauphins : y aller ou pas ?

Voir les dauphins au lever du soleil est l'attraction la plus populaire de Lovina. En haute saison, on ne sait qui des bateaux ou des cétacés sont les plus nombreux et l'activité s'apparente à une traque. Dès qu'un bateau voit un dauphin, il donne l'alerte et les autres mettent les moteurs à fond en direction de l'animal qui s'enfuit pour réapparaitre ou pas. Certains boycottent l'expédition, d'autres au contraire pensent que les dauphins apprécient le jeu, sinon ils ne reviendraient pas. De là à penser qu'ils apprécient le bruit intempestif des bateaux à moteur, la question mérite d'être posée. À vous, donc, de dire au pilote de votre bateau de ne pas poursuivre les cétacés et de réduire la vitesse du bateau. ◆

© Jon Arnold / hemis.fr

Air Panas

⇢ À 3 km O de Pura Brahma Vihara Amara, à Banjar. Ouv. t.l.j. 8 h-18 h. Entrée payante.

Idéal pour se détendre après une journée de visite. Si vous souhaitez être au calme, allez-y dès l'ouverture pour bien démarrer votre journée.

Ces sources d'eaux chaudes en pleine verdure offrent **trois bassins** avec de l'eau à différentes températures. Les petites cascades qui se jettent dans le petit bassin en hauteur constituent un excellent massage. Si vous souhaitez un peu plus d'intimité, un peu en hauteur et en retrait, vous pourrez vous prélasser dans un Jacuzzi (protégé par des portes en bois) qui accueille 10 personnes maximum (10 000 Rp l'entrée). Il est également possible de se faire masser tous les jours de 6 h 30 à 17 h 30. À 50 000 Rp de l'heure, c'est une bonne option pour un massage vraiment pas cher !

pause gourmande. Sur la route de Lovina (*à 4 km des sources Air Panas*), ♦ **Warung Ikan Bakar Xenia** est un petit *warung* tout simple en bord de plage. Installez-vous face à la mer et aux bateaux colorés, profitez du coucher de soleil et régalez-vous de fruits de mer grillés. ◆

journée de rêve

Les cascades de Sekumpul★★

◄ Cascades de Sekumpul.

Pratique

Accès en voiture : Sur la route de Singaraja en venant de la côte est, à Kubutambahan, prenez sur la gauche la route en direction de Kintamani. Au village de Tamblang, prenez la route qui part à droite. Après une heure de route on arrive à Sekumpul et ses cinq cascades sacrées.

Conseil : emportez un maillot de bain pour vous baigner dans les cascades.

Durée : une journée.

Matinée dans les cascades

Cette balade à l'écart des sentiers battus commence par un trajet en voiture sur une route sublime, traversant des paysages de rizières lovées dans un cirque de collines. On arrive ensuite à un petit parking d'où commence la promenade. Un sentier mène à 378 marches qui descendent à la rivière, puis atteint les cascades. Après la baignade, faites demi-tour et arrêtez-vous à la petite échoppe le long du sentier pour acheter différentes épices et saluer le *luwak*, un petit animal aux airs de chat utilisé dans la production du café éponyme : l'animal mange les grains de café, les digère puis les rejette. Les grains sont ensuite récupérés et lavés, mais conservent une saveur spécifique et unique. Le goût si particulier de ce café trouverait son origine dans l'extraction de sel de potassium naturel libéré lors du procédé de digestion de l'animal. Le **café luwak** est aujourd'hui le café le plus cher au monde !

Après-midi au village de Manuksesa

Reprenez ensuite votre voiture en direction de Bebetin et arrêtez-vous au village de Manuksesa, connu pour l'élevage de coqs de combat. Tous les villageois vous indiqueront la ▲ **Villa Manuk.** Ce gîte de charme a été conçu par Beate et son mari Nyoman, originaire du village. Tous les deux sont très engagés dans la promotion d'un tourisme responsable et ont a cœur de faire découvrir la richesse du nord de Bali. Nyoman est également engagé en politique. Promenez-vous à travers les rizières en face de la villa, dans le village ou dans les plantations de sucre de canne.

Villa Manuk 40 € ch. double *(4 € env. le petit déjeuner)* ☎ 081.338.665.533. www.villa-manuk.com.

© Maisant Ludovic / hemis.fr

itinéraire 12

Munduk et ses environs**

durée

On peut facilement passer 2 jours à ♥ **Munduk**** pour profiter de l'air frais et des nombreuses randonnées possibles.

Comptez une demi-journée supplémentaire pour faire une balade autour du **lac Tamblingan*** et visiter le **Pura Ulun Danu***.

à ne pas manquer

Nature : Les **cascades de Munduk*** ; une balade dans les rizières et les plantations de Munduk et autour du **lac Tamblingan***.

Culture : Une visite du **Pura Ulun Danu*** sur le lac Bratan.

côté pratique

Accès : 20 km S de Lovina, 60 km NO d'Ubud, 80 km NO de l'aéroport Ngurah Rai.

Se déplacer : En voiture ou à moto.

Départ : Lovina.

La meilleure saison : Entre juillet et septembre, c'est la pleine saison des récoltes, donc la meilleure pour visiter Munduk et prendre toute la mesure de l'intensité de la vie agricole.

Conseil : Si vous voulez y passer la nuit, réservez votre chambre car si Munduk est de plus en plus prisée des touristes, l'offre hôtelière y est encore limitée.

Carte : Le Nord et l'Ouest, p. 142-143. **Bonnes adresses :** p. 236.

◄ Séchage de café et de clous de girofle à Munduk.

La route qui mène de Lovina à ♥ **Munduk**★★ via Banjar est un enchantement. En quittant la côte, l'air devient plus frais, les paysages plus verts. La route serpente à travers les champs de mandariniers, d'œillets d'Inde, d'hortensias ou de bougainvilliers. C'est à Munduk que les colons hollandais allaient se réfugier pour fuir la chaleur de Singaraja. Dès le début des années 1900, les Hollandais commencèrent la construction de petits chalets de vacances et profitèrent du climat, propice, pour développer les **cultures de café, cacao et clous de girofle**. Après la guerre d'indépendance et l'effondrement des cours du café, le petit village de Munduk sombra dans la crise et l'oubli. Ce n'est que dans les années 1990 et sous l'impulsion de Pak Nyoman, le fondateur du premier hôtel de Munduk, le Puri Lumbung, que Munduk est progressivement sortie de l'oubli grâce au développement d'un tourisme durable et responsable. C'est une région idéale pour les amoureux de la nature, qui pourront faire de nombreuses randonnées dans des sites encore préservés.

Le clou de girofle, l'or de Munduk

Sur la route de Munduk, on est saisi par l'odeur du clou de girofle. Lors de la récolte au mois de septembre, les clous sèchent le long de la route après avoir été ramassés à la main sur des arbres à plus de 15 m de haut. Plantés par les Hollandais, ces arbres précieux, qui poussent entre 500 et 1 000 m d'altitude, peuvent vivre plus de 100 ans mais ne commencent à porter des fruits que sept ou huit ans après avoir été plantés, et il faut attendre dix ou vingt ans pour une production maximale. La majorité de la production de clous de girofle est utilisée pour la fabrication de cigarettes connues sous le nom «kretek». Le clou de girofle entre aussi dans la composition du baume du tigre et est utilisé pour la cuisine.

Autour de Munduk et surtout dans le village de **Gessing**, le clou de girofle est une importante source de revenus pour les habitants.

La balade des cascades sacrées★

⋯› En arrivant du village de Munduk, les cascades sont indiquées sur le bord de la route, juste en dessous du restaurant panoramique ♦ Ngiri Ngewedang *(p. 240)*. Entrée payante. **Conseil:** le chemin n'étant pas balisé, mieux vaut demander à un jeune du village de vous accompagner ou à votre hôtel d'organiser la balade.

Un chemin vous mènera, à travers une forêt de bananiers, cacaotiers et autres girofliers, à la **cascade de Langam**, haute de 40 m. En cours de route, arrêtez-vous pour admirer les superbes points de vue sur la vallée et le Parc national Bali Barat *(p. 160)*.

une pause bien méritée. De l'autre côté de la rue, le restaurant ♦ **Don Biyu** *(Jl. Raya Munduk. ☎ 081.237.093.949. Ouv. t.l.j. 11 h-22 h)* avec sa terrasse surplombant les rizières est l'endroit parfait pour faire une pause. On y mange un sandwich au *beef rendan* accompagné d'un Don Biyu Squash, une boisson ultra rafraîchissante à base de menthe, citron, citronnelle et feuille de citronnier. Le plus: Ils fabriquent eux-mêmes leur arak!

Le lac Tamblingan★

⋯› À 6 km E de Munduk. Entrée payante et guide de l'Association des guides de Munduk. Comptez env. 2 h; si vous avez un chauffeur, vous pouvez lui demander qu'il vous retrouve à proximité du temple. Sinon, remontez la route jusqu'à votre point de départ (5-7 min à pied).

itinéraire 12

C'est l'un des lieux les plus secrets de Bali. À l'est de Munduk, le lac Tamblingan se love dans le cratère d'un ancien volcan. Le chemin qui y mène se faufile entre d'énormes ficus centenaires drapés de guirlandes de mousse, piliers d'une cathédrale végétale ornée de pandanus, fougères et palmiers nains. Il faut compter entre 45 min et une heure en marchant bien pour rejoindre le premier temple, **Pura Andakasa.** On descend ensuite une volée de marches pour arriver sur la berge du lac où se dresse le **Pura Pande,** le premier temple des forgerons de Bali. Plus loin, on arrive au **Pura Dalem,** le temple des morts, en forme de pagode. Un endroit paisible, propice à un moment de repos. Il faudra ensuite faire demi-tour et vous approcher du lac pour prendre une pirogue taillée dans un tronc de *lengung*. Il règne une atmosphère presque magique lorsqu'on se retrouve sur ce lac blotti dans son écrin de forêt tropicale. En approchant de la rive, on découvre le **Pura Gubug,** composé de trois pagodes faisant face au mont Lesung, qui flotte sur l'eau. Il est aujourd'hui inaccessible car inondé. La balade se termine.

Une bouteille à la mer

Sur le lac, vous verrez des petites bouteilles en plastique. Rassurez-vous il ne s'agit pas de négligence de la part des habitants ; les bouteilles sont utilisées pour accrocher les filets à poissons que les pêcheurs viennent lever chaque matin. ◆

ça swingue. Sur la route entre le lac Tamblingan et Bedugul se trouve le **Bali Handara Kosaido Country Club,** un parcours de 18 trous perchés à plus de 1 000 m d'altitude.

Pura Ulun Danu Bratan*

À 10 km E du lac de Tamblingan. Ouv. t.l.j. 7 h-19 h. Entrée payante.

C'est l'un des neuf temples directionnels situé au centre de l'île. Posé sur le lac Bratan, ce temple est **dédié à la déesse du lac**, Dewi Danu. Un *meru* à onze toits est destiné à la déesse, celui à sept toits au dieu de la forêt et celui à trois toits à la trinité hindou.

Sous le grand banian sans racine, on aperçoit un **stupa bouddhique** et, si l'on se retourne, on peut voir la grande **mosquée de Bedugul**. Hindhouisme, boudhisme et islam sont réunis comme un symbole de la coexistence pacifique des religions.

Très touristique, le lieu perd un peu de son charme avec les cygnes en plastique et les embarcations à pédales multicolores que l'on peut louer le temps d'une balade sur le lac.

◄ Pura Ulun Danu Bratan.

Le meilleur moment pour prendre des photos des *meru* se reflétant dans les eaux du lac se situe entre 9 h et 10 h du matin.

Bedugul

···› À 3 km N du Pura Ulun Danu Bratan.

Bedugul fait non seulement référence au village mais plus généralement à la région des lacs Bratan, Buyan et Tamblingan. Grâce à son climat tempéré, à ses terres volcaniques fertiles et à l'abondance d'eau, cette région est **le cœur battant de la culture maraîchère** à Bali. Fruits, légumes ou fleurs : on vient de toute l'île pour s'approvisionner au **marché de Bedugul**. À la différence du reste de l'île, Bedugul a la particularité d'abriter une **population majoritairement musulmane** venue de Lombok, attirée par la fertilité des terres de la région.

Envie de fraises ?

La région de Bedugul est célèbre pour ses nombreuses cultures maraîchères y compris celle de fraises. En face du temple, en remontant vers l'ouest, vous pourrez faire une pause déjeuner au ♦ **Strawberry Stop** *(en sortant du Pura Bratan, sur la route en direction de Munduk. ☎ 0368.210.60. Ouv. t.l.j. 8 h-19 h)* où l'on vous servira des fraises dans tous leurs états !

En famille, vous pourrez aussi cueillir et manger toutes les fraises que vous voulez moyennant 30 000 Rp par personne dans deux endroits faciles à trouver : **Bali Strawberry Farm & Rest Area** *(juste avant le marché)* et **Fresh Strawberry Farm** *(à côté du Bali Botanic Garden)*.

Bali Botanic Garden

···› Ouv. t.l.j. de 8 h à 18 h. Entrée payante.

Avec ses 154 hectares, le jardin botanique se prête davantage à une exploration en voiture qu'à pied. À l'entrée du parc, une carte du jardin permet de se repérer parmi les 16 000 espèces différentes de plantes et d'arbres et de découvrir les différents pavillons consacrés aux orchidées, aux roses, aux cactus ou encore aux plantes médicinales.

Treetop Adventure Park

···› Après l'entrée du jardin, continuez tout droit, le site d'Accrobranche est indiqué à l'aide d'une banderole sur la gauche. ☎ 0361.852.06.80. www.balitreetop.com. Ouv. t.l.j. 8 h 30-18 h. Dès 4 ans.

Sept circuits hauts de 2 à 20 m sont proposés dans un superbe cadre d'arbres centenaires. Les enfants et les ados vont adorer. Tous les équipements répondent aux normes de sécurité européenne.

Dites-le avec des fleurs

Si vous aimez les fleurs, allez vous perdre dans les pépinières devant le jardin botanique. On y cultive des hortensias, des camélias, des poinsettias ou encore des œillets d'Inde. Ces fleurs sont avant tout utilisées pour les offrandes. Chaque matin, des camions pleins se dirigent vers les grands marchés de l'île. Durant les périodes de grandes cérémonies comme *Galungan* et *Kuningan*, les prix des fleurs s'envolent.

♥ D'ouest en est★★

À partir de **Begugul**, vous pouvez prendre la route qui traverse Bali d'ouest en est, une petite route cabossée mais charmante, qui passe par **Pelaga**, célèbre pour ses plantations de café, au milieu de superbes paysages, passant à côté du **mont Abang** avant d'arriver à **Kintamani**. Comptez 2 h environ. ♦

© Guiziou Franck / hemis.fr

itinéraire 13

La région du Batur**

durée

Comptez une journée pour combiner l'ascension du **volcan**** et la visite des temples et des villages de la région.

à ne pas manquer

Sport : L'ascension du mont Batur** (et un moment de détente dans les sources d'eaux chaudes).

Culture : Les Pura Ulun Danu Batur** et Pura Penulisan**.

côté pratique

Départ : Le Pura Penulisan, au NO de la caldeira.

À emporter : Pensez à prendre des vêtements chauds car les nuits sont fraîches dans la région du Batur.

Saison : Pour l'ascension du mont Batur**, évitez si possible les mois les plus pluvieux (de décembre à février).

Carte : Le Nord et l'Ouest, p. 142-143. **Bonnes adresses :** p. 236.

◄ Le Pura Ulun Danu Batur, à Kintamani.

Jadis le mont Batur dépassait le mont Agung mais, il y a quelque 30 000 ans, une éruption a provoqué l'effondrement de son sommet. La taille de sa caldeira (près de 14 km de diamètre) donne une idée des dimensions du volcan et de la puissance de l'éruption. La première éruption historiquement datée remonte à 1804, mais la plus violente, enregistrée en 1917, raya de la carte de très nombreux villages. Toujours actif aujourd'hui comme en témoignent les fumerolles qui s'échappent de son sommet, le mont Batur qui culmine aujourd'hui à 1 717 m d'altitude est l'une des attractions majeures de cette région.

Son ascension et la vue au lever du soleil sur les paysages de lacs entourant les volcans comptent parmi les temps forts d'un séjour à Bali. Malheureusement, les villages sont peu accueillants et les touristes ne s'y attardent guère. Ils arrivent souvent de Lovina ou d'Ubud en plein milieu de la nuit, font l'ascension du volcan et repartent au matin pour leur prochaine destination.

Comme le mont Agung, le Batur occupe une place à part dans le cœur des Balinais. Il est à l'origine de tous les *subak* ou groupe d'irrigation de l'est de Bali. La région de Batur abrite également une cinquantaine de villages dits **Bali-Aga**, qui conservent fièrement leurs traditions antérieures à l'invasion des Javanais Majapahit *(p. 61)*.

Pura Penulisan**

➝ À 46 km S de Singaraja, env. 42 km N d'Ubud.

Située sur le côté nord-ouest de la caldeira, Penulisan abrite le plus haut temple de Bali, le Pura Tegeh Koripan, plus connu sous le nom de Pura Penulisan. Il s'agit d'un ensemble de cinq petits temples disposés sur des terrasses en escaliers, une architecture typique des anciens sanctuaires de montagnes et qui suggère des origines très anciennes. Pour atteindre le temple du sommet, il faut gravir plus de 300 marches. Un effort récompensé par une superbe vue.

L'ascension du mont Batur**

Conseils : Mieux vaut organiser votre ascension la veille auprès de votre hôtel ou des guides et spécifier quel chemin vous souhaitez emprunter ; prévoyez de bonnes chaussures, un pull et une veste imperméable.

L'ascension du mont Batur est désormais une activité encadrée par l'Association des guides du mont Batur ou le HPPGB. Vous pouvez le faire seul mais sachez qu'il est tout de même plus prudent d'être accompagné, surtout la nuit. Sans être simple, **l'ascension est accessible à tous**. Il existe plusieurs itinéraires, notamment à partir de Toya Bungkah :

Le plus court : Au départ de **Pura Jati**. Le point de départ se trouve au niveau du parking. Ce trek passe à travers les champs de lave et monte tout droit. Il faut compter environ deux heures pour arriver au sommet. En pleine saison, c'est l'un des chemins les plus empruntés.

Le plus facile : En passant par le nord-est, le chemin est facile à suivre jusqu'au sommet et l'ascension prend moins d'une heure. C'est un chemin très prisé des touristes.

Le plus classique : En sortant du village de Toya Bungkah en direction de Kedisan, prenez à droite juste après le parking. Après 30 min de marche, on arrive sur un sentier de crête. Le sable volcanique ralentit la marche et le sentier devient un peu

▶ Un paysan au pied du mont Batur.

© Jon Arnold / hemis.fr

plus raide à l'approche du sommet. Il faut environ 2h pour atteindre le sommet. On peut ensuite se promener en longeant le bord du cratère. Vous pouvez, si vous le souhaitez, monter par l'un des sentiers et redescendre par un autre.

Au sommet du mont Batur, les marcheurs se retrouvent dans une cabane en bois pour prendre un petit-déjeuner, notamment avec des œufs cuits dans la lave, signe de l'activité du volcan. Très réconfortant après quelques heures de grimpette. Après avoir atteint le cratère principal, on peut faire une **balade le long des crêtes** pour explorer les petits cratères Batur II, III, IV et V.

Kintamani

⇢ À 11 km S de Pura Penulisan, 32 km N d'Ubud.

Kintamani est le plus important des villages autour du cratère et a donné son nom à l'ensemble des villages de la zone. Le bourg s'étend tout en longueur et s'anime plus particulièrement à l'occasion de son **grand marché** qui se tient tous les trois jours. Kintamani n'est pas l'endroit le plus accueillant de Bali et vous serez sollicité de toutes parts, pour acheter des tickets d'entrée au temple, pour acheter des sarongs ou pour vous aider à trouver un hôtel.

Pura Ulun Danu Batur**

Conseil : Allez-y de préférence un peu avant le coucher du soleil pour profiter de la vue sur le volcan.

Juste avant d'entrer à Kintamani se trouve l'imposant ensemble Pura Ulun Danu Batur. Considéré comme le second temple le plus important de Bali après celui de Besakih, il est le trône de la **déesse du lac Batur**, Ida Betari Dewi Danu. Deux grands portails s'ouvrent sur de grandes cours d'où s'élèvent des *meru* faisant face au mont Batur. Le *meru* à onze toits honore la déesse du lac, tandis que les autres, à neuf toits, sont consacrés au mont Agung, au mont Batur et au roi du Waturenggong. Le temple est entretenu par les sociétés d'irrigation des régions voisines.

Penelokan

⇢ À 3 km SE de Kintamani.

À Penelokan, située à 1 400 m d'altitude, la vue sur le lac et les volcans Batur et Agung est à couper le souffle. De nombreux groupes de touristes s'arrêtent pour déjeuner dans l'un des nombreux restaurants panoramiques du village, comme ♦ **The Look Out** (*p. 241*).

Batur Volcano Museum

⇢ En face de l'hôtel The Vulcania. Ouv. t.l.j. 9h-15h sauf ven. Entrée libre.

Le musée des volcans mérite une courte visite pour les férus de vol-

cans ou les curieux qui souhaiteraient en savoir davantage sur l'activité du mont Batur. Grâce à un télescope, les visiteurs peuvent voir le sommet du mont Batur.

Toya Bungkah

···> À env. 5 km NE de Penelokan.

Toya Bungkah est le principal point de départ des ascensions du mont Batur. On y trouve plusieurs hôtels ainsi que le bureau de l'Association des guides du Batur qui dispose du monopole pour gravir le volcan.

Toya Bungkah, qui signifie « sources d'eaux chaudes », dispose de sources thermales très appréciées après quelques heures de marche.

Batur Natural Hot Spring

···> Ouv. t.l.j. 8 h 30-19 h. Entrée payante. Casier et serviette inclus.

Après l'ascension du mont Batur, un bain dans les sources d'eaux chaudes constitue une pause réconfortante. L'ensemble est composé de quatre bassins de températures différentes.

Trunyan

···> À env. 9 km E de Penelokan.

À l'est du lac, le village de Trunyan est un **village Bali-Aga** connu pour sa pratique d'une coutume qui consiste à ne pas enterrer les corps des défunts mais à les laisser se décomposer sous un banian sacré.

Le mont Abang★★

···> À l'E de Penelokan, sur la route de Besakih. Dans le virage après l'hôtel Lake View, prendre le chemin sur la gauche. Il faut se garer au premier temple et commencer l'ascension. Environ 3 h. Difficile.

Moins connu que son voisin le mont Batur, le mont Abang (2 152 m) est le troisième plus haut sommet de Bali derrière le mont Agung (3 148 m) et le Batukaru (2 276 m). C'est également le plus haut point de la caldeira du Batur.

L'ascension commence par une marche relativement facile, jalonnée de temples, puis la montée devient plus exigeante. Lorsqu'on atteint le sommet, on profite d'une vue à la fois sur la mer et sur le lac Batur. ◆

itinéraire 14

De Pemuteran à Balian

programme

Comptez au moins 2 jours pour visiter l'ouest de Bali. Au départ de **Pemuteran***, promenez-vous dans les forêts du ♥ **Parc national Bali Barat*** voisin, de préférence tôt le matin, et plongez autour de ♥ **l'île Menjangan****, là aussi en matinée idéalement. Puis descendez vers le sud, à la conquête des rouleaux de **Medewi** et **Balian**.

à ne pas manquer

Nature : Les fonds sous-marins de ♥ l'île Menjangan** ; les forêts du ♥ Parc national Bali Barat*.

Panorama : Les rizières de Pupuan ; la terrasse de l'hôtel Taman Wana Villas and Spa.

Sport : Plongée et snorkeling dans la baie de Pemuteran* et autour de ♥ l'île Menjangan** ; surf à Medewi et Balian.

Patrimoine : Les villages chrétiens de Belimbingsari et Palasari.

côté pratique

Se déplacer : La voiture est indispensable.

Règles de sécurité : Attention aux forts courants à Balian et Mengwi, qui rendent la baignade quasi impossible, notamment aux enfants ; ne vous rendez dans les forêts du Parc national qu'avec un guide, sous peine de vous y perdre.

Bon à savoir : Pour rejoindre Pemuteran depuis l'aéroport, mieux vaut prendre votre mal en patience car la route est très longue (au moins 4 h 30) ; la route de la côte, qui mène d'Antosari à Gilimanuk, est dangereuse car truffée de camions qui se doublent à toute allure ; à l'ouest de Pemuteran, à partir de Tegalsari, impossible de se baigner en mer à cause de la mangrove.

Bon plan : Pour plonger à moindre frais, mieux vaut passer par les écoles de Pemuteran que par le Parc national (sauf si vous êtes 5 ou 6). Elles proposent toutes la même sortie, à savoir deux plongées (ou deux snorkeling), sur une demi-journée, incluant le déjeuner.

Carte : Le Nord et l'Ouest, p. 142-143. **Bonnes adresses :** p. 236.

◄ La plage de Pemuteran.

Pemuteran*

···> À env. 140 km NO de l'aéroport Ngurah Rai, via les jolies routes de l'intérieur *(via Bedugul ou Pupuan)*, env. 170 km par l'agréable mais dangereuse route de la côte *(via Balian)*, 45 km O de Lovina.

Coincée entre mer et montagnes, Pemuteran est un village fort sympathique, avec sa longue plage de sable noir et ses bateaux colorés amarrés ici ou là. Il constitue surtout une base de départ idéale pour explorer les fonds sous-marins de la baie et de l'île Menjangan et les forêts du Parc national. C'est la seule (petite) station balnéaire du nord-ouest de Bali.

Snorkeling*

Depuis la plage de Pemuteran, il suffit d'enfiler un masque et un tuba *(à louer dans la rue principale, les hôtels ou l'un des seize centres de plongée du village, à l'heure ou à la journée)* et de nager une trentaine de mètres pour s'émerveiller devant les beautés sous-marines de la baie, qui ne compte pas moins de huit spots accessibles à tous.

Entre rizières et montagnes

Depuis Pemuteran, on peut rejoindre le sud via **Pupuan** *(comptez 1 h 30 de route)*, un petit village perché au sommet d'un col. Vous pourrez déjeuner au ♦ **Blimbing Cafe** *(Jl. Raya Blimbing, sur la route principale qui descend vers le sud, sur la droite. ☎ 0362.713.381)*. À ses pieds, une magnifique **vallée**** tapissée de rizières en terrasses. 10 km avant Pupuan, à **Busung Bau,** un parking installé au creux d'un grand virage permet aux touristes d'aller arpenter les rizières.

L'île Menjangan**

···> À 30 min en bateau de Labuhan Lalang, en passant par le bureau du Parc national situé sur le port *(à 20 min O de Pemuteran)* ; à 50 min de Pemuteran en passant par l'un des centres de plongée du village *(p. 243)*.

L'île ressemble à un gros caillou posé sur les eaux, hérissé de quelques falaises. Elle fait environ 2 km de long. Habitée seulement par quelques cerfs, elle ne compte qu'une seule plage. Les touristes se rendent exclusivement à Menjangan pour plonger (ou faire du snorkeling, depuis le même bateau que les plongeurs) dans ses eaux cristallines et poissonneuses, et sur son récif, dont les murs et les tombants comptent parmi les plus éblouissants de Bali. Dans une eau chaude et cristalline, on part à la rencontre des poissons-clowns, cochets, chats, rougets, hippocampes, cardinaux ou sweetlips. Pour ceux qui veulent poser pied à terre, une agréable promenade permet de se rendre au **temple dédié à Ganesh** en une dizaine de minutes depuis le débarcadère. On grimpe en douceur le long des petites falaises, d'où l'on domine la mer, bleue et étincelante. Au loin se dressent les montagnes de Bali et, par temps clair, certains volcans de Java. En chemin, il arrive de croiser un cerf !

Bali l'indépendante

Étonnamment, aucun pont ne relie Bali à Java, distantes de 3 km seulement, ce qui oblige chaque jour des centaines de camions chargés de marchandises (et de touristes !) à embarquer sur le ferry. D'après la légende, Bali et Java constituaient une seule terre par le passé. Mais un roi de Java eut un mauvais fils, qu'il exila tout à l'est (à Bali) puis, pour être sûr d'en être définitivement débarrassé, il traça de son doigt une ligne sur le sable : la mer s'y engouffra, coupant à jamais Bali de Java... ◆

14 itinéraire

♥ Le Parc national Bali Barat*

···> Accès via Labuhan Lalang (bureau d'informations ouvert t.l.j. 8 h-15 h. ☎ 0852.3780.3916) ou Cekik, à 25 min SO de Labuhan Lalang *(bureau d'informations ouvert t.l.j. 8 h-16 h).*

Le seul Parc national de l'île abrite des paysages uniques à Bali: finie la jungle luxuriante, place aux grandes forêts denses qui s'étalent sur des dizaines de kilomètres dans un parc naturel aux airs de réserve ornithologique. On se promène ici à pied, dans les prairies et les sous-bois, au pied des banians, des acacias et des palétuviers surnommés «bois de crocodile» car leur écorce ressemble aux dents du reptile. Au petit matin, lorsque les oiseaux s'éveillent, résonne un joyeux tintamarre, tandis que cerfs et daims s'ébrouent, indifférents, en toute liberté. Pendant la saison sèche, les arbres perdent leurs feuilles et la faune redevient plus vulnérable que jamais.

Les balades

Le Parc national organise trois promenades distinctes:

- une boucle de 2 h dans la forêt, avec passage par un temple, possible à n'importe quelle heure de la journée;

- un trek de 3 h dans la savane boisée, à effectuer de préférence tôt le matin ou en fin d'après-midi pour mieux voir les oiseaux, dont le fameux Bali Starling ···> **encadré**

◄ Le village catholique de Palasari.

ci-contre (accès en bateau, rajouter 1 h de traversée aller-retour) ;

- un grand trek de 7 h dans la forêt tropicale, avec un départ tôt le matin.

Le Parc national vous dépêche à chaque fois un guide, comme Yudi (☎ *081.647.062.65*), spécialiste de l'observation des oiseaux et parlant bien anglais. Comptez entre 400 000 et 1 000 000 Rp par personne, selon le nombre de participants et la durée de la balade.

un hôtel pas comme les autres. Un établissement incroyable a élu domicile au coeur du parc national: ▲ ♥ ☘ **The Menjangan** (*à 20 min O de Pemuteran.* ☎ *0362.947.00. www.themenjangan.com.*). Les chambres se nichent dans la forêt ou sur la plage dans un domaine privatisé de plusieurs kilomètres de long que l'on parcourt en safari-car, à pied, à vélo ou à cheval, à travers les forêts, chemins et allées peuplées de singes, d'oiseaux et de cerfs.

La côte ouest

À l'exception des villages chrétiens, d'un temple et de deux plages réservées aux surfeurs, cette côte est dénuée d'intérêt touristique. La route entre Gilimanuk et Antosari est surtout fréquentée par les camions qui vont à Java et en reviennent, chargés de produits frais et de matériaux de construction.

Les villages chrétiens

··· À 45 km S de Pemuteran.

Deux villages, quasi voisins l'un de l'autre (une ravissante route de campagne les relie), font figure d'exception à Bali. Le premier, **Belimbingsari,** parce qu'il est protestant, le second, **Palasari,** parce qu'il est catholique. Le tout sur une île hindoue, dans un pays musul-

L'oiseau rare

Au cœur du Parc national vit l'étourneau de Bali (« Bali Starling »), une espèce chérie des locaux, au point de figurer sur les pièces de 200 Rp ! L'étourneau est protégé depuis les années 1970, mais le commerce illégal continue (les Indonésiens, friands d'oiseaux en cage, aiment les exhiber dans leur salon) et menace la survie de l'espèce. Aujourd'hui, on estime que seuls 1 000 étourneaux survivent en captivité dans le monde entier. Et une trentaine de spécimens sauvages tout au plus chantonnent encore dans le Parc national. Un projet de réintroduction de l'espèce a été lancé à Nusa Penida. ◆

man ! Ce sont les colons hollandais, fervents chrétiens, qui, à partir de 1939, décidèrent d'installer ici des familles de Denpasar déjà converties. Aujourd'hui, les allées, maisons, pots de fleurs et lampadaires de ces villages sont merveilleusement entretenus, en partie grâce au financement de chrétiens étrangers. L'église et le temple s'inspirent de l'architecture locale avec leurs portes balinaises, leurs *meru* et leurs ombrelles jaunes accolées à l'autel. Lors des fêtes chrétiennes, les fidèles installent des *benjars*, déposent des offrandes et revêtent leurs habits de cérémonie balinais. La fusion des cultes !

cabanes de luxe. Le ▲ **Taman Wana Villas and Spa** (*à 5 min de Palasari. ☎ 0365.470.2208. www.bali-tamanwana-villas.com*) joue la carte du luxe et de l'originalité, perdu au milieu de la nature. D'immenses bungalows en forme de tourelles s'élèvent au-dessus de la cime des arbres, avec leur toit de chaume ouvrant sur des chambres en rotonde, bénéficiant d'une vue imprenable sur la forêt, le réservoir d'eau et les rizières.

Pura Rambut Siwi

···> À env. 45 km S des villages chrétiens. Ouv. t.l.j. du lever au coucher du soleil. 15 000 Rp par personne.

Posé sur une colline en surplomb de la mer et d'une immense plage, ce complexe de six temples est superbe et particulièrement peu fréquenté par les touristes. Il a été construit en l'honneur du prêtre javanais Nirartha (dont le nom est aussi lié aux Pura Tanah Lot et Uluwatu notamment) qui fit le tour de Bali au XVIe s. afin d'unifier l'hindouisme face à un islam en plein essor. À l'époque, une grande sécheresse frappait la région ; le prêtre prit un de ses cheveux, le planta et aussitôt, l'eau jaillit. Pour le remercier, la population érigea ce temple. Une agréable promenade permet d'en faire le tour et de descendre sur la plage, où se trouve une grotte naturelle.

Jolie boucle

Un bel itinéraire d'environ 90 km permet de sillonner la région sur des routes calmes de campagne, entre rizières et mer, avec vue sur les montagnes au loin. Cinq minutes après Medewi sur la route de Balian, on pique à gauche au niveau de Pekutatan, direction Bunut Bolong. On grimpe alors jusqu'au **col de Pupuan**, avant de redescendre plein sud sur Balian. ◆

© Morandi Bruno / hemis.fr

Medewi

···> À env. 6 km S du Pura Rambut Siwi.

Au large de cette plage de galets et de sable noirs, quelques surfeurs de niveau intermédiaire dévalent les rouleaux. Seuls quelques hôtels et restaurants se sont installés à proximité de ce spot réputé mais encore ignoré des foules. La baignade reste

▲ Bateau traditionnel sur la plage de Medewi.

difficile, mais la baie très ouverte et ses collines verdoyantes méritent le coup d'œil.

Vous pourrez également louer une planche de surf et prendre un cours via **Rock Surf Shop** *(à 50 m de la plage, sur la route principale. ☎ 081.337.009.996).*

Balian

⇢ À 23 km S de Medewi, 40 km N du Tanah Lot.

Balian ressemble à une mini station balnéaire, installée le long d'une petite route qui descend au milieu des collines jusqu'à la mer. Quelques *warung*, magasins de surf et petits hôtels s'alignent à deux pas de la plage sur un chemin privé de circulation. Ici ou là, des vaches pataugent dans les champs et les rizières, imperturbables au bruit des vagues qui s'écrasent en contrebas sur les rochers. La longue plage de sable et de galets noirs invite au surf plus qu'à la baignade. D'après les villageois, quand il n'y a pas de vagues à Kuta, il y en a toujours à Balian.

Devant la villa n° 9 de l'hôtel Gajah Mina, un sentier bien indiqué court le long des falaises puis descend jusqu'à l'immense **plage de Mejan**.

louer une planche. Les hôtels ▲ **Pondok Pisces** *(☎ 0361.780.1735. www.pondokpiscesbali.com)*, ▲ **Pondok Pitaya** *(p. 243)* et ▲ **Balian Segara** *(☎ 081.238.54.879)*, situés le long de la route qui descend à la plage, louent des planches de surf et des *long boards* à la journée *(comptez 80 000 Rp la planche, 300 000 Rp avec un professeur ; prix à négocier)*. ◆

Lombok

La petite sœur de Bali, encore méconnue, rivalise de beauté. Préservée et sauvage, l'île volcanique accueille aussi bien les plongeurs et les amateurs de belles plages au nord, sur la côte de Senggigi à l'ouest et au large des îles Gili ; les surfeurs et les voyageurs en quête de plages de rêve et de villages ruraux dans le grand sud vers Kuta ; et les randonneurs au nord, sur les pentes majestueuses et dans les vallées riantes du mont Rinjani. Lombok (qui signifie « piment » en indonésien) est aussi le berceau d'une culture unique, celle du peuple sasak, qui possède sa propre religion, un islam teinté d'animisme. Lombok est en passe de s'imposer comme une destination incontournable, notamment en raison de la beauté de ses plages, de ses spots de plongée sous-marine et de son volcan, ainsi que de son authenticité.

Durée

3 jours pour un séjour pieds dans l'eau. Pour une découverte de l'île, comptez une semaine voire 10 jours si vous souhaitez faire l'ascension du volcan.

Carte

Lombok, p. 166-167.

Bonnes adresses p. 244

◄ Embarcadère à Gili Nanggu.

© Frédéric Soreau/Photononstop

Lombok

MER DE FLORÈS
Détroit de Lombok
BALI
PADANGBAI (BALI)
Selengen
Kayagan
Gondang
Tanjung
Gili Meno ★★★
Gili Air
Gili Trawangan ★★
Départ
Bangsal
Pemenang
Route panoramique ★★★
Bentek
Forêt des Singes ★★
Mangsit
Senggigi ★★
Départ
Pura Batu Bolong
Gunungsari
Batu Layar
Rembiga
Suranadi
Pura Lingsar
Mataram
Ampenan
Bertais
Cakranegara
Mandalika
Narmada
Pura Meru
Mayura water Palace
Lubuapi
Pringgarata
Telagawaru
Gunung Pengsong
Kediri
Ubung
Banyumulek
Puyung
Gerung
Sukarara
Praya
Gili Nanggu ★★
Lembar
Bangko-Bangko
Gili Gede
Tanjungempet
Penujak
Sekotong ★
Pelangan Barat
Mangkung
Montongsapah
Sepi
Sade
Mekaki
Belongas
Selong Blanak ★★
Selong Blanak
Kuta
Départ
Mawi ★
Mawun ★★★
0
5
10 km

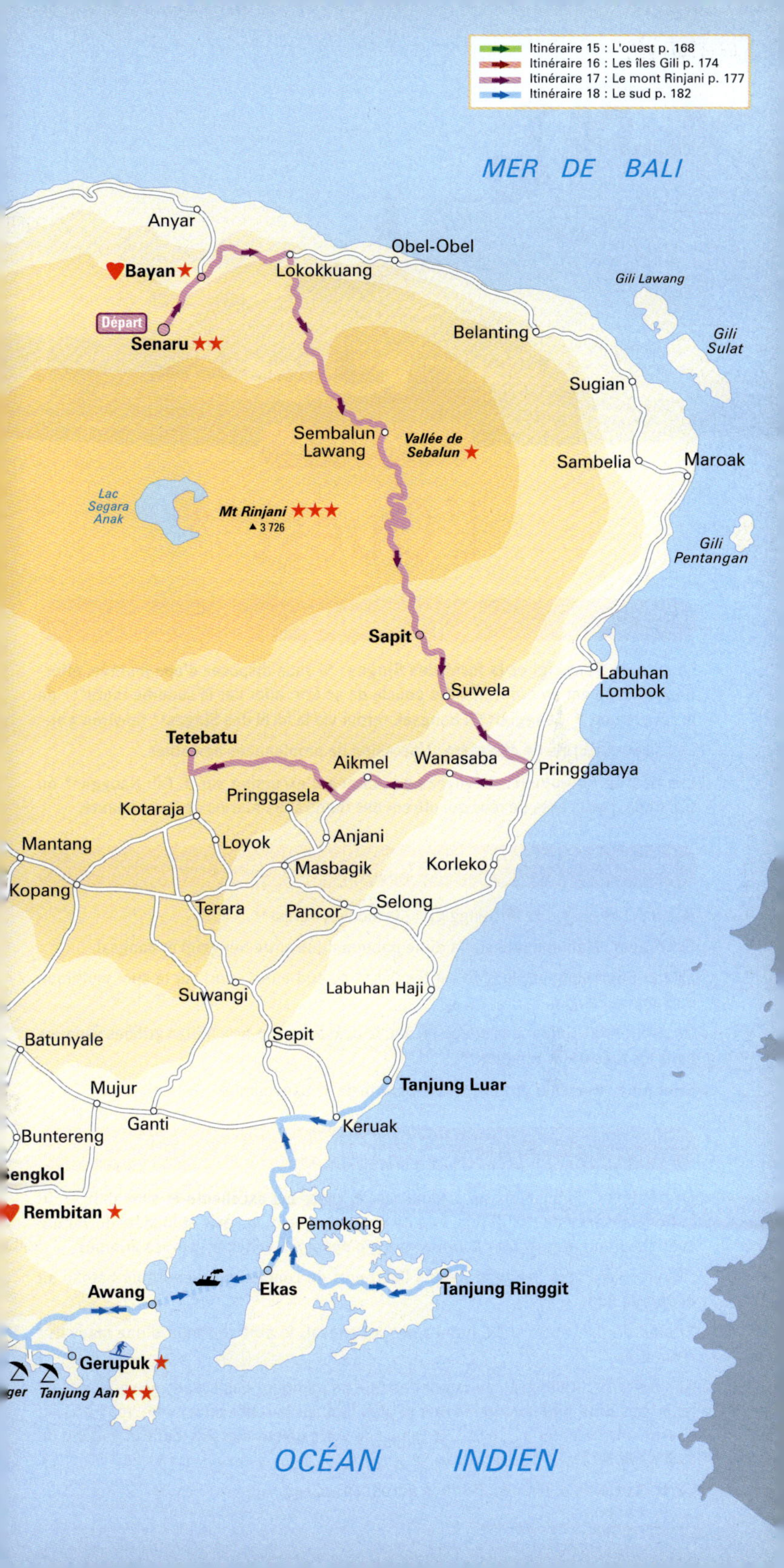

Itinéraire 15 : L'ouest p. 168
Itinéraire 16 : Les îles Gili p. 174
Itinéraire 17 : Le mont Rinjani p. 177
Itinéraire 18 : Le sud p. 182
MER DE BALI
Anyar
Bayan
Départ
Senaru
Lokokkuang
Obel-Obel
Gili Lawang
Gili Sulat
Belanting
Sugian
Sembalun Lawang
Vallée de Sebalun
Sambelia
Maroak
Lac Segara Anak
Mt Rinjani
3 726
Gili Pentangan
Sapit
Suwela
Labuhan Lombok
Tetebatu
Aikmel
Wanasaba
Pringgabaya
Pringgasela
Kotaraja
Loyok
Anjani
Mantang
Masbagik
Korleko
Kopang
Terara
Pancor
Selong
Labuhan Haji
Suwangi
Sepit
Batunyale
Tanjung Luar
Mujur
Ganti
Keruak
Buntereng
Sengkol
Rembitan
Pemokong
Awang
Ekas
Tanjung Ringgit
Gerupuk
Tanjung Aan
OCÉAN INDIEN

itinéraire 15

L'Ouest**

programme

La côte de Senggigi et la forêt des Singes: Si vous disposez d'une journée, effectuez, idéalement en scooter, cette boucle de 50 km: aller par la superbe **route***** de la côte reliant ♥ **Senggigi**** à Bangsal, retour via la **forêt des Singes**** (environ 3 h).

Les sites culturels de Mataram: L'occasion de promenades agréables.

Les îles du sud-ouest: Prévoyez une journée d'excursion sur ♥ **Gili Nanggu**** ou **Gili Gede**, petits ilots de rêve qui offrent des fonds sous-marins de toute beauté.

à ne pas manquer

Nature: Les plages de ♥ Senggigi**; la Monkey Forest**.

Panorama: Malimpu Hill, sur la route panoramique entre Senggigi et Bangsal.

Sport: Snorkeling et plongée sur les îles** du sud-ouest; surf sur le spot mythique de Bangko-Bangko.

Gastronomie: Goûter à la soupe locale, le *bakso*, ou aux brochettes grillées vendues dans les rues de ♥ Senggigi**.

Shopping: Ramener en Europe une poterie de ♥ Banyumulek.

côté pratique

Se déplacer: Idéalement en scooter, car la route est excellente et sans danger du fait de l'absence de circulation. Peu de bus mais quelques taxis et loueurs de voiture avec chauffeur *(Kotasi Tour & Travel. ☎ 0370.693.435)*. Évitez le vélo: ça grimpe!

Départ: Rejoindre Senggigi depuis l'aéroport de Lombok ou prendre un bateau au départ de Bali.

Règles de précaution: Ne traînez pas à Bangsal, le port souffrant d'une mauvaise réputation.

Bon à savoir: À Bangsal, au retour des Gili, ne paniquez pas si vous ne voyez pas de taxis! Les Blue Bird sont garés 600 m plus loin sur la route principale; vous pouvez laisser votre scooter à Bangsal, le temps de votre séjour aux Gili, dans le parking de **Yudi's** *(gardé t.l.j. 6 h-18 h. 10 000 Rp par jour)*.

Carte: Lombok, p. 166-167. **Bonnes adresses:** p. 244.

◀ Le Pura Batu Bolong.

Cette côte ravissante se love autour de la seule station balnéaire de l'île, Senggigi. Un point de départ idéal pour se promener dans la région, en surplomb des plages sauvages bordées de cocotiers s'inclinant respectueusement devant le mont Rinjani, mais aussi sur la route panoramique qui longe la mer, dans la forêt des Singes et vers les sites historiques de l'agglomération de Mataram, vestiges du royaume balinais. Ne manquez pas le coucher de soleil sur la plage, qui embrase chaque soir les cieux !

♥ Senggigi★★

···› À 55 km NO de l'aéroport ; accessible aussi en bateau depuis Bali (Padangbai) avec la compagnie **Marina Srikandi** *(☎ 0370.693.383. www.marinasrikandi.com).*

Même si la rue principale est bruyante et sans charme avec ses panneaux publicitaires géants et ses scooters pétaradants, Senggigi reste une station balnéaire agréable, la seule de l'île (à ce jour) ! Elle s'étale sur des kilomètres le long de superbes plages bordées de cocoteraies intactes, sur fond de collines verdoyantes. Restaurants, bars, hôtels où boire un verre au coucher du soleil, c'est le seul endroit de Lombok doté d'un peu d'animation. Sur la plage, les pêcheurs reprisent leurs filets à l'ombre avant d'embarquer à bord de leurs pirogues multicolores.

Art market

···› À 50 m derrière la plage, juste après l'hôtel Sheraton en venant du N.

On y trouve, chose rare à Lombok, quelques articles de plage, sacs, maillots de bain, jouets pour enfants, crème solaire vendus dans des cahutes installées juste derrière la plage. Ainsi que l'artisanat de Lombok (vases, sarongs, poteries, perles). Prix à négocier ! Possibilité de louer des planches de surf.

Pura Batu Bolong

···› À 5 km S de Senggigi. Ouv. t.l.j. 8 h-17 h. 10 000 Rp par personne.

Ce petit temple hindou, construit face au mont Agung, domine la mer et est posé sur un rocher troué (d'où son nom de temple de la « Roche Percée »). Selon la légende, c'est de ce promontoire que les vierges étaient jetées à la mer en vertu d'un rituel sacrificiel pratiqué dans l'espoir de recevoir des pouvoirs surnaturels des dieux. Des cérémonies tout en couleurs et en musique ont lieu ici, notamment les jours de pleine lune.

15 itinéraire

La route panoramique★★★

···› De Senggigi, partez plein nord par la route principale qui longe la mer direction Bangsal *(27 km, comptez 1 h).*

Étroite et sinueuse, flambant neuve, la route longe des plages désertes aux eaux turquoise bordées de milliers de cocotiers. Idéal pour une baignade rafraîchissante ! Puis, elle s'élève vers un belvédère, avant de replonger aussitôt vers la grande bleue (pause photo obligatoire à **Malimpu hill** et **Nipah hill**). Elle redescend jusqu'au port de Bangsal en d'infinis virages offrant des vues grandioses sur la côte, les îles Gili et le mont Agung, dont le cône parfait est entouré selon l'humeur d'un léger fumet de nuages blancs ou d'une marée grise.

adresse de charme. Au ♦ **Coco Beach** *(à 3 km N de Sengiggi, avant l'hôtel Puri Mas. ☎ 081.757.800.55. Ouv. t.l.j. 12 h-22 h),* on peut déguster des cocktails,

© Guiziou Franck / hemis.fr

des plats typiques indonésiens et même fumer la chicha, en tailleur, dans de petits pavillons ouverts aux rideaux blancs, installés dans la cocoteraie à 20 m de la plage.

Mangsit

À 6 km N de Senggigi par la route de la côte.

Une longue et superbe plage de sable blanc trustée par des hôtels de luxe. Les débutants peuvent venir y surfer, notamment en face de ▲ ♥ **Qunci Villas** *(p. 245)*. Vous pourrez louer une planche notamment auprès de **Adventure Lombok** *(au sein du Art market de Senggigi, p. 169. ☎ 370.6650.238. www.adventure-lombok.com. Ouv. lun.-sam. 8 h 30-19 h 30)*. De jour comme de nuit, les vendeurs ambulants de poissons et de maïs grillés, de *bakso* (soupe aux boulettes de viande) et de saté, squattent le bord de la route principale. Ils disposent leurs étals sur leur *kaki lima*, sorte de charrette à trois roues. On achète de quoi se sustenter et on file le manger sur la plage !

attention ! Il n'existe aucun hôtel ni endroit pour se restaurer entre Mangsit et Bangsal, donc prévoir son pique-nique et de l'eau.

Forêt des Singes**

À 30 km E de Mangsit. Dans Bangsal, en arrivant du sud, au feu, un des seuls de l'île, tournez à droite vers l'intérieur des terres. Comptez 30 min de Bangsal au col Pusuk Pass.

Cette route ravissante, facilement praticable en scooter, permet de pénétrer à l'intérieur des terres. D'abord plate, elle sillonne la campagne parsemée de rizières luxuriantes où les femmes, repérables de loin à leur chapeau conique, travaillent le dos courbé en plein soleil. Au bout de 10 min, on entre véritablement dans la forêt tropicale de l'île, dense et souvent nuageuse (y aller de préférence le matin pour éviter la pluie). L'itinéraire tournicote au milieu de la végétation jusqu'au sommet du col, baptisé Pusuk Pass. En chemin, de superbes vues sur la mer au loin et, sur les bas-côtés, des dizaines de macaques s'épouillant à loisir. On redescend ensuite tranquillement

◀ La station balnéaire de Senggigi.

en de multiples virages jusqu'à Meninting.

boire un verre. Dans Bangsal, au lieu de tourner au feu à droite vers l'intérieur des terres, continuez plein nord sur la même route principale. Au bout de 10 min se trouvent le ▲**Lombok Lodge** (*☎ 0370.6622.926*) et le ▲**Tugu** (*☎ 0370.6120.111*), deux hôtels de rêve posés sur la plage. Offrez-vous un verre, un repas ou un massage d'exception !

Mataram

···➤ À 20 km S de Senggigi. Après la forêt des Singes, vous pouvez rentrer directement à Senggigi en tournant au premier grand embranchement à droite dans Meninting *(au niveau de la mosquée)* ou continuer tout droit vers Mataram.

La capitale administrative de Lombok, qui se confond désormais avec les agglomérations voisines de Cakraneggara et Ampenan, ne présente guère d'intérêt pour les touristes. Mais dans les environs, quelques sites historiques peuvent mériter un détour. Au XVIIIe s., du temps de la domination balinaise, Mataram servait de résidence à la famille royale.

Pura Lingsar

···➤ À 10 km E de Mataram. Ouv. t.l.j. du lever au coucher du soleil. Donation bienvenue.

En venant de l'ouest, la petite route qui y mène est jalonnée de rizières plates et de villages adossés aux montagnes. Ce temple érigé en 1714 a une particularité : les hindous mais aussi les musulmans adeptes du *wetu telu*, un mélange d'islam et d'animisme propre à Lombok, viennent y prier ! Le temple balinais est construit sur une élévation, derrière la section musulmane du complexe. L'endroit est paisible, avec ses frangipaniers et sa source d'eau dans la cour basse. Seuls quelques coqs donnent de la voix en courant dans les allées.

Narmada Park

···➤ À env. 5 km E du Pura Lingsar. Ouv. t.l.j. 8 h-17 h. Entrée 10 000 Rp.

Ce parc fleuri et calme au gazon vert tendre mérite le coup d'œil, loin de l'agitation des rues environnantes. Il abritait au XVIIIe s., lors de la domination balinaise, le palais d'été du roi Anak Agung. Il n'en reste rien aujourd'hui. En revanche, un grand jardin à étages prolongé par un étang invite à une agréable promenade.

Pura Meru

···➤ À 9 km O de Narmada Park. Ouv. t.l.j. 8 h-17 h. Donation bienvenue au gardien des lieux.

En terre musulmane, les Balinais ont érigé ici en 1720 le plus grand temple hindou dédié aux dieux Brahma, Vishnou et Shiva, notamment afin d'unifier les différentes communautés balinaises de l'île. En plus des trois grandes tours coif-

La guerre du riz

Chaque année en décembre, le Pura Lingsar voit des milliers de fidèles, hindous et musulmans, jeunes et vieux, parés de leurs plus beaux sarongs, se lancer à la figure des *ketupat*, des gâteaux de riz présentés dans des feuilles de palmier tressées. Ce festival de *Perang Topat* (« la guerre du riz »), ponctué de danses, d'offrandes et de chants, a lieu un jour de pleine lune, le septième mois du calendrier sasak, depuis des centaines d'années. Il rend hommage aux ancêtres et à la source d'eau qui irrigue les champs dans l'ouest et le centre de l'île. À la fin de la joyeuse bataille et des prières rituelles, les gâteaux sont récupérés et soigneusement plantés dans les rizières : ils rendraient la terre fertile. ◆

fées de toits de chaume noir symbolisant les montagnes sacrées, on trouve trente petits autels alignés, un pour chaque village du district.

Mayura Water Palace

···› En face du Pura Meru. Ouv. t.l.j. 8 h-17 h. Donation bienvenue.

Il ne reste rien du palais du roi balinais, construit en 1744 mais détruit en grande partie pendant la guerre de 1894, si ce n'est un grand bassin entouré de mangoustaniers invitant à une agréable promenade, où trône un *bale* appelé le « pavillon flottant », utilisé à l'époque pour rendre la justice et accueillir les hôtes de marque. Des descendants de la famille royale vivent toujours dans les maisons adjacentes.

Le sanctuaire de Gunung Pengsong

···› À 13 km SO de Mayura Water Palace. Ouv. t.l.j. 8 h-17 h. Donation bienvenue au guide.

La terre vue du ciel… ou du moins d'une colline habitée par des colonies de singes, où trône un petit temple balinais entouré de superbes banians. Là-haut, après une agréable grimpette ombragée d'un quart d'heure, se dévoile un panorama à 180° sur la plaine de Mataram, le Rinjani, la mer, les rizières et les innombrables mosquées. Une fois par an, les Balinais de la région montent un buffle et le sacrifient en lui tranchant la tête, en mémoire de leurs ancêtres.

♥ Le village de potiers de Banyumulek

···› À 9 km E de Gunung Pengsong.

C'est l'un des principaux villages de potiers de Lombok. Le savoir-faire se transmet de père en fils et de mère en fille depuis le XVIe s. Les

▶ Une potière du village de Banyumulek.

villageois travaillent à même le sol, sur le pas de leur porte ou dans des ateliers-boutiques comme **Berkat Sabar Art Shop** (☎ *0370.668.04.94)* le long de la route principale. Leur spécialité : une drôle de carafe que l'on remplit d'eau par le socle. L'argile utilisée est de très bonne qualité, les femmes allant la chercher dans le lit des rivières dans les montagnes. Cendriers, boîtes, chandeliers, vases, etc. : la terre prend forme en un tour de main *(comptez entre 40 000 et 1 500 000 Rp, expédition possible à l'étranger).*

Vers le sud-ouest★★

Cette région encore tout à fait à l'écart des sentiers touristiques mérite le détour pour la très belle baie de Sekotong et ses îles méconnues, aux eaux dignes d'un aquarium.

La baie de Sekotong★

···› À 50 km O de l'aéroport, à env. 30 km S de Banyumulek.

C'est en bateau, en se rendant sur les îles situées au large du village, que l'on prend toute la mesure de cette superbe baie encore très calme et protégée, dotée de dix-huit sites de plongée : des collines tombent dans la mer, ici et là s'étalent quelques villages isolés, autrefois grossis par les chercheurs d'or, et d'étroites langues de sable sauvages s'étirent en guise de plages. Une bien jolie route longe les flots jusqu'à Labuhan Poh. On y voit les pêcheurs ainsi que les cultures de manioc et de maïs. Une ambiance très rurale empreinte d'un certain charme.

© Laure de Charette

plage sauvage. La superbe plage de **Mekaki,** en forme de croissant de lune et aux eaux turquoises, se mérite : de Sekotong il faut d'abord se rendre à Pelangan (à 7 km O), puis rouler pendant 30 min plein sud en coupant à travers la péninsule. Attention : les courants peuvent être dangereux.

Les îles**

Vous pouvez louer un bateau au petit port de **Tawun**, situé à 4 km O de Sekotong *(départ à la demande depuis une cahute installée sur la plage, sous les arbres ; comptez 25 min pour Gili Nanggu, le double pour Gede)* ou mieux, grimpez à bord du speedboat du centre **Odyssea Divers** *(installé au sein de l'hôtel ▲ **Cocotinos**, p. 246, à Sekotong. www.odysseadivers.com)*, plus fiable, plus rapide et guère plus cher (10 min pour Nanggu, 25 min pour Gede).

Douze îlots du bout du monde, la plupart inhabités, encore oubliés par les touristes. Les Caraïbes de demain ? Et pourquoi pas… À Gili Nanggu et Gede notamment, les plus accessibles, les coraux sont à quelques mètres de la rive, les eaux sont chaudes, propres, translucides et abritent une variété incroyable de poissons.

♥ Gili Nanggu**

Minuscule, au point qu'on en ferait le tour à pied en un quart d'heure (si la mer ne venait pas, parfois, lécher les rochers), cet îlot est ourlé d'une longue plage de sable blanc et poudreux. Il suffit de s'avancer dans l'eau turquoise sur quelques mètres pour découvrir mille et un poissons multicolores s'égaillant imperturbablement dans un aquarium sans limites. Rien d'autre à y faire… et c'est tant mieux !

sous les étoiles. Pour ceux qui voudraient passer la nuit au milieu des flots ou simplement se restaurer au cours de la journée, un petit endroit simplissime : ▲ **Gili Nanggu Cottages and Bungalow** *(☎ 0370.623783. www.gilinanggu.com)*.

Le spot de surf Bangko-Bangko

À env. 15 km O de Sekotong par la route de la côte *(mais sur les 3 derniers km, à partir de Labuhan Poh, route très chaotique)*.

Ce break de surf est l'un des plus réputés au monde en raison de son superbe tube *(p. 193)*. Surfeurs débutants, passez votre tour ! ◆

© Guiziou Franck / hemis.fr

itinéraire 16

♥ Les îles Gili★★★

programme

Prévoyez au moins une journée (et une folle soirée!) à ♥ **Gili Trawangan**★★ pour profiter de ses **plages**★★, de son animation et de ses fonds sous-marins. Puis mettez le cap vers sa voisine **Gili Meno**★★★ pour ses plages désertes, ses spots de plongée et son calme.

à ne pas manquer

Nature: Les plages et les fonds sous-marins des trois îles.

Ambiance: Les *full moons parties* de ♥ Gili Trawangan★★; *a contrario,* le calme de Gili Air et de Gili Meno★★★.

Sport: Snorkeling ou plongée au large des trois îles; s'initier à la plongée en apnée à ♥ Gili Trawangan★★ *(p. 189)*; faire le tour de ♥ Gili Trawangan★★ à vélo.

Détente: Un verre au coucher du soleil au bar Pearl of Trawangan.

côté pratique

Accès: *voir p. 244.*

Se déplacer: En l'absence de voitures et de scooters, on ne circule sur les îles qu'en charrettes à cheval, appelées *cidomo* ou, avec humour, «Lombok Ferraris», ainsi qu'à vélo ou à pied.

Bon à savoir: Les compagnies maritimes privées viennent vous chercher, à Bali ou à Lombok, à votre hôtel et vous déposent gratuitement au port, direction les Gili. N'achetez pas votre billet retour à Bali ou à Lombok: vous l'achèterez avant votre départ directement sur le port de l'île, on risque autrement de vous dire qu'il n'est pas valable. À marée basse, impossible de se baigner sur la côte nord des trois îles en raison des coraux qui affleurent.

Bon plan: Quand on plonge depuis Senggigi aux Gili à la journée, les centres de plongée organisent le transfert sur l'île depuis votre hôtel; on peut «snorkeler» et plonger depuis le même bateau; masques et tubas se louent dans la rue principale de chaque île *(25 000 Rp la journée).*

Carte: Lombok, p. 166-167. **Bonnes adresses:** p. 244.

◄ À Gili Meno, le cidomo est le seul moyen de transport.

Trois îles (« gili » en indonésien) aux mensurations de rêve, petites, plates, léchées par des eaux chaudes, claires et poissonneuses. Gili Trawangan est la plus grande, la plus développée sur le plan touristique. On y trouve des dizaines d'hôtels, de restaurants, d'écoles de plongée. Secouée par de nombreuses fêtes, elle possède de très belles plages. Tout comme Gili Meno, en revanche plus petite et plus calme. Avec ses cahutes sur pilotis posées sur l'eau et ses chemins déserts, elle invite à des balades et des baignades en amoureux. Enfin, Gili Air est la moins fréquentée du trio. Belle, avec ses grandes plages de sable fin et ses eaux claires, elle accueille les voyageurs au petit budget.

♥ Gili Trawangan★★

···› À 1 h 30 en bateau des différents ports de Bali, à 20 min en speedboat de Teluk Nare/Kode *(à Lombok)* et à 1 h en bateau public de Bangsal *(à Lombok toujours)*.

Que dire d'une île élue la **quatrième île d'Asie** ! Qu'elle est belle, que les hôtels, simples ou luxueux, ont presque tous les pieds dans l'eau, qu'on s'y déplace sans moteur, que les fêtes y sont légendaires, les couchers de soleil réputés, les tortues nombreuses dans les parages sous-marins et les plages superbes. Il règne à « Gili T », pour les intimes, une ambiance particulière, résolument jeune, globe-trotter et fêtarde, qui n'est pas semble-t-il sans rappeler l'Ibiza des années 1960. En haute saison, plus de 1 000 personnes débarquent au port chaque jour. Mais il suffit de s'en éloigner et de se perdre dans la cocoteraie pour retrouver le calme absolu et les vaches qui paissent.

La rue principale

Elle s'étire de part et d'autre de la jetée sur un bon kilomètre, sur un étroit chemin de terre. Il y a là une succession sans fin de boutiques, agences de voyage, DAB, pensions, bars, *warung*, centres de plongée, dans des constructions basses. Les vélos, piétons et *cidomo* y circulent en nombre mais dans le calme. À l'extrémité nord, la mosquée rappelle que nous sommes toujours en terre d'islam et qu'il convient d'adopter une attitude et une tenue appropriées.

pause shopping. La boutique *(climatisée)* **Innuendo** *(à 200 m S de la jetée. ☎ 082.837.096.48. www.innuendofashion.com. Ouv. t.l.j. 10 h-22 h)*, propose de superbes accessoires de mode, des robes de plage ou de soirée déclinées dans tous les tons, des chaussures à talons ou des tongs design. Prix non négociables.

À 15 min de grimpette sur un chemin mal entretenu, à partir des marches se trouvant dans le virage entre les bars Paradise Sunset et Exile, on atteint le sommet de la petite colline (72 m) dont la vue sur les deux autres Gili, la côte de Senggigi et la mer, est ravissante.

Les plages★★

Malgré l'affluence, il est tout à fait possible de se retrouver seul ou presque sur la plage, notamment au nord et à l'ouest de l'île. Là, à marée haute, la langue de sable fin et immaculé s'étire à perte de vue, léchée par une eau translucide, avec au loin les montagnes de Bali et de Lombok. Un écrin naturel de toute beauté, seulement perturbé par quelques pirogues multicolores qui se balancent mollement. À 30 m du rivage, poissons, étoiles de mer et tortues attendent vos regards émerveillés.

À l'est et au sud, les plages, plus larges et praticables également à marée basse, sont cette fois bordées de bars et de restaurants. Mais elles restent belles, propres et calmes. Et

Full moon parties

Feux de camp, DJs internationaux, danses sur la plage et cracheurs de feu : chaque *full moon* est l'occasion d'une fête à Gili Trawangan. Gare au mauvais arak qui circule ! En dehors de ces fêtes, le ● Blue Marlin, le ● Sama Sama, ● l'Irish Bar et le ● Rudy's, situés au sud de la jetée, accueillent les fêtards chaque soir de la semaine (sf mar.). À savoir : Gili Air organise désormais des *full moon parties*. ◆

quel bonheur de dîner les orteils dans le sable !

un verre au coucher du soleil. Le ● **Pearl of Trawangan** *(à 350 m S de la jetée, à côté du Ko-Ko-Mo. http://pearlbeachlounge.com. ☎ 081.238.129.99)* est un bar de plage design installé les pieds dans le sable sous un toit en forme de vague. On s'assied sur des poufs rose fuchsia, turquoise, jaunes ou orange, un cocktail à la main, face au mont Rinjani.

En face de la jetée, le ***night market*** possède un charme particulier. Brochettes de thon, maïs grillé, nouilles sautées, riz frit : quelques roupies suffisent à se régaler. Goûtez le pancake chocolat-banane, fromage et cacahuète ! Tous les premiers vendredis du mois à partir de 17 h sur la place du marché, **combats rituels de l'ethnie sasak**, au cours desquels s'affrontent des hommes torse-nu armés de bâtons et de boucliers.

Gili Meno★★★

···> À 1 h 30 de Bali, à 15 min en speed-boat de Teluk Nare/Kode *(à Lombok)*, à 45 min en bateau public de Bangsal et à 15 min de Gili Trawangan.

Voilà l'île tant rêvée ! Ni voiture ni rabatteurs, mais du sable à perte de vue, sous les pieds et sur les chemins, des plages désertes et des petits restaurants sur pilotis qui servent un jus de fruits frais face aux flots cristallins… La plus petite des trois îles possède une

► Vallée de Senaru.

nonchalance sympathique. Tout va au rythme *adeng adeng* (« slowly slowly »). Un sentier en partie ombragé, se confondant parfois avec la plage, permet d'en faire le tour en 1 h 30. On peut plonger, faire un tour au parc aux oiseaux, aller voir le lac salé, y tomber nez à nez avec un *biawak* (lézard géant), installer sa serviette sur la superbe plage au sud-est, ou simplement… « buller » en dévorant un ananas vendu par une femme de passage !

snorkeling. Il suffit de se rendre au port où des agences de voyage *(p. 250)* proposent des sorties d'une journée en mer *(prix à négocier en basse saison)* : environ 600 000 Rp le bateau, incluant le guide et l'équipement.

Turtle Sanctuary

···> Au SE de l'île, à 200 m S de la jetée. Donation bienvenue.

Quatre petits bassins où vivotent une cinquantaine de bébés tortues. Mais ces rescapés doivent leur vie à M. Boulong qui, bientôt, les relâchera à la mer. À Bali, 30 000 tortues sont encore tuées chaque année pour leur viande et les offrandes…

Gili Air

···> À 1 h 30 de Bali, à 10 min en speed-boat de Teluk Nare/Kode *(à Lombok)*, à 30 min en bateau public de Bangsal et à 15 min de Gili Meno.

La dernière du trio, également la plus peuplée, avec 1 500 habitants, possède un calme et un charme particuliers, ainsi que de très jolies plages de sable blanc. Neuf écoles de plongée y ont élu domicile. On peut aussi surfer, au sud. Sur la côte est, le chemin principal est bordé de petits magasins, restaurants ou pensions, dont beaucoup sont en construction. ◆

© Léa Smith/Iconotec / Photononstop

itinéraire 17

Le mont Rinjani★★★

programme

L'ascension du volcan : Idéalement en 3 jours, pour descendre jusqu'au **lac du cratère.** Difficile mais inoubliable !

Les vallées de Senaru et de Sembalun : Une fois les environs de **Senaru**★★ découverts (cascades, rizières, vue sur la mer, au pied du volcan), prenez la route direction **Sembalun**★ puis **Tetebatu**, pour contourner le volcan et sillonner ces vallées magnifiques.

à ne pas manquer

Nature : Les vallées de Senaru★★ et de Sembalun★.

Sport : La « Panorama walk » de Senaru★★ ; l'ascension du mont Rinjani★★★ *(p. 195)* ⇢ focus p. 180.

Patrimoine : La mosquée et le village traditionnel de ♥ Bayan★.

côté pratique

Se déplacer : Il faut impérativement être véhiculé ; les agences de voyage qui organisent l'ascension du volcan peuvent venir vous chercher à votre hôtel à Senggigi.

Départ : Senaru.

Règle de sécurité : Ne pas partir à l'assaut du volcan sans guide officiel ! *(p. 195)*

Bon à savoir : La région est inaccessible pendant la saison des pluies (décembre-mars).

Carte : Lombok, p. 166-167. **Bonnes adresses :** p. 244.

L'un des plus hauts volcans d'Indonésie s'élève ici, au nord de Lombok. 3 726 m de puissance, de magma et de légendes. Un rêve pour les randonneurs avertis, qui partiront à l'assaut de son sommet (prévoir au moins deux jours) ; une vision surréelle pour les marcheurs du dimanche qui se contenteront de sillonner ses vallées fleuries et tapissées de rizières. Quel bonheur de quitter les chaleurs de la côte pour se retrouver en montagne, au pied d'un volcan actif, avec une vue au loin sur les rizières tombant dans la mer.

Senaru★★

···> À 85 km au NE de Senggigi (comptez 2 h 30 de route).

Un petit village de montagne, situé à 900 m d'altitude. On est ici au pied du volcan qui, le matin, se détache superbement sur le ciel bleu ; plus tard dans la journée, les nuages s'amoncellent souvent autour du sommet. Point de passage obligé pour les friands de sommets, Senaru est aussi une bonne base pour explorer la région.

Le village traditionnel

···> En haut du village, près du Rinjani Trekking Center. Donation bienvenue.

Une trentaine de grandes maisons traditionnelles au toit pentu en *alang-alang* (chaume local) sont encore habitées par quatre-vingts familles. Les personnes âgées s'installent sur leur *beruga*, un pavillon ouvert, sur pilotis, surmonté d'un toit, pour humer l'air du temps ou trier le riz, au milieu des coqs, des scooters garés et des vaches. La vie simple et rurale, au pied du Rinjani. Ici, on ne craint pas le volcan, on l'aime et on le respecte.

J'adopte un arbre

Pour 15 US$, vous pouvez acheter un arbre et le voir grandir au cœur du Parc national du Rinjani. Ce programme, intitulé *My Baby Tree*, est né sous l'égide du WWF dans le cadre d'un vaste plan de reforestation. Plus de cinq millions d'arbres sont ainsi plantés chaque année. Il est même recommandé aux couples locaux souhaitant se marier de planter au moins deux arbres sur leur terre ou dans la nature, faute de quoi leur union pourrait être mal vue par la communauté. www.mybabytree.org. ◆

Les cascades★

···> Départ en face de l'hôtel ▲ Pondok Senaru *(p. 249)*. Comptez 15 min jusqu'à la première cascade puis 30 min supplémentaires pour la deuxième cascade. 10 000 Rp l'entrée.

Une promenade sympathique conduit à une première cascade, **Singang Gila,** par un sentier goudronné qui descend en marches. La légende veut que l'on atteigne la jeunesse éternelle en si baignant. En réalité, difficile d'y mettre un pied tant le débit est puissant, mais un chemin sur la gauche, à 20 m en contrebas, permet de se plonger dans une piscine naturelle. Agréable endroit pour pique-niquer, quoiqu'un peu humide. Pour la deuxième cascade, **Tiu Kelep,** sise au milieu de la jungle profonde, mieux vaut se faire accompagner de l'un des jeunes du coin – qui n'attendent que cela. Le sentier longe un ruisseau clair, au pied des arbres vert tendre. En chemin, surveillez les macaques à longue queue et, plus rares, les singes noirs.

promenades dans la vallée. **Galang Ijo Expedition** *(www.galangijo.com. Départ à 8 h. 250 000 Rp par personne, déjeuner inclus.)* organise une **« Panorama walk »** de 4 h au départ de Senaru. Au programme : plantations de café, villages et les cascades. **Pondok Senaru Adventures** *(☎ 086.812.104.141. Départ à 8 h. 350 000 Rp par personne, pique-nique inclus)* propose une autre **« Panorama walk »** de 6 h avec détour par la mosquée et les rizières de Bayan.

♥ Bayan★

···> À 15 km N de Senaru.

C'est l'un des plus vieux villages de Lombok. Il fait bon s'y promener sans but, à la découverte du Lombok des origines, au milieu des vaches, des greniers à riz traditionnels sur pilotis, aux toits joliment incurvés, et des poules qui courent en tous sens. Bayan, qui aurait été fondé par un prince de l'empire javanais Majapahit, est surtout connu pour être le berceau du *wetu telu*, cet islam teinté d'animisme qui émergea au cours du XVIe s. et qui reste propre à Lombok.

La mosquée

···> Au cœur du village. Ouv. t.l.j. du lever au coucher du soleil. Donation bienvenue au guide local.

La plus ancienne mosquée de l'île aurait été construite au XVIe s. par les tout premiers arrivants de Java. Elle a beau être fermée, son toit et ses murs en bambou, le jardin joliment fleuri où sont enterrés plusieurs imams ainsi que les rizières en terrasses environnantes donnent aux lieux un charme particulier. En glissant un œil à l'intérieur, on aperçoit un tambour datant du XVe s. qui sert à appeler les fidèles à la prière lors des cérémonies.

shopping. Juste en face de la grille d'entrée au site de la mosquée, une petite boutique vend des sarongs typiques de Bayan, moins larges et aux motifs moins travaillés que ceux réalisés par l'ethnie sasak, qui représente 85 % de la population. Entre 150 000 et 300 000 Rp.

La vallée de Sembalun★

···> À env. 25 km S de Bayan.

En quittant Bayan, la petite route étroite grimpe en lacets au milieu des rizières. On pénètre au creux d'une superbe vallée (dénuée d'infrastructures touristiques). Çà et là, des fraises et du paprika, des rizières et du tabac qui sèche au soleil dans un cet immense verger fertilisé par les cendres du volcan. Il y a près de deux millions d'années s'étendait ici le cratère d'un ancien volcan. Aujourd'hui, on peut sillonner la région sans danger à la saison sèche, au milieu des fleurs sauvages jaunes et rouges qui grignotent la route.

Drôle de danse

Le *Gegeruk Tandak* est une danse légendaire, aujourd'hui encore pratiquée à Bayan : 13 hommes dansent en cercle en faisant des bruits de cochon sauvage, en rythme, *a capella*, afin de concrétiser l'union de l'homme avec la nature. À l'époque où les habitants de Lombok étaient nomades, le chef du village rassemblait les bêtes de la jungle voisine et se déguisait en daim blanc, le roi de la forêt. Il pouvait dès lors les amadouer et obtenir d'elles qu'elles se tiennent à distance. Les pouvoirs du daim blanc étaient si réputés que les femmes enceintes rêvaient de manger son foie afin que leur enfant soit doté de sa force légendaire. ◆

Sapit

···> À 27 km S de Sembalun.

Très jolies rizières en terrasses visibles depuis la route. Ici on effectue trois récoltes de riz par an, contre deux en moyenne sur le reste de l'île, et même une seule dans le sud en raison de la sécheresse.

Tetebatu

···> À 40 km SO de Sapit.

C'est l'épicentre d'une région magnifique sise au pied du volcan, entre rizières, champs de tabac et cascades. Nombreuses balades possibles, notamment vers **les chutes d'eau de Jeruk Manis**, à 2 h 30 de marche du village (demandez à un jeune de vous y conduire). ◆

focus

Un volcan pas comme les autres

Du haut de ses 3726 m, le mont Rinjani*,** deuxième plus haut volcan d'Indonésie (sur les 500 de l'archipel!) règne sur Lombok comme un père bienfaiteur quoique parfois cruel. Des chercheurs sont sur le point de démontrer que c'est bien lui qui provoqua l'une des plus grosses éruptions volcaniques de tous les temps, au XIIIe s. Sous les cendres du volcan se trouverait même l'ancienne capitale de l'île, baptisée la Pompéi d'Asie. Le «siège des Dieux», comme l'appellent les autochtones, est un lieu sacré et respecté, entouré de légendes. 90 % des rivières prennent leur source dans le massif, désormais classé Parc national. Pour les touristes amateurs d'efforts ascensionnels *(p. 195)*, le Rinjani est surtout une montagne magnifique, exigeante mais gratifiante. Tôt le matin, son sommet se dresse, imperturbable et massif, au-dessus des montagnes et des collines verdoyantes, puis se cache au fil de la journée dans les nuages, comme nimbé de mystères.

Hyperactif

Le Rinjani tressaille souvent. Son éruption est à la fois effusive (avec lave) et pyroclastique (explosive). Rien qu'au XXe s., trois éruptions majeures ont été enregistrées: en 1944, en 1966 et en 1994. Lors de cette dernière, le niveau du lac a baissé de 4 m et la température de l'eau est passée de 18 à 40 °C pendant trois mois. Surtout, une quarantaine de personnes ont été tuées ou blessées.

La caldeira actuelle, qui mesure 6 km sur 8,5 km, s'est formée lors d'une éruption survenue il y a 14 000 ans. Plus récemment, deux nouveaux monts sont apparus, dont le Barujari, d'où s'échappent aujourd'hui encore quelques fumerolles. Au creux de la caldeira s'étale le superbe lac Segara Anak, profond d'environ 200 m, entouré de forêts et de falaises escarpées. Selon la coutume, il est interdit d'avoir des relations sexuelles, de se plaindre ou de dire du mal d'un proche sur ses rives. Ses teintes varient du bleu azur au vert clair selon l'humeur du ciel. La rumeur veut que les poissons du lac aient été distribués par le président Suharto par hélicoptère en guise de cadeau au peuple!

Mythes et légendes

Plusieurs légendes entourent le volcan. D'après l'une d'elles, la princesse Dewi Anjani, incroyablement belle, tomba amoureuse d'un prince. Son père, refusant de les marier, envoya sa fille en exil au cœur de la montagne. Elle y mourut et devint la reine des esprits de la montagne. Les habitants pensent qu'elle y vit toujours, dans un magnifique château invisible érigé sur les hauteurs. Ils se rendent régulièrement en pèlerinage au sommet du volcan pour se placer sous la protection de la déesse et se baigner dans les sources chaudes aux eaux réputées bienfaisantes. Certains y trempent même leur kriss (poignard traditionnel) afin de régénérer son pouvoir spirituel.

Des offrandes au sommet

Chaque année au moment de la pleine lune du cinquième mois du calendrier hindou (en octobre ou novembre), des milliers de gens se rendent en procession dans la caldeira. Ils y prient, chantent, jettent sur les eaux des paniers d'offrandes contenant de la nourriture, des fleurs ou des objets en or. Certains entrent en transe. Des sacrifices d'animaux – vaches, buffles ou chèvres – ont lieu afin de purifier la terre de ses mauvais esprits. Ce qui implique de les hisser au sommet ! Cette cérémonie, qui daterait du XVIIe s., se nomme Mulang Pekelem. Les fidèles espèrent ainsi maintenir l'harmonie entre l'homme et l'univers. Bien que Lombok soit à majorité musulmane, ce rituel hindou n'a jamais été entravé, en vertu d'une tolérance religieuse bien ancrée.

Pour plus d'informations sur les agences de guides et sur l'organisation de votre trek, voir p. 195. ◆

▼ Le mont Rinjani et son lac.

© Cintract Romain / hemis.fr

itinéraire 18

Le Sud★★

programme pour une journée

On peut réaliser une jolie boucle d'une journée au départ de **Kuta** : baignade à **Tanjung Aan**★★, sieste sur la plage de ♥ **Mawun**★★★, détour par **Mawi**★ pour voir les surfeurs et par **Selong Blanak**★★ pour découvrir la baie, avant de se diriger vers les villages de l'intérieur à la découverte de l'artisanat★ (**Penujak, Sukarara**) et de l'habitat traditionnel (♥ **Rembitan**★).

à ne pas manquer

Nature : Les plages de Tanjung Aan★★, ♥ Mawun★★★, et Selong Blanak★★.

Panorama : Depuis la colline de Tanjung Aan ; depuis le restaurant Ashtari.

Activités : Surf à Gerupuk ou Mawi★ ; plongée (en saison) avec les requins-marteaux à Belongas ; randonnée à cheval sur la plage.

côté pratique

Se déplacer : Il faut impérativement un véhicule, un scooter de préférence.

Départ : Kuta.

Agence de voyage francophone : **Lombok Sensations** (*☎ 087.862.736.869. www.lomboksensation.com),* une excellente petite agence de voyage tenue par Ralph, un Français marié à une Sasak, qui propose des cours de surf, de plongée, des balades originales et authentiques dans la région à la rencontre des habitants, à pied, en voiture ou à cheval, des activités sur mesure, etc.

Règles de précaution : Il est préférable de louer un scooter via son hôtel ou une agence spécialisée afin d'éviter les mauvaises surprises.

Bon à savoir : L'hébergement un peu haut de gamme est restreint, en revanche vous trouverez de multiples hôtels bon marché ; le centre du village de Kuta, où se trouvent les hôtels, est situé à 400 m de la plage, sans vue sur la mer.

Carte : Lombok, p. 166-167. **Bonnes adresses :** p. 244.

◀ La plage de Tanjung Aan.

Grâce au nouvel aéroport et aux routes entièrement refaites, la région de Kuta est devenue très accessible mais reste étonnamment peu touristique. Baies sauvages ou anses protégées, rouleaux parfaits pour le surf ou eaux translucides, le sud de Lombok est une région préservée, attachante, peuplée d'agriculteurs et de pêcheurs. Quant aux maisons traditionnelles, elles ont encore ces superbes toits de chaume frôlant le sol et ces ruelles en terre où courent les poules et les enfants.

Kuta

À 25 min S de l'aéroport.

Ce village de pêcheurs – on pêche et on déguste ici essentiellement du barracuda, du *mahi-mahi* (la daurade locale), des rougets et des gambas – est doté de deux rues principales, de quelques paillotes en bambou et de pensions de famille accueillant principalement les surfeurs et les voyageurs sac à dos. Il s'étire en retrait du front de mer, au creux d'une superbe baie entourée de rochers couverts de végétation. Rien à voir avec la frénésie et les foules branchées du Kuta de Bali ! La plage principale est jolie mais celles des environs le sont bien davantage encore, et leurs eaux abritent une douzaine de sites de plongée propices aux débutants comme aux experts. Le **marché** du mercredi matin vaut le coup d'œil pour l'ambiance authentique qui s'en dégage.

plongée avec les requins. Une école de plongée française **Scuba Froggy** *(sur la plage Pantai Putri Nyale, dans l'hôtel ▲ Novotel, p. 249, mais accessible à tous. ☎ 693.921. www.divetrawangan.com)* emmène les plongeurs très expérimentés à **Belongas**, un spot de classe internationale où l'on peut voir des bancs de requins-marteaux *(juil.-oct.)*.

randonnée à cheval. Kuta Horses *(☎ 081.915.999.436. www.chevalkutalombok.canalblog.com)*, tenu par un Français, vous propose des balades à cheval de 1 h ou une journée à travers les villages d'agriculteurs et de pêcheurs, pour un galop sur la plage ou la baignade des chevaux au coucher du soleil.

Les plages de l'est★★

Seger

À 2 km de Kuta.

Cette plage se divise en deux : la langue de sable trustée par le Novotel et une lagune plus sauvage, entourée de rochers karstiques recouverts d'herbe rase. Balade très populaire que de relier les deux à pied au coucher du soleil. À marée basse, il faut marcher sur une bonne centaine de mètres, de l'eau à mi-mollets, avant de pouvoir nager. Les vagues se cassent au loin sur la barrière de corail, offrant à quelques surfeurs émérites le loisir d'affronter l'océan, tandis que des pêcheurs attendent imperturbablement, postés sur les rochers, que le poisson morde.

Tanjung Aan★★

À 3 km de Seger.

Le véritable bijou de cette côte déserte et préservée, qui s'étire à l'infini sur plusieurs centaines de mètres. L'eau turquoise vient lécher le sable blanc et poudreux. Au beau milieu de la plage, comme surgi des flots, un promontoire rocheux, recouvert d'herbe, sur lequel on grimpe grâce à quelques marches naturelles, permet de contempler la clarté des eaux et la beauté de la baie. Certains jours, il est possible de surfer en partant de la plage.

petit creux. À Tanjung Aan, tout à droite, deux petits *warung* bien tenus, ♦ **Sama-Sama** et ♦ **Turtle**, permettent de déjeuner les pieds dans le sable, à l'ombre des pavillons. Grimpez ensuite sur la colline voisine. Là-haut, vue★★★ époustouflante.

Gerupuk*

···➤ Juste après Tanjung Aan, au bout de la route principale qui longe la plage.

Les bateaux de pêche multicolores rassemblés dans ce port de poche donnent aux lieux un air de bout du monde. À marée basse, les hommes s'activent dans les champs d'algues. Sur le front de mer, quelques pensions et *warung* jouxtent les écoles de surf qui vous conduisent en bateau (en 20 min) sur l'un des cinq breaks de la baie *(p. 192)*.

Un peu plus au sud-est se détache une péninsule sauvage, sillonnée de pistes. On peut surfer à **Ekas** *(1 h de bateau de Gerupuk, prix à négocier avec les écoles de surf; ou 20 min de bateau de Awang – env. 20 km E de Gerupuk)*, marcher sur les falaises de **Tanjung Ringgit** *(**Jeeva Beloam**, http://jeevabeloam.com)*, déambuler sur la « Pink Beach » où le sable fin se mélange au corail rose, ou aller tôt le matin sur le marché aux poissons de **Tanjung Luar** *(30 km N de Tanjung Ringgit)*.

déjeuner bio. Avant de vous lancer sur la route des plages, faites un arrêt à ♦ **Ashtari** *(à 2 km O de Kuta. ☎ 0877.6549.7625. www.ashtarilombok.com)*, un restaurant bio installé au sommet d'une colline, d'où l'on jouit d'une vue imprenable sur toute la baie.

Les plages de l'ouest***

Plusieurs plages de rêve s'étirent, chacune au creux de leur baie inviolée, tout au long de la côte. Elles sont accessibles par une très bonne route, parallèle à la mer, qui part de Kuta.

♥ Mawun***

···➤ À 15 min de Kuta.

C'est une merveille, parmi les plus belles plages de Lombok ! Une anse parfaite, un sable blond, une eau transparente, chaude, calme, dans laquelle on gagne vite en profondeur pour nager, entourée de collines couvertes de végétation.

Au loin, les rochers se rapprochent, comme pour enfermer la baie en leur sein et la protéger des assauts du vent et de la houle. De nombreux arbres, petits ou grands, procurent une ombre salvatrice.

Mawi*

···➤ À 20 min de Mawun, au bout d'une mauvaise piste.

La plage rêvée des surfeurs avertis et de ceux qui aiment les observer, assis à l'ombre d'un *beruga* (vente de boissons, biscuits et nouilles).

◀ Un village sasak non loin de Kuta.

Selong Blanak**

··· À 20 min de Mawi.

Un ruban de sable immaculé s'étire sur des centaines de mètres. Quelques barques flottent sur les eaux bleu turquoise devant les cabanes de pêcheurs. La plage se niche dans une baie hérissée de cocotiers et tapissée de rizières et de champs où poussent haricots, cacahuètes et maïs. Sur un vallon, le petit hôtel ▲ ♥ **Villas Sempiak** *(p. 250)* a trouvé l'emplacement rêvé. À ses pieds, à 50 m de la plage, un excellent restaurant (♦ ♥ ***Laut Biru Cafe**, p. 250*).

Les villages d'artisans*

Penujak

··· À 30 min N de Kuta ; à 30 min N de Selong Blanak.

Les habitants de ce village sont potiers, de mère en fille. Il suffit de marcher le long de la route principale pour voir les artisans donner vie à la terre. Les poteries, rouges à l'origine, sont colorées en noir avec du jus de tamarin. Ensuite, l'objet est enduit d'huile de coco, pour plus de brillance. On peut terminer la visite en se rendant dans une échoppe et acheter une marmite, un vase, un cendrier, commercialisés presque exclusivement au travers des filières de commerce équitable.

Sukarara

··· À 10 min N de Penujak. Donation bienvenue au guide local.

Près de 600 habitants vivent dans ce village, essentiellement des femmes car les hommes sont partis sur les chantiers de construction au Moyen-Orient. Toutes, dès l'âge de 9 ans, apprennent à tisser, et c'est lorsqu'elles maîtrisent la technique, vers l'âge de 15 ans, qu'elles sont jugées en âge d'être mariées. Chaque femme passe la journée devant sa maison, assise par terre, à tisser des nappes et sarongs. Grande boutique à l'entrée du village *(demandez Amin, ☎ 081.941.124.88)*.

Les villages traditionnels*

♥ Rembitan*

··· À 25 min S de Sukarara. Donation bienvenue au guide local.

Ce beau village possède une architecture traditionnelle typique de Lombok, avec ses maisons au toit de chaume en forme de triangle, ses greniers à riz montés sur pilotis et ses *beruga*, pavillons ouverts où se retrouvent les villageois pour discuter. Il est habité par une trentaine de familles, surtout des fermiers. Certains d'entre eux promènent les touristes dans le dédale de ruelles en terre et de maisons dénuées de fenêtres, au sol fabriqué à partir d'un mélange de terre, de bouse de vache et de cendre *(p. 47)*. On peut même pénétrer à l'intérieur de certaines d'entre elles, collées aux abris des vaches et aux mangeoires des buffles. L'électricité n'est arrivée ici qu'au milieu des années 2000.

marché typique. Le jeudi matin à **Sengkol** (à 5 min N de Rembitan) se tient l'un des marchés les plus pittoresques de Lombok (soyez-y avant 10 h).

Sade

··· À 5 min S de Rembitan. Donation à l'entrée et au guide local.

Un village plus grand que Rembitan, plus touristique aussi, qui possède un superbe dédale de maisons traditionnelles collées les unes aux autres. Nombreuses échoppes de souvenirs. ♦

Plongée

Bali et Lombok sont au cœur d'une des biodiversités marines les plus riches au monde (l'Indonésie a référencé près de 3500 espèces de poissons et plus de 500 espèces de coraux) et offrent par conséquent une grande variété de plongées. Débutants et confirmés profiteront de la douceur des eaux, des coraux colorés et de la fabuleuse faune marine. En fonction des sites, vous pourrez plonger sur une épave, nager avec des tortues, croiser des hippocampes pygmées, des requins, faire la connaissance des majestueuses raies manta et même apercevoir pour les plus chanceux l'impressionnant poisson-lune (le *mola mola*).

☘ La pollution liée au plastique fait des dégâts sur la plage et en mer. Certains centres de plongée participent à des actions de nettoyage des plages et des sites et offrent une plongée gratuite en échange d'un coup de main *(tous les premiers vendredis du mois aux Gili).*

Organiser vos plongées

Pour les plus mordus, certaines agences de voyage *(voir Bonnes adresses)* proposent des safaris-plongées, organisant votre séjour autour des sites adaptés à vos envies et à votre niveau. Sinon, vous pourrez choisir de plonger à différentes étapes de votre itinéraire.

À Bali

Amed *(p. 136)*. Depuis Amed, de nombreux sites sont accessibles tant pour les plongeurs débutants que confirmés. À **Jemeluk**, le très faible courant et la mise à l'eau depuis la plage sont idéals pour des baptêmes ou pour les débutants. **The Wall** en revanche, avec son tombant d'une quarantaine de mètres, est plus adapté aux plongeurs confirmés. On y trouve de nombreux coraux, des gorgones et des crevettes en tout genre. Le site **Pyramide** se prête à tous les niveaux. En 2005, une cinquantaine de pyramides en béton ont été déposées au fond de la mer pour créer un récif artificiel. On peut y admirer des tortues, des mérous, des barracudas, des petits requins de récifs, ainsi que des hippocampes pygmées.

L'épave du Liberty *(p. 136)*. Situé à 7 km N d'Amed, Tulamben est l'un des spots de plongée les plus fréquentés de Bali. À 25 m du rivage repose **l'épave du cargo américain Liberty,** torpillé en 1942 par un sous-marin japonais. Couchée entre 5 et 30 m de fond, elle s'offre à tous les plongeurs, débutants, confirmés, apnéistes ou snorkelers. Rançon du succès, la fréquentation de l'épave peut monter en pleine saison à plusieurs centaines de plongeurs par jour, avec un pic entre 9 h 00 et 15 h 00.

Autour de Padangbai et de Candi Dasa *(p. 131)*. À Padangbai, les sites de **Blue Lagoon** et **Jepun** offrent des trésors de vie aquatique avec des rencontres inattendues. Plus au large, les trois îles de **Mimpang, Tepekong** et **Biaha** sont des sites à couper le souffle pour les plongeurs expérimentés. Les conditions de plongée peuvent être extrêmes en raison de courants forts, imprévisibles et multidirectionnels.

Nusa Penida et Nusa Lembongan *(p. 89)*. Situées entre Bali et Lombok, ces deux îles sont exposées de plein fouet aux courants descendants de l'océan Pacifique vers l'océan Indien. Entre juin et octobre, le *mola mola* (ou poisson-lune) profite de ces courants pour remonter près des côtes et se faire nettoyer par les poissons-cochers. À elle seule, l'île de Nusa Penida bénéficie d'une quinzaine de sites de plongée répertoriés, dont le fameux **Manta Point,** où l'on aperçoit régulièrement quelques raies manta voler dans le courant. Certains sites comme **Gamat Bay** ou **Cristal Bay** sont protégés des courants mais sont très fréquentés, notamment au mois d'août.

De nombreuses agences proposent des plongées sur les îles depuis Sanur, Padangbai ou Candi Dasa. Nous vous recommandons plutôt, si vous le pouvez, de plonger depuis Nusa Lembongan. Vous aurez plus de temps pour découvrir des sites moins touristiques et les écoles sur place vous proposeront des horaires de plongée en décalé avec l'arrivée des bateaux de Sanur.

L'île Menjangan et la baie de Pemuteran *(p. 159)*. C'est ici, au nord-ouest de l'île, que se trouvent parmi les plus belles plongées balinaises, que ce soit dans la baie de Pemuteran ou autour de l'île Menjangan, où des bateaux vous emmènent depuis les ports de Pemuteran ou Labuhan Lalang *(entre 30 et 50 min de traversée)* à la demi-journée. Il existe 16 écoles de plongée à Pemuteran, dont deux francophones. Privilégiez les centres occidentaux, plus chers mais plus fiables.

attention. Ne sous-estimez pas la force des courants lors de vos plongées autour de Nusa Penida et assurez-vous que votre centre prenne bien le temps de vous l'expliquer lors du *briefing* d'avant plongée.

▼ Plongée sur un récif.

© imagebroker / hemis.fr

Plusieurs types de plongées sont possibles autour de l'**île Menjangan** : profonde, tombants, épave, dérive, muck, photo, macro, le tout dans des eaux dénuées de courant et offrant une belle visibilité. Le caractère singulier de certains sites **(Secret Bay, Puri Jati)** et le niveau nécessaire pour d'autres **(l'Épave de « l'Ancre », POS II)** font de la région une destination idéale pour les plongeurs avertis. Mais les débutants se régaleront eux aussi dans cet aquarium géant, truffé d'innombrables poissons et coraux colorés.

La **baie de Pemuteran** compte au moins 8 spots de plongée accessibles à tous, dont le « Water Temple » : une dizaine de statues en pierre ont été déposées à 30 m de profondeur. Pour les amateurs de snorkeling, il suffit de nager 30 m depuis la plage pour accéder au récif magnifique qu'habitent des poissons de toutes sortes. On peut louer du matériel aux cahutes installées le long de la rue principale ou dans les hôtels et les centres de plongée, à l'heure ou à la journée *(moins de 100 000 Rp)*.

À Lombok

Des spots superbes des îles Gili, bien que très fréquentés, aux sites plus sauvages et préservés du grand sud, il y en a pour tous les goûts et tous les niveaux !

Au sud, à Kuta *(p. 183)*. La plupart des douze sites de la baie sont accessibles à tout niveau, de préférence entre septembre et mai. Régulièrement, des baptêmes de plongée et des cours « de niveau 1 » (PADI Open Water) sont organisés pour les débutants. Un seul centre de plongée (français) est installé à Kuta. Peu de plongeurs fréquentent encore ces sites parfaitement préservés, à l'architecture diverse (énormes rochers couverts de coraux, petites cavernes, passages entre les rochers offrant des points de vue éblouissants sur la faune et la flore, etc.), aux habitants variés (tortues, napoléons, raies manta, murènes, requins à pointe blanche) et aux fonds marins très vivants (coraux, anémones, gorgones, arches, tunnels, grottes). En revanche, certains sites réputés sont réservés aux plongeurs expérimentés (il faut avoir au moins 100 plongées à son actif) en raison des courants capricieux, tel que le célèbre **« Magnet »** à Belongas, un spot de classe internationale où l'on peut croiser des bancs de requins-marteaux, impressionants bien qu'inoffensifs, généralement de juillet à octobre. Dans le sud, seuls 20 % des sites ont été explorés. Avis aux aventuriers des profondeurs !

Au sud-ouest, dans la baie de Sekotong *(p. 172)*. Des plongées authentiques, dans un véritable aquarium à peine troublé par quelques bateaux au loin... Le *reef* est à 30 m du rivage des îles, accessible en quelques brassées ! Visibilité : 10 à 40 m. Types de sites : pentes, plateaux, caves, épaves. Température de l'eau : de 27° à 30 °C. Tout est dit !

Aux îles Gili *(p. 174)*. Dans ces eaux cristallines, accessibles à tous étant donné l'absence de courants, on peut voir toutes sortes de poissons, mais aussi des rascasses volantes, tortues, langoustes, hippocampes, barracudas et, sur certains sites, des requins, en plus d'une grande variété de coraux durs et mous. La meilleure période s'étend de mi-avril à fin décembre. On dénombre en tout 22 spots, dont certains parfaits pour les plongées de nuit. Certes, les bateaux et les plongeurs se bousculent parfois sur les flots, certes aussi le corail est très abimé par endroits, à cause du tourisme mais surtout d'El Niño et de la pêche à la dynamite, mais quel bonheur de sauter dans l'eau, armé de bouteilles ou d'un simple masque, pour nager avec les tortues !

Plongée responsable

- Choisissez une agence de voyage qui adhère à une charte éthique.
- Privilégiez les centres de plongée responsable, concernés par la protection des fonds marins (retraitement des déchets et des eaux usées, utilisation de bouées de mouillage) et s'investissant dans le développement local.
- Renseignez-vous sur les écosystèmes marins que vous allez découvrir.
- N'ayez pas comme seul critère de sélection le prix des plongées.
- Palmez doucement pour ne pas heurter la vie fixée.
- Evitez le contact avec plantes et animaux fixés. Ils sont fragiles, la multiplication des chocs les détruit.
- Ne prélevez rien, sauf des images.
- Ne harcelez pas les animaux. S'ils se sont réfugiés dans leur cachette, ne les forcez pas, ils sont déjà stressés. Patientez sans bouger jusqu'à ce qu'ils retrouvent leur calme, et sortent à nouveau.
- N'achetez pas de souvenirs arrachés à la mer : dent de requin, carapace de tortue, étoile de mer, hippocampe et autres poissons séchés, coraux, coquillages. ◆

Un coup de jus.

Depuis 2004, l'association **Gili Eco Trust** restaure les récifs abîmés grâce à une technique originale baptisée « Biorock » : le corail abîmé est attaché au fond de l'eau à une structure métallique à laquelle sont envoyées de petites décharges électriques. Résultat : du calcaire se forme, deux à six fois plus vite qu'au naturel ! L'écotaxe de 50 000 Rp que les plongeurs sont priés d'acquitter à leur arrivée sert à financer ce projet, et à dédommager les pêcheurs qui n'ont plus le droit de pêcher à la dynamite dans les environs. *www.giliecotrust.com.*

en apnée. À Gili Trawangan, on peut apprendre à plonger en apnée jusqu'à 20 m de profondeur via l'école de free diving DSM Dive *(p. 247)*.

▼ Poissons clowns.

© Reinhard Dirscherl/Bilderberg / Photononstop

Surf

Location de matériel

Attention aux loueurs de planches sur la plage. L'arnaque est assez classique ; certains n'hésitent pas à vous louer une planche en mauvais état, qui ne demande que quelques vagues supplémentaires pour se casser, et vous facturent alors jusqu'à 800 000 Rp (env. 50 €). Vérifiez donc toujours l'état de la planche que vous allez louer.

Pour être assuré de louer du matériel de qualité, passez par le site www.rentasurfboard.com. Le matériel sera directement livré à votre hôtel.

À Bali

Les débuts du surf à Bali remontent à 1936 avec l'arrivée de Bob Koke, un californien venu d'Hawai avec sa femme et sa planche de surf *(p. 73)*. Mais ce n'est que dans les années 1960 que ce sport a commencé à se développer avec l'arrivée de surfeurs comme Kim Bradeley ou Gerry Lopez, les premiers à glisser sur les vagues du Bukit. Depuis, l'attractivité de Bali auprès des surfeurs ne se dément pas. Et pour cause : l'île des dieux offre parmi les plus beaux spots du monde, révélés notamment par des films mythiques comme *The Endless Summer* ou *Riding Giants*.

Des conditions optimales

Bali est un des rares endroits au monde qui possède autant de spots mythiques pour les surfeurs confirmés tout en offrant à la fois 9 km de plage de sable et des vagues accessibles aux débutants. En outre, on peut y surfer toute l'année : l'eau est chaude, il y a de la houle, les vagues sont puissantes et beaucoup d'entre elles sont « parfaites », ce qui, dans le jargon des surfeurs, signifie qu'elles forment un tube. Que demander de mieux ?

Où surfer

Pendant la saison sèche d'avril à septembre, la côte ouest offre les meilleures vagues. À la saison humide, c'est sur la côte est que l'on ira surfer.

Pour les débutants. Les plages de **Seminyak** *(p. 74)*, **Kuta** *(p. 73)* et **Echo Beach** *(p. 76)* conviennent parfaitement aux débutants en saison sèche. L'accès y est très facile en voiture ou moto. La plage de Kuta s'étend sur plusieurs kilomètres et offre de bonnes conditions mais le spot est bondé et il y a énormément de monde sur le *line up*.

Pour les surfeurs de niveau intermédiaire. Les plages de **Balangan** *(p. 80)*, **Medewi** *(p. 162)* et **Balian** *(p. 163)*.

Pour les surfeurs confirmés. **Sur Le Bukit** *(p. 78)* : **Uluwatu,** la vague la plus connue de Bali, au pied du temple du même nom ! Victime de son succès, la gauche est surpeuplée lorsque les conditions sont réunies. Mise à l'eau mémorable par la grotte. Longue vague formant régulièrement des tubes. **Bingin,** exceptionnel avec un vent sud-ouest ou est *offshore*. C'est à marée haute que les vagues sont les plus accessibles à tous les surfeurs. À mi-marée et marée basse, une gauche solide avec des tubes ultra profonds sur le *reef* à fleur d'eau régalera les surfeurs expérimentés. Fréquentation importante à la saison sèche. **Impossible,** spot un peu moins fréquenté. Contrairement à ce que son nom peut évoquer, il ne s'agit pas d'une vague très difficile mais d'une vague très longue qui comporte 3 sections et qu'il est difficile (voire impossible) de franchir d'un seul coup. **Padang Padang,** l'une des vagues de l'île les plus connues des amateurs de sensations fortes. Des compétitions mondiales y sont organisées tous les ans. Beaucoup de monde au *line up*, tubes assurés. **Green Ball,** au sud d'Uluwatu. Belle droite creuse et rapide sur récifs (coraux et rochers coupants) idéale à mi-marée. Spot peu fréquenté, réservé aux surfeurs expérimentés. Les plages de **Nusa Dua** et de **Sanur,** idéales de décembre à mars.

À Nusa Lembongan *(p. 89)* : **Playground,** est accessible en seulement 5 min à la rame depuis Coconut Bay. La vague (gauche et droite) est facile au *take off* mais parfois surpeuplée. De nombreux surfeurs inexpérimentés s'essayent à ce spot sans connaître les règles de priorité. Demandez à votre école de surf de vous les expliquer ou prenez un cours si c'est la première fois que vous surfez une vague de corail. Attention par moyenne à grosse houle : forts courants ! **Lacerations,** située juste en face de l'école de surf Monkey Surfing, est parfaite par petite et moyenne houle pour les surfeurs de tous niveaux (gauche et droite). Lorsque la houle est plus importante (plus de 2 m), seule

Pour débuter.

En fonction de votre budget, vous pouvez très bien vous initier avec les « beach boys » sur la plage. C'est l'option la plus économique et la plus flexible. Pour plus d'attention et de sécurité aussi, préférez les petites écoles de surf aux grandes usines de Kuta *(voir Bonnes adresses)*. Vous pouvez ensuite passer une semaine dans différents « surfcamps ». Il y en a pour tous les goûts et toutes les bourses *(voir Bonnes adresses)*.

surfer responsable. Cette toute jeune association créée par Jon et Ollie, deux surfeurs vivant à Uluwatu, a pour objectif de mettre en place un système durable de gestion des déchets autour de la plage d'Uluwatu (**Project Clean Uluwatu.** *www.projectcleanuluwatu.com)*.

▼ Surfeurs sur la plage de Kuta.

© Cintract Romain / hemis.fr

la droite est « surfable » et offre un tube très rapide réservé aux surfeurs les plus expérimentés. On y accède en ramant env. 15 min. Pour garder votre énergie, allez-y en « surf-taxi », de petits bateaux que l'on prend sur la plage de Jugutbatu (comptez 40 000 Rp aller-retour). **Shipwrecks** est située en face de l'hôtel ▲ Indiana Kenanga *(p. 217)*. Ramez jusqu'au drapeau noir qui indique l'entrée dans le lagon (env. 10 min de rame). Vague de droite de renommée internationale et malheureusement souvent très peuplée. Lorsque les vents sont bons, elle offre une belle section à tube. Surfeurs expérimentés uniquement : présence de piquets d'algues et forts courants par grosse houle. **Razor,** juste à côté de Shipwrecks, est une longue vague de gauche que l'on repère facilement depuis le rivage car elle est plus grosse que les autres. Surfeurs expérimentés uniquement : présence de piquets d'algues et forts courants par plus grosse houle.

À Nusa Ceningan *(p. 89)* **:** après avoir traversé le pont pittoresque reliant Nusa Lembongan à Nusa Ceningan, tournez à droite puis, après 10 min de route, vous arrivez sur le spot de **Ceningan**. Le spot est parfait lorsque la houle est petite. Les vagues, de gauche, y seront toujours plus grosses qu'à Lembongan grâce à sa bonne exposition à la houle. À seulement 2 min du bord de la plage, ce spot est peu connu des touristes. Surfeurs expérimentés uniquement : présence de piquets d'algues et forts courants en cas de grosse houle.

À Lombok

Le surf ici, à pratiquer idéalement pendant la saison sèche de mai à octobre, est plutôt réservé aux bons surfeurs, habitués aux forts courants et aux vagues qui déferlent loin du rivage. Pour cela, direction le sud ! Contrairement à Bali où, la plupart du temps, on part de la plage, ici, c'est un bateau qui vous emmène au loin, sur le *break*. Mieux vaut partir en mer le matin, quand le soleil ne cogne pas encore trop fort.

OÙ SURFER

Pour les débutants. Dans la baie de **Senggigi** *(p. 169)*, à l'ouest, quelques gentilles vagues, notamment en se mettant à l'eau devant l'hôtel ▲♥ Qunci Villas *(p. 245)* ; dans le grand sud, au creux de la superbe baie de **Gerupuk** *(p. 184)*, un bateau vous emmène sur les *breaks* baptisés Don-Don et Kidspoint, avec ou sans professeur à vos côtés. Praticable en toutes saisons, tant que la houle ne se lève pas.

Pour les surfeurs de niveau intermédiaire. Depuis le village de Gerupuk *(p. 184)* au sud de Lombok, le *break* d'**Inside** se découvre en toutes saisons, de préférence à marée montante. Il est parfait pour les surfeurs accusant encore quelques chutes maladroites : sous l'eau, seulement du sable et de l'herbe, pas de corail. **Outside Right** ravira aussi les surfeurs de cette catégorie. Au sud de **Gili Air** *(p. 176)*, quelques vagues prisées des locaux valent aussi le coup.

Pour les surfeurs expérimentés. À l'est de Kuta, le *break* d'**Outside Left** accueille, après une courte traversée en bateau, les bons surfeurs. À l'ouest de Kuta, la plage de **Mawi** *(p. 184)* invite à dribbler les vagues, en partant de la plage. Sur la pointe ouest de Lombok, c'est surtout la mythique vague de **Bangko-Bangko** *(p. 173)* qui affole les connaisseurs. Creuse, rapide et tubulaire, elle est accessible en bateau ou en 4 x 4, via une piste défoncée à partir de Labuhan Poh. Après un *take off* relativement tranquille, la vague se met à grossir, à creuser et à accélérer. Rip Curl y organise même des compétitions internationales. Quand tous les éléments sont réunis, cette longue gauche, rapide comme un train, dotée d'un tube parfait qui ne se casse qu'au bout d'une vingtaine de secondes, apparaît comme l'une des plus belles du monde. Attention au corail coupant sur le *reef* en cas de mauvaise chute...

une école de surf pas comme les autres. En apprenant à surfer avec **Soul Surf Project** *(www.soulsurfprojectbali.com)*, vous donnez la chance à un enfant orphelin de Bali de prendre des cours à son tour. Et peut-être de lui changer la vie. L'objectif est de permettre l'intégration de jeunes Balinais défavorisés grâce au surf, tout en les sensibilisant à la nécessité de protéger l'environnement. ◆

Quelques mots de vocabulaire...

Break : lieu où la vague se casse.
Droite : vague déferlant à droite du surfeur, l'inverse vue de la plage.
Gauche : vague déferlant à gauche du surfeur.
Lèvre : partie de la vague en train de casser et projetée vers l'avant.
Line up : zone où l'on attend la vague.
Offshore : vent venant de la terre soufflant vers les vagues (le meilleur vent).
Onshore : vent venant de la mer.
Reef : zone de surf aux fonds rocheux ou coralliens.
Section : portion de vague qui casse.
Spot : endroit où casse une vague surfable.
Take off : moment durant lequel le surfeur rame pour se mettre sur la vague, puis se lève sur sa planche.
Tube : intérieur de la vague.

▼ Spot de surf de Uluwatu.

© Chaput Franck / hemis.fr

Randonnée

Avec ses plantations, ses rizières et ses volcans, Bali offre un cadre idéal pour découvrir à pied des paysages de toute beauté.

De la nécessité du guide

S'il n'existe pas à proprement parler de circuits balisés de type GR (« grande randonnée ») ni de cartes comme en France, il reste possible d'effectuer de belles randonnées sur les terres balinaises. À une condition : s'adjoindre les services d'un guide professionnel, par l'intermédiaire d'une agence de voyages ou de votre hôtel, sous peine de vous perdre dès les premiers pas ! Car, bien souvent, le chemin n'est pas indiqué, il pénètre à travers la jungle, traverse une rizière, grimpe un vallon, sillonne un village, en marge des routes et de la civilisation.

Des possibilités infinies

La plupart des balades ont pour objectif final un temple, une cascade, un village préservé du tourisme, un plateau verdoyant, etc. Elles peuvent durer de une heure à plusieurs jours, au gré de vos envies, puisque c'est vous, en accord avec votre guide, qui déterminez votre parcours, faute d'itinéraires officiels établis. Du coup, les possibilités sont infinies ! Vous pourrez, si vous le souhaitez, dormir en cours de route chez l'habitant.

Les randonnées les plus remarquables sillonnent les **rizières de Jatiluwih** *(p. 117)*, **Tegallalang** *(p. 103)* et **Sidemen** *(p. 126)*, les **plantations de Munduk** *(p. 151)*, les forêts protégées du **Parc national Bali Barat** *(p. 160)* ou encore les **cascades sacrées de Sekumpul** *(Journée de rêve p. 149)*. Certaines agences parlent de **« Transbalinaise »** même si cette boucle informelle n'existe pas véritablement. Il s'agit plutôt d'une mise bout à bout de petits sentiers situés à l'intérieur des terres que les voyageurs sont libres d'emprunter à leur guise. Souvent, on suit une rivière ou un canal d'irrigation, et l'on s'immisce, à pied, en silence, au cœur de la vie agricole balinaise, aux côtés des agriculteurs. Le profil du terrain s'apparente souvent à de petites montagnes russes, avec des montées et des descentes qui s'enchaînent. Mieux vaut partir de bon matin, avant les grosses chaleurs et les éventuelles pluies de fin d'après-midi, et garder à l'esprit que la nuit tombe vite et tôt *(aux alentours de 18 h, toute l'année)*. Parfois, une simple promenade dans les rizières autour de votre hôtel peut s'apparenter à une expérience magique.

À l'assaut des volcans

Le point d'orgue d'un séjour à Bali et à Lombok est d'escalader un volcan. On part au beau milieu de la nuit, comme en procession, pour arriver au sommet au lever du soleil. Les marcheurs du dimanche et les familles préfèreront l'ascension du **mont Batur** *(p. 155)*, possible toute l'année et dénuée de difficulté technique, tandis que les sportifs testeront leurs mollets sur le **mont Agung** *(p. 130)*, et les véritables grimpeurs s'attaqueront aux 3726 m du **mont Rinjani** ···› focus p. 180 à Lombok, un des treks les plus difficiles d'Asie du sud-est. Prévoyez un bon équipement: chaussures de randonnée – même si les guides locaux sont parfois pieds nus ou en tongs! – et, surtout, une bonne veste car avant que le soleil ne se lève, dans les hauteurs, il peut faire très froid! Pour le reste (tente, sac de couchage, réchaud), le matériel est fourni par les agences de voyages qui organisent le trekking. Des porteurs sont mis à la disposition des marcheurs pour transporter le matériel de camping, si bien que vous n'avez que votre petit sac d'affaires personnelles sur le dos. Les porteurs, eux, chargent jusqu'à 40 kg de bagages sur des tiges de bambou qu'ils calent en balancier sur leur cou ou leurs frêles épaules. Alors ne les oubliez pas au moment du pourboire! D'autant que ces derniers constituent une part importante de leur salaire (qui ne s'élève qu'à environ 15 US$ par ascension).

Le Mont Rinjani

C'est assurément l'une des plus belles (et des plus difficiles) randonnées qu'offre le sud-est Asiatique. Environ 20 000 touristes l'effectuent chaque année, mais seuls 10 % atteignent le sommet, à 3726 m, les autres préférant s'arrêter quelques centaines de mètres en contrebas, d'où ils jouissent déjà d'une vue époustouflante. Vous n'avez d'autres choix que d'effectuer l'ascension avec des guides et des porteurs, le tout via un package prédéfini.

Accès en voiture : Senaru est à env. 2 h 30 de route de Senggigi, Sembalun à 3 h 30.

Départ : À Senaru ou Sembalun *(p. 178 et 179)*.

Dénivelé : 3 200 m de dénivelé positif, et 3 700 m en négatif.

Durée : Minimum 2j/1n (sans descendre jusqu'au lac ou sans grimper jusqu'au sommet), soit environ 18 h de marche ; sinon, 3j/2n, soit environ 23 h de marche.

Saison : Le volcan est fermé de décembre à mars inclus.

Difficulté : Élevée.

Organisation : Vous avez plusieurs possibilités pour organiser votre trekking : passer par une agence de voyages spécialisée, comme celles qui existent à Senggigi, Kuta ou sur les îles Gili, qui se charge alors de vous transférer de votre hôtel jusqu'aux villages de Senaru ou Sembalun, les deux seuls points de départ de l'ascension ; ou vous rendre directement, par vos propres moyens, à Senaru ou à Sembalun et louer sur place, la veille de l'ascension, un guide et des porteurs via le **Rinjani Trekking Center** *(☎ 0370.693.202 ou ☎ 081.7573.0415)* ou le **Rinjani Information Cen-**

▼ Camp de base sur le mont Rinjani.

© Harding Robert / hemis.fr

ter (en très haute saison, petit risque que tous les guides et/ou porteurs soient déjà pris). Ces deux organismes officiels *(ouv. t.l.j. 7h-17h)* pratiquent des prix non négociables, à peu près similaires à ceux offerts par les agences.

Dans les deux cas, vous aurez le choix entre deux options : la formule « budget », avec un confort rudimentaire, ou la version « standard », un peu plus chère, avec des guides parlant mieux anglais, des repas plus copieux et du matériel de camping plus confortable.

Tarifs. Version « budget » : pour 2j/1n, comptez 1 985 000 Rp par personne (1 235 000 Rp par personne si on est 2, 1 137 000 Rp par personne si on est de 3 à 10). Pour 3j/2n (sans le sommet), 2 314 000 Rp par personne (1 434 000 Rp par pers si on est 2, 1 235 000 Rp par pers si on est de 3 à 10). Pour 3j/2n (avec le sommet), 2 644 000 Rp par personne (1 632 000 Rp par pers si on est 2, 1 505 000 Rp par pers si on est de 3 à 10). Cela inclut : guide, porteurs, entrée au Parc national, tente, sac de couchage, tapis de sol, réchaud, repas (mais pas l'éventuelle nuit à Senaru ni le transport Senaru-Sembalun). Pour la **version « standard »,** compter 30 % de plus, incluant aussi une nuit à Senaru.

Depuis Senaru.

3j/2n : Le départ s'effectue vers 8 h du matin (si vous arrivez tout juste de Senggigi, située à 2 h 30 de route, cela implique un réveil très matinal ; d'où l'idée de dormir à Senaru la nuit précédant le début du trek). Pour se mettre en jambes, vous commencez par 3 h de marche jusqu'à Pos 2, où le déjeuner vous est servi. Puis c'est reparti pour 2 h de marche, jusqu'à Pos 3. Cette première partie du trek s'effectue à travers une forêt tropicale dense, peuplée de singes et d'une espèce particulière de daims, dont la tête ressemble à celle d'un chien. Après une pause bienvenue, restent 2 h de marche pour atteindre le camp de base où vous observez le coucher de soleil et passez la nuit, au bord de la caldeira. Ce terme (« chaudron », en portugais) désigne un cratère qui s'est créé à la suite de l'effondrement de la partie centrale du volcan. La vue sur le lac Segare Anak (« enfant de la mer ») est superbe. Le lendemain, en piste pour 2 h de descente jusqu'aux rives du lac et aux sources d'eaux chaudes. Déjeuner et baignade. En début d'après-midi, la remontée commence, pendant environ 3 h, pour gagner un autre camp de base, lui aussi situé au bord du cratère. Nuit sous la tente. Au beau milieu de la nuit, vers 2 h 30, votre guide vient vous réveiller : petit en-cas léger (café, biscuits) puis 3 h de grimpette jusqu'au sommet. Après une partie sablonneuse, la dernière heure se déroule dans des pierriers menant à une crête où il faut bien souvent s'aider de ses mains pour avancer. Mais là-haut, quelle récompense ! Un panorama éblouissant, ouvert à 360°, jusqu'aux îles de Bali et de Sumbawa, s'offre à vous, comme au premier matin du monde... Cette dernière ascension représente à elle seule 1 000 m de dénivelé, donc autant avoir les mollets bien fermes. Voilà qu'il faut déjà redescendre (2 h), par le même chemin, jusqu'au camp où vous avez laissé vos affaires (et sans doute certains de vos compagnons encore endormis). Bien souvent, vous êtes encore au-dessus d'une mer de nuages surréelle. Un vrai petit déjeuner vous attend. Vers 10 h, commence la grande descente (6 h), jusqu'à Sembalun, où vous arrivez en milieu d'après-midi.

2j/1n : Le premier jour est identique. Le deuxième jour, au choix : ascension jusqu'au sommet ou descente sur les rives du lac. Et retour sur Senaru par le même chemin.

Depuis Sembalun.

3j/2n : Le départ s'effectue aussi vers 8 h du matin. Compter 2 h 30 de marche jusqu'à Pos 1, puis 1 h jusqu'à Pos 2, puis 1 h jusqu'à Pos 3, puis 3 h jusqu'au camp de base de Pelawangan. Soit tout de même 7 h 30 et 1 500 m dénivelé, dès le premier jour ! Après un réveil à 2 h du matin, commence l'ascension (3 h) vers le sommet, d'où l'on redescend ensuite (1 h 30) pour le camp. Le même jour, on descend (2 h) vers les rives du lac. Il est possible d'y dormir ou de remonter directement de l'autre côté du cratère (2 h 30) pour y planter la tente. Le dernier jour, on grimpe pour quitter les rives du lac (2 h 30) ou on redescend directement sur Senaru (5 h).

2j/1n : Le premier jour est identique. Le deuxième jour, au choix : ascension jusqu'au sommet ou descente sur les rives du lac. Et retour sur Sembalun par le même chemin.

Bon à savoir : Le trek de 2j/1n au départ de Senaru revient à Senaru, par le même chemin. Idem pour Sembalun (si vous êtes sûr de grimper jusqu'au sommet, mieux vaut alors partir de là, pour épargner un peu vos mollets). La grande traversée entre les deux villages via le volcan nécessite au moins 3j/2n (quel que soit votre point d'arrivée, on vient vous y chercher en voiture). ◆

Bon à savoir : prévoyez votre équipement en amont (chaussures de randonnée, coupe-vent et pulls), car il est impossible de trouver sur place à Lombok du matériel de qualité ou des vêtements de taille standard, malgré ce que l'on pourra vous certifier.

Conseil : prenez un maillot de bain pour vous baigner dans les sources d'eaux chaudes près du lac.

respect de la nature. Le gouvernement a instauré un système d'aides visant à nettoyer le volcan : toute personne, marcheur, guide ou porteur, qui ramasse 1 kg de détritus reçoit 25 000 Rp. Vous êtes par ailleurs priés de suivre à la lettre la consigne : « Pack it in – Pack it out » !

▼ Vue sur le cratère, à plus de 3 700 m d'altitude.

© Harding Robert / hemis.fr

Le Sud et les îles

visites

Itinéraires 1 à 3, p. 68.
Carte Le Sud et les îles p. 70-71.

Indicatif: 0361 (sinon, le numéro de téléphone entier est indiqué). Les numéros en 08 sont des numéros de téléphones portables et n'ont pas d'indicatif.

Pour les hébergements, les tarifs sont indiqués sur la base d'une nuit en ch. double en haute saison; petit-déj. et 21% de taxes inclus (sauf mention contraire). Attention à la « peak season » entre les fêtes de Noël et du nouvel an, durant laquelle il faut encore ajouter 10 à 15 € aux prix de la haute saison. Sauf mention contraire, les établissements indiqués n'acceptent pas les cartes bleues.

Kuta

Adresses utiles

Argent. La plupart des distributeurs ne délivrent que 2 à 2,5 millions de Rp (entre 120 et 160 €). Avec votre passeport, vous pourrez retirer 5 millions de Rp à la banque BNI à Kuta (juste au début de la rue menant au Bomb Memorial, sur la droite).

Hôpital. BMIC, Jl. ByPass Ngurah Rai, ☎ 761.263, www.bimcbali.com.

Office de tourisme. Jl. Benasari 36 B (à la limite entre Kuta et Legian), ☎ 754.090.

Pharmacie. Apotek Kimia Farma, Jl. Kartika Plaza 67, ☎ 757.196.

Police. The Tourist Police, Jl. Pantai Kuta, ☎ 763.753. Ouv. t.l.j. 24 h/24.

Taxi. Blue Bird, la compagnie la plus fiable. Toutes les voitures sont équipées d'un compteur. N'hésitez pas à rappeler à votre chauffeur de le mettre en marche.

Transports (bus, bateaux, tours). **Perama Tour & Travel,** Jl. Legian 39, ☎ 751.551.

Hébergement

Entre 20 et 40 €

▲ **Kedin's Inn,** Jl. Poppies Lane 1, ☎ 756.771, www.kedins-inn.com. 49 ch. avec s.d.b., eau chaude, clim. et ventil. Cet hôtel a su conserver des éléments d'architecture balinaise tout en offrant un confort moderne. Les chambres doubles sont simples, très propres et décorées avec soin. Autour de la piscine, on prend le petit-déjeuner dans un agréable café.

▲ **Suji Bungalow,** Jl. Poppies Lane 1, ☎ 765.804, www.sujibglw.com. 47 ch. avec s.d.b., clim. et ventil.; petit-déj. et taxes non inclus. Loin des hôtels modernes et sans charme, Suji offre une ambiance familiale. Idéal pour les enfants qui disposent d'une aire de jeux et d'une piscine rien que pour eux.

Entre 40 et 60 €

▲ **Kuta Puri Bungalows,** Jl. Poppies Lane 1, ☎ 751.903, www.kutapuri.com. 79 ch. avec s.d.b., clim., TV câblée, WiFi. Un havre de paix dans Kuta. Des bungalows sont répartis dans un grand jardin. Les hôtes de l'hôtel ont le choix entre deux piscines. Demandez les chambres rénovées, un peu plus chères mais beaucoup plus confortables.

Autour de 80 €

▲ **Poppies Bali,** Jl. Legian, ☎ 751.059, www.poppiesbali.com. 20 cottages avec s.d.b., clim., WiFi, TV, CB, transfert; petit-déj. et taxes non inclus. C'est une institution de Kuta. La construction de l'hôtel a commencé en 1973 ! Les petits bungalows sont décorés avec soin et répartis dans un jardin luxuriant où règnent les hibiscus, frangipaniers et bougainvilliers.

Restauration

Moins de 10 €

♦ **Bamboo Bar and Grill,** Jl. Kartika Plaza (en face du centre commercial Discovery), ☎ 758.128/758.129. Comme son nom l'indique, la décoration de ce restaurant est toute en bambou. On y mange une cuisine occidentale utilisant des produits frais et des portions généreuses.

♦ **Poppies Restaurant,** Poppies Lane 1 (au S de Jl. Legian, à côté du coin de *bemo*), ☎ 751.059. Ouv. t.l.j. 8 h-23 h. Comme l'hôtel du même nom, le res-

La location de villas

▲ **Bali je t'aime,** Jl. Basangkasa 13, Seminyak, ☎0817.472.54.62, balijetaime@yahoo.fr, www.balijetaime.com. Grégory dispose d'un portefeuille de 45 maisons et une gamme de prix très larges allant de 70 à plus de 850 €. Pour être sûr de pouvoir réserver la maison de ses rêves en haute saison (été et fêtes de Noël), mieux vaut s'y prendre 6 mois à l'avance.

▲ **Villa Bali,** ☎01.75.43.01.25, www.villa-bali.com. David Chambat propose de superbes villas dignes des magazines de décoration ! À partir de 100 € par nuit pour une villa de deux chambres.

▲ ☘ **Bali Soul Villa,** ☎0811.380.57.93, www.balisoulvillas.com. Emily et Justin, un couple d'Australiens, proposent des villas à louer avec une attention particulière pour les familles. Ils peuvent sécuriser les piscines (ce qui est rarement le cas à Bali), trouver des sièges auto, des chaises hautes et des baby-sitters de confiance. Le plus : Emily et Justin soutiennent l'orphelinat Jodie O'Shea situé à Denpasar. ◆

taurant est une institution de Kuta. On y sert une cuisine occidentale et indonésienne. Chaque table est nichée dans un petit écrin de verdure tropicale.

♦ **Ratu,** Poppies Lane 2. Excellent petit-déjeuner pour moins de 2 €.

♦ **Sky Garden,** Jl. Legian Kuta, ☎755.423. Ouv. t.l.j. 17 h-4 h. Les gros mangeurs apprécient la formule buffet à volonté pour moins de 4 € de 17 h-20 h.

Bars

● **The Stones,** Entertainment Center, Jl. Raya Pantai, ☎766.100. Allez-y au coucher du soleil, emportez votre maillot de bain et sirotez votre cocktail dans le Jacuzzi face à la mer.

Shopping

Beach Walk, Jl. Pantai Kuta. Sur la route de la plage, un nouveau centre commercial ultra moderne regroupe toutes les grandes enseignes (Starbucks, Zara, Mothercare).

Nilam Sembagin, Pertokoan Nakula Plaza Blok A/5, Jl. Nakula Raya. Une belle maison adepte du commerce équitable propose du linge de maison bio.

Sports

Pro Surf School, Istana Rama Hotel (sur la plage de Kuta), ☎751.200. Une école de surf créée par Franck Faust, un Luxembourgeois né sur la plage de Kuta. Pour se différencier de ses nombreux concurrents, il mise sur la sécurité. Le matériel est importé d'Australie et renouvelé régulièrement. Le plus : tous les instructeurs ont un certificat australien de maître-nageur.

Waterbom Bali, Jl. Kartika (en face du Kartika Plaza), ☎755.676, entrée payante. Un immense parc d'attraction aquatique en plein air situé au cœur de Kuta. Les amateurs de sensations fortes dévaleront les pentes des toboggans Waterbowl ou Superbomb. Large choix d'activités également pour les plus petits.

Wave Hunter Stand Up Paddle, Jl. Sunset Road 18X (au croisement de Jl. Sunset et Imam Bonjol), ☎753.120. Il n'y a pas que le surf à Bali ! La preuve, on peut également faire du Stand up Paddle ou SUP pour les initiés. Wave Hunter propose des locations de planche, des cours mais aussi des excursions à la journée !

Legian

Hébergement

Entre 30 et 50 €

▲ **Three Brothers Inn,** Jl. Legian Tengah, ☎751.566, www.threebrothersbungalows.com. 83 ch. avec s.d.b. Dans un vaste jardin avec piscine, les bungalows et les chambres ont été judicieusement rénovés, faisant la part belle au bois et au bambou. À quelques mètres de la plage.

À partir de 50 €

▲ **Pearl Hotel,** Jl. Double Six, ☎ 732.743, www.balihotelpearl.com. 16 ch. avec s.d.b., clim., WiFi. Les enfants de moins de 15 ans ne sont pas acceptés. Dans une petite rue à l'écart de Jl. Double Six, d'élégantes chambres s'articulent autour d'une petite piscine. Un cocon à quelques pas de la plage et de la très animée Jl. Seminyak.

À partir de 200 €

▲ **Legian Beach Hotel,** Jl. Melasti Legian, ☎ 751.711, www.legianbeachbali.com. 218 ch. avec s.d.b., TV câblée, WiFi, CB. Entièrement rénové, l'hôtel est situé sur la plage de Legian. Son emplacement et ses deux piscines en font une bonne destination pour des vacances en famille.

Restauration

Jl. Arjuna est connue sous le nom de Jl. Double Six. Au bout de cette rue, on accède à une promenade bordée de terrasses face à la mer. Idéal à toute heure de la journée.

Moins de 5 €

♦ **Café Marzano,** Jl. Double Six. Sûrement les meilleures pizzas de Bali! N'hésitez pas à goûter leurs pâtes également. Excellent service.

♦ **Tekor Bali,** Jl. Double Six. Sur une agréable terrasse, ce restaurant propose une bonne sélection de plats indonésiens et notamment un excellent poulet *betutu*. Pour une pause vitaminée, goûtez leur jus betterave, gingembre, carotte!

♦ **Warung Murah,** Jl. Double Six. Aussi prisé des touristes que des locaux, le restaurant est pris d'assaut à l'heure du déjeuner. Allez-y tôt pour être sûr de trouver une table sans faire la queue.

Seminyak

Adresses utiles

Argent. **DAB Commonwealth,** à côté de Bintang Supermarket. **BMC Money Changer,** en face de Bintang Supermarket.

Pharmacie. **Apotheke,** Jl. Raya Seminyak 19 (à côté de Bintang Supermarket).

Supermarché. **Bintang Supermarket,** Jl. Raya Seminyak 17. Pratique pour trouver de nombreux produits occidentaux, notamment pour les enfants.

Hébergement

À partir de 40 €

▲ **Puri Cendana,** Jl. Camplung Tanduk (Dhyana Pura), ☎ 732.947/730.869, www.puricendanaresortbali.com. 24 ch. avec s.d.b., ventil. et clim., WiFi; petit-déj. et taxes non inclus. À deux pas de la plage, ce petit établissement fleure bon le Bali d'antan. Si vous le pouvez, demandez les chambres au fond du jardin (Cottage J&I et chambres 9 et 10), plus paisibles. Le plus: un petit espace de jeu avec un toboggan pour les enfants.

▲ **Raja Gardens,** Jl. Abimanyu, ☎ 730.494, www. sites.google.com/site/rajagardens, contact: jdw@eksadata.com. 9 ch. avec s.d.b., clim. ou ventil., WiFi; petit-déj. et taxes non inclus. En plein cœur de Seminyak, au fond d'un grand jardin, se trouve une belle maison de trois chambres. D'autres chambres plus simples sont disponibles le long d'une terrasse face à la piscine. Les chambres avec ventil. se louent 30 €.

À partir de 100 €

▲ **Bali Agung Village,** Jl. Abimanyu, ☎ 730.377, www.bali-agung.com. 42 ch. avec s.d.b., clim., WiFi, TV câblée, CB. Dans un magnifique jardin à l'écart de l'agitation de Seminyak, cet hôtel offre des chambres dans des bungalows aux toits de chaume dans le style balinais, organisés autour d'une grande piscine.

Restauration

Moins de 5 €

♦ **Made's Warung,** Br. Seminyak, ☎ 732.130, www.madeswarung.com. En 1969, Made's Warung n'était qu'un modeste *warung* sur le bord de la route. Aujourd'hui, c'est un établissement incontournable de Bali pour déguster des spécialités indonésiennes. Impensable d'y dîner sans réservation en haute saison.

♦ **Warung Mimpi,** Jl. Dhyanapura. Délicieuse petite adresse pour des plats savoureux. Goûtez notamment leur *beef rendang*. Excellent.

♦ **Zula Vegetarian Paradise,** Jl. Dhyana Pura 5, ☎ 731.080, www.downtoearthcafe.com/bali. Le paradis des végétariens ! Tout est bon, frais et sain. Goûtez au tofu brouillé pour le petit-déjeuner.

Entre 5 et 10 €

♦ **Café Bali,** Jl. Laksmana, Oberoi, ☎ 736.484. Ouv. t.l.j. 11 h-23 h. Dans une maison à l'architecture hollandaise, avec un superbe carrelage au sol, ce restaurant a des airs de brocante chic. La carte très variée affiche à la fois les incontournables de la cuisine indonésienne et de nombreux plats occidentaux. Idéal aussi pour prendre un café au calme dans l'après-midi après une intense séance de shopping !

Plus de 15 €

♦ ♥ **La Lucciola,** Jl. Petitenget (sur la plage de Petitenget), ☎ 730.838. Ouv. t.l.j. 8 h-minuit. Une valeur sûre de Bali. Face à la mer, ce restaurant tout ouvert est l'un des plus agréables de Seminyak. Demandez une table à l'étage pour profiter de la vue sur la mer. Excellent brunch très prisé des familles.

Bars

• **Bahiana,** Jl. Dhyana Pura 4. Happy hour 18 h-21 h. Les amateurs de salsa se retrouvent dans cette rhumerie, où trois soirs par semaine, on peut prendre des cours gratuitement.

• **Ku De Ta,** Jl. Laksamana 9. Est-il encore nécessaire de présenter le Ku De Ta ? Branché et snob, entend-on souvent pour qualifier ce bar-restaurant « lounge ». Certes, mais l'emplacement sur la plage est idéal pour prendre un verre au coucher du soleil.

• **Mantra,** Jl. Petitenget Raya 77. Une multitude de cadres au mur, du bois, du métal, dans une ambiance industrielle, on vient siroter un cocktail dans une ambiance décontractée, très agréable.

La rue de la faim

Jl. Laksamana, connue aussi sous le nom de Jl. Oberoi, est surnommée « la rue de la faim » en raison du nombre de restaurants qui s'y trouvent. Tous les types de cuisines y sont représentés, à des prix assez élevés pour Bali. Si vous cherchez le dépaysement et de l'authentique cuisine balinaise, ce n'est pas forcément le meilleur endroit. ♦

• **Potato Head,** Jl. Petitenget, sur la plage de Batubelig. Surpenant bâtiment en demi-lune avec ses fenêtres en bois coloré. En fin d'après-midi, l'endroit est agréable pour profiter de la piscine avec les enfants puis, à mesure que la nuit tombe, le son monte et une population branchée vient remplacer les familles.

Shopping

☘ **Bambooku,** Jl. BatuBelig 88, ☎ 780.3119. Ouv. lun.-ven. 10 h-18 h. Une gamme de vêtements pour femmes et pour hommes très confortables réalisés à partir de fibre de bambou bio. Originales et très pratiques : les serviettes compressées qui ne prennent pas de place dans les valises.

Clara Mia, Jl. Laksmana, ☎ 733.893. Des chemises en coton et des robes à fleurs pour les petites filles de 2 à 10 ans.

Dandelion, Jl. Raya Basangkasa 28, ☎ 730.375, www.dandelionkid.com. Une jolie ligne de vêtements pour enfants produits à Bali. De jolies coupes, de belles matières mais des prix très européens !

Jl. Dhyana Pura, les bars gays et travestis

Grâce à sa culture hindouiste tolérante, Bali est devenue l'un des centres de la vie nocturne gay d'Asie. Ici, à la différence du reste de l'Indonésie, les homosexuels peuvent s'afficher librement. C'est sur Jl. Dhyana Pura que le premier bar gay a ouvert il y a plus de 10 ans. Depuis, de nombreux bars ont suivi. La fête bat son plein tous les soir au Mixwell, Bali Joe, Face Bar ou encore Cabaret. ♦

Mahana, Jl. Drupardi III, ☎ 734.948. Petite boutique de décoration où l'on trouve de nombreux objets à petits prix.

NicoNico, Jl. Kayu Aya, ☎ 738.875, www.niconicointimo.net. L'enseigne incontournable de Bali propose un large choix de maillots de bain.

Samantha Robinson, Jl. Kayu Jati 2a, ☎ 737.295. Ouv. t.l.j. 10 h-19 h (17 h le dim.). L'artiste australienne Samantha Robinson réalise un magnifique travail sur céramique. Ce n'est pas donné mais c'est superbe.

TekoCoco, Jl. Pura Petitenget 110, ☎ 473.01.70, www. teckococo.com. Très belle sélection de meubles en teck et autres bois exotiques. Si vous craquez sur un lit à baldaquin ou un bureau, la boutique s'occupe de l'expédition.

Word of Mouth, Jl. Kunti 9, Kunti Arcade, Shop 10, ☎ 847.579, www.wordofmouthbali.com. C'est le concept store branché de Bali où l'on trouve à la fois des vêtements, des objets de décoration et des meubles.

Spa et massages

À partir de 20 €

Bodyworks, Jl. Kayu Jati 2, Petitenget, ☎ 733.317, www.bodyworksbali.com. Ouv. t.l.j. 9 h-22 h. Dans une ambiance moyen-orientale, on vient se relaxer : massage, soins du visage, manucure et pédicure.

À partir de 30 €

♥ ♣ **The Private Spa Wellness Centre,** Jl. Dhyana Pura 4 (Camplung Tanduk), www.privatespawellnesscenter.com. ☎ 731.648. Un spa « ecofriendly » où tout est pensé pour réduire l'impact sur l'environnement. Un large choix de massages effectués avec des produits bio par un personnel très bien formé. On peut déjeuner dans le restaurant, bio évidemment.

À partir de 50 €

Prana Spa, Jl. Kunti 118X Seminyak, ☎ 730.840. 24 cabines de massage, des bassins d'eau chaude et d'eau froide, des salles de massage par jets d'eau, des saunas, des salles dédiées à la réflexologie et aux soins de beauté sont disséminés dans un fastueux décor de palais indiens.

Yoga

Jiwa Bikram Yoga, Jl. Petitenget 78, ☎ 841.3689, www.jiwabikramyogabali.com. Si la chaleur de Bali ne vous suffit pas, essayez le bikram yoga dans une salle à 38 °C dans un petit studio de Petitenget. Une serviette est fournie.

Seminyak Yoga Shala, Jl. Raya Basangkasa 1200B, ☎ 0817.567.627. Si la yogamania a commencé à Ubud, elle s'étend peu à peu au reste de Bali. Excellent studio de yoga qui propose des cours tous les jours à 7 h 30, 9 h 30 et 17 h 30.

Petitenget

Restauration

Moins de 5 €

♦ **Warung Eny's,** Jl. Raya Petitenget 97 (en face du restaurant Dahana). Tout petit *warung* balinais, toujours plein. Le soir, préparez-vous à faire la queue. On se régale de calamars frits, de brochettes de poisson ou encore de *pepes ikan*.

♦ **Warung Kolega,** Jl. Raya Petitenget. Ouv. t.l.j. 11 h-15 h. Ce petit restaurant propose une cuisine javanaise halal. On se régale pour quelques euros.

♦ **Warung Sulawei,** Jl. Petitenget 200Y (prendre la petite ruelle en face du Warung Europa). Ouv. t.l.j. 11 h-16 h. Pour un déjeuner local, savoureux et à petit prix. On prend une assiette de riz et on choisit les plats parmi l'assortiment présenté. Venez tôt pour avoir le choix.

Entre 5 et 10 €

♦ **Warung Bonita,** Jl. Petitenget. Plus un restaurant qu'un *warung*, on y déjeune ou dîne sous les arbres dans un cadre raffiné. Toute la cuisine de l'archipel y est représentée. Le vendredi soir à partir de 21 h, la tension monte avec Bali Extravaganza, un étonnant spectacle de drag-queens.

♦ **Warung Sobat,** Jl. Betubelig (à côté du Grand Balisan Suites Hôtel), à 100 m de la plage, ☎ 738.922. Excellente sélection de poissons et fruits de mer grillés. Si vous voulez des langoustes, appelez la veille pour commander. Le plus : les vins à des prix abordables.

Entre 10 et 20 €

♦ **Biku,** Jl. Raya Petitenget 888, ☎ 857.08.88. Ouv. t.l.j. 8 h-23 h. Situé dans une ancienne boutique d'antiquités, ce restaurant séduit tant par sa décoration que par sa cuisine. Leurs burgers sont fameux ! Dans l'après-midi, faites une pause thé accompagnée de scones, sandwich et pâtisseries.

♦♥ **Dahana,** Jl. Petitenget 98. Dans une ancienne maison privée, on dîne autour d'une piscine. Excellente sélection de plats japonais à prix très sages.

Kerobokan/Umalas

Hébergement

Autour de 60 €

▲ **Balinea,** Jl. Merta Agung 11, ☎ 739.125 , www.bali-nea.com. 6 ch. avec s.d.b., clim., WiFi, enfants non admis. Dans une petite ruelle à deux minutes du carrefour de Kerobokan, 6 petites chambres très propres et fonctionnelles s'ouvrent sur une piscine tout en longueur. Possibilité de louer des vélos et des motos. Table d'hôtes le week-end. Petit spa à l'entrée de l'hôtel (comptez 9 € environ pour un massage de 1 h).

Plus de 150 €

▲♥ **Plataran,** Jl. Pengubugan, Banjar Silayukti, ☎ 411.388, www.plataran-bali.com. Petit-déj. et taxes non inclus. Difficile d'imaginer qu'on est à 10 min seulement en voiture des embouteillages de Seminyak. L'hôtel organise de nombreuses activités : introduction à la culture du riz, cours de cuisine, balades à vélo dans les rizières. L'architecture du restaurant a été confiée à Made Wiyaja, l'architecte star de Bali, et, aux fourneaux, le chef développe un programme de « raw food », ou cuisine crue.

▲ **Villa Mathis,** Jl. Bumbak 81, ☎ 733.311, www.villamathis.com. 4 villas avec WiFi. Bruno et sa femme sont venus à Bali en voyage de noces il y a 10 ans et n'ont plus jamais quitté l'île. Au cœur des rizières d'Umalas, ils ont créé un hôtel à mi-chemin entre un hôtel de luxe et une maison d'hôtes. Les villas, de 4 ou 5 chambres, disposent toutes de leur propre piscine. Tous les après-midi, un thé est servi entre 16 h et 17 h. Navettes gratuites de 10 h à 18 h vers Seminyak (à réserver 1 h à l'avance).

Restauration

Moins de 5 €

♦ **La crêperie d'Umalas,** Jl. Bumbak 110 C (au nord de la Villa Mathis), ☎ 889.58.66. Ouv. t.l.j. 9 h-22 h. Pour savourer d'authentique galettes à la farine de sarrasin à des prix imbattables au cœur des rizières.

♦ **Warung Hotei,** Jl. Umalas 2, ☎ 739.081. On déjeune, au calme, dans ce tout petit restaurant de quelques tables, à l'arrière, posées sur les rizières. Dans l'assiette, on se régale d'un excellent curry vert.

Entre 5 et 10 €

♦ ☘ **Baobab,** Jl. Pengubengan Kauh, ☎ 849.90.62. Ouv. lun.-sam. 11 h-22 h. Manger des spécialités africaines sous un vieux *joglo* face aux rizières, voilà qui peut surprendre ! Au-delà d'un excellent poulet yassa, Jean et Rémi proposent une cuisine faisant la part belle aux produits locaux et bio. Les légumes viennent de Bedugul et les poissons du marché de Jimbaran. Une fois par mois, un DJ vient animer les soirées.

Massages

Moins de 15 €

Suku, House of reflexology, Jl. Raya Kerobokan 60, ☎ 731.187. Spécialisé dans la réflexologie, ce centre propose également des massages traditionnels ainsi qu'un soin spécial pour apaiser la peau après un coup de soleil. Le plus : les masseurs ou masseuses peuvent venir dans votre hôtel ou villa.

Canggu/Echo Beach

Hébergement

À partir de 25 €

▲ **Villa Tepikali,** Jl. Batumejan, ☎ 0812.3803.474, www.canggunaturavillas.com. 14 ch. avec s.d.b., clim., WiFi ; petit-déj. et taxes non inclus. À quelques minutes des plages d'Ecobeach et de

Batubolong, ce petit hôtel propose des chambres simples et propres réparties dans un grand jardin avec piscine.

À PARTIR DE 50 €

▲ ♥ **Puri Ayu,** Jl. Perancak / Br. Tegal Gundul, ☎ 844.63.23 et 0813.3799.8700/0813.3787.0371, www.puriayubali.com. 9 ch. avec s.d.b., clim., ventil., WiFi. Point de chute idéal entre Seminyak et les plages d'Echo Beach et de Batu Bolong. On s'y sent plus comme dans une maison d'hôtes qu'à l'hôtel. Thierry, sa femme et son fils seront toujours prêts à vous faire découvrir la région. Possibilité de louer la villa de 4 chambres.

À PARTIR DE 60 €

▲ ♥ **Puri Agung Bali,** Banjar Dukuh Desa Beraban (sur la route du Tanah Lot), ☎ 0813.3799.8700 et 0813.3787.0371, www.puriagungbali.com. 7 ch., s.d.b., ventil., clim. Thierry Robinet est arrivé à Bali en 1977 et n'en est jamais reparti. Baroudeur et fin connaisseur de l'Indonésie, il a ouvert cet hôtel avec Agung, sa femme. Les chambres spacieuses s'ouvrent sur une piscine. Havre de paix idéal pour découvrir le Tanah Lot. Les petits-déjeuners ne sont pas les meilleurs de l'île mais pour le reste, on y mange une excellente cuisine indonésienne.

À PARTIR DE 90 €

▲ ☘ **Desa Seni,** Jl. Subak Sari 13, Pantai Berawa, ☎ 844.63.92, www.desaseni.com. 12 villas avec s.d.b., clim. et ventil., TV, yoga ; petit-déj. et taxes non inclus. Chaque villa est construite selon l'architecture des 4 coins de l'archipel : ici une villa des Célèbes, là une villa javanaise... Construit à partir de matériaux recyclés, détournés et durables, cet eco-resort a pour objectif de minimiser son empreinte. Les propriétaires cultivent eux-mêmes leurs produits, permettant de servir au restaurant 80 % d'aliments bio. Ils soutiennent les agriculteurs locaux en achetant leurs produits.

▲ **Legong Keraton Beach Hotel,** Jl. Pantai Berawa, sur la plage, ☎ 473.02.80, www.legongkeratonhotel.com. 40 ch. avec s.d.b., clim., ventil., TV, WiFi ; petit-déj. et taxes non inclus. Les chambres sont spacieuses, propres et décorées simplement. On resterait des heures sur la grande terrasse à contempler la mer.

▲ ☘ **The Chill House,** Jl. Kubu Manyar 22, ☎ 844.54.63, www.thechillhouse.com. 12 ch. avec s.d.b., clim., ventil. ; petit-déj. et taxes non inclus. Ici, surf rime avec art de vivre et charme. La cuisine est bio et garantie sans glutamate. Alex et Sabine, les propriétaires, sont très impliqués dans la protection de l'environnement et collaborent avec différentes associations.

AUTOUR DE 200 €

▲ **Pan Pacific Nirwana Resort,** Jl. Raya Tanah Lot, ☎ 815.900, www.panpacific.com. 278 ch. avec s.d.b., clim. TV câblée, WiFi, CB ; petit-déj. et taxes non inclus. Gigantesque complexe hôtelier situé sur plus de 100 hectares surplombant la mer, avec vue sur le temple du Tanah Lot. Les grandes piscines et les nombreuses activités proposées satisferont les enfants. Les golfeurs, quant à eux, profiteront du terrain conçu par Greg Norman, souvent considéré comme l'un des meilleurs golfs d'Asie.

▲ **Tugu,** Jl. Pantai Batu Bolong, ☎ 731.701, www.tuguhotels.com. 21 ch. avec s.d.b., clim., WiFi, CB ; petit-déj. et taxes non inclus. Anhar Setjadibrata, le fondateur de l'hôtel Tugu et l'un des plus grands collectionneurs d'Indonésie, a pour objectif de faire partager cet héritage balinais et indonésien. Chaque suite est donc décorée d'antiquités. Du côté du spa, laissez-vous tenter par le Mantra Therapy. Durant votre soin, les masseuses chanteront des mantras hindous.

Restauration

Jl. Batu Bolong est la nouvelle artère qui monte dans le sud de Bali. On y trouve de nombreux restaurants installés pour satisfaire l'appétit des surfeurs.

MOINS DE 5 €

♦ ☘ **Betelnut,** Jl. Batu Bolong 60, ☎ 082.146.807.233, betelnutcafe@gmail.com. Ouv. mar.-jeu. C'est le rendez-vous des surfeurs australiens. On vient y manger des hamburgers ou des petits-déjeuners vitaminés, le tout affiché « organic » !

♦ **Le Petit Prince,** Jl. Batu Bolong 65. Alexis, un jeune français, cuisine de bons plats de chez nous et quelques

Les bonnes tables de Bali

Cadre exceptionnel et cuisine raffinée, ces différentes tables proposent une expérience culinaire différente à Bali. Attention tout de même aux vins qui font grimper l'addition. Comptez entre 15 et 25 € pour un repas entrée-plat.

Un dîner avec un ancien sommelier de la Tour d'Argent

♦ **SIP Wine Bar**, Jl. Raya Seminyak 16 A, Seminyak, ☎ 0361.730.810, http://sip-bali.com. Ouv. t.l.j. 12 h-23 h. Une ambiance de brasserie parisienne au cœur de Seminyak. Banquette en Skaï, nappes blanches, chaises de bistrot, tout y est ! Dans l'assiette, on retrouve les classiques de la cuisine française : steak tartare, soupe à l'oignon, poulet forestière et d'excellents desserts. Aux manettes, Christian Vanneque, l'ancien chef sommelier de la Tour d'Argent.

Un dîner dans le Shanghai des années 1920

♦ **Mamasan**, Jl. Raya Kerobokan 135, Seminyak, ☎ 0361.730.436, www.mamasanbali.com. Ouv. t.l.j. 11 h-14 h et 18 h-23 h. Sur deux étages, ce restauran zt est une invitation à un voyage dans le Shanghai des années 1920. On dîne sur des tables de mah-jong, assis dans de grands canapés Chesterfield. Mamasan décline les recettes asiatiques, faisant la part belle aux herbes et épices de la région. Menus végétariens et sans gluten proposés.

Un dîner élégant en bord de mer

♦ **Gado-Gado**, Jl. Dhyana Pura 99, Seminyak, ☎ 0361.736.966, http://gadogadorestaurant.com. Ouv. t.l.j. 11 h-15 h 30 et de 18 h-23 h. Menu le soir à 35 €. Un grand classique de Seminyak. Face à la mer, une décoration élégante, un personnel attentionné et une cuisine parfaitement maîtrisée, notamment les poissons cuits à la perfection !

Un dîner avec Doudou

♦ **Métis**, Jl. Petitenget 6, Kerobokan, ☎ 0361.473.78.88, http://metisbali.com. Ouv. t.l.j. 10 h-22 h 30. Un restaurant ouvert sur les rizières, avec, aux fourneaux, le chef Nicole Tourneville que tout le monde surnomme Doudou à Bali. On peut déjeuner d'une salade ou d'un sandwich mais le soir, les plats se font plus élégants avec en particulier un superbe plateau de fruits de mer grillés ou des poissons à la plancha accompagnés d'un velouté au safran.

Un dîner fraîcheur

♦ **Sardine**, Jl. Petitenget 21, Kerobokan, ☎ 0361.843.61.11, www.sardinebali.com. Ouv. t.l.j. 11 h 30-1 h. Sous une immense structure en bambou, on se régale de la cuisine de Pascal Chevillot, qui sublime poissons et fruits de mer achetés au marché de Jimbaran. Les légumes viennent de son jardin organique.

Un dîner avec un chef Balinais

♦ **Warung Taulan**, Br. Semer Kerobokan, Kerobokan, ☎ 0361.732.454, www.warungtaulan.com. Ouv. t.l.j. 11 h-23 h (service de pick-up aller/retour). Sous des pavillons de bambou aux toits de chaume dominant un petit lac de Kerobokan, on découvre la cuisine balinaise de Kadek Budi Arta, préparée avec passion, où chaque herbe et chaque épice est mise en valeur.

Un dîner d'inspiration française

♦ **24. Mozaïc**, Jl. Raya Sanggingan, Ubud **A1**, ☎ 0361.975.768, www.mozaic-bali.com. Ouv. t.l.j. dîner. Résa conseillée (3 j. à l'avance en saison). Sans conteste le meilleur restaurant de Bali. Choisissez entre les 4 menus (dont un végétarien) de 6 plats pour un dîner aux flambeaux dans le jardin, à la française, avec nappes blanches et verres à pied. Les plats, d'inspiration française, sont relevés de notes locales. ♦

crêpes, sans oublier les produits locaux. Excellent *mahi-mahi* accompagné de légumes rôtis à la sauce *sambal*.

♦ **Old's Man,** Jl. Batu Bolong, ☎ 8469.158. Ouv. t.l.j. 7 h-21 h. À quelques mètres de la plage de Batu Bolong, on se retrouve en famille dans une ambiance très relax. Pas de la grande gastronomie au menu, mais les enfants seront ravis de manger un *fish and chips* et des pancakes avant de jouer dans le jardin.

♦ **Warung Babol,** Jl. Batu Bolong 8. Petite adresse idéale pour un déjeuner indonésien. Les plats sont délicieux et l'accueil chaleureux. Que demander de plus ?

Entre 5 et 10 €

♦♥ **Kakilima by the sea,** Jl. Batu Bolong (à côté de l'hôtel Tugu). Ouv. mar.-dim. 13 h-21 h. C'est l'endroit rêvé pour passer la fin d'après-midi en famille. Les enfants sont les bienvenus et s'amusent sur la grande pelouse qui mène à la plage. La cuisine raffinée, indonésienne et occidentale, est très bien présentée.

Entre 10 et 20 €

♦ **Melasti Tanah Lot,** Kompleks Tanah Lot (en rentrant dans le temple, prendre le chemin sur la droite, continuer toujours tout droit dans la direction opposée au temple, après l'aire réservée à la danse *kecak*), ☎ 780.50.24. Ouv. t.l.j. 11 h-22 h. Une grande terrasse face à la mer avec vue sur les falaises et les rizières. Comptez 15 000 Rp pour un jus d'orange. Sélection de coktails à 90 000 Rp. La vue est superbe mais dans l'assiette c'est un peu cher. Allez-y pour prendre un verre plutôt que pour dîner.

♦ **Merica,** Pan Pacific Nirwana Resort, ☎ 815.900, ext. 7408. Ouv. t.l.j. 12 h-15 h et 18 h-22 h 30. Pour un pause déjeuner élégante avec vue sur le golf, la mer et le temple du Tanah Lot.

Sports

Equitation. Bali Equestrian Centre, Perumahan Canggu Asri, Banjar Plumbingan (à l'intersection entre Jl. Pantai Berawa et la route qui mène à Echo Beach). De superbes installations et des chevaux très bien entretenus. On peut prendre des leçons ou faire des promenades. 55 € pour une promenade de 90 min sur la plage ou 40 € pour une promenade d'une heure à travers les rizières et les villages autour de Canggu.

Surf. Batu Bolong (à droite sur la plage). Location de planches de surf (environ 3 € pour 2 h ou 7 € pour la journée). Pour un cours, comptez entre 15 et 20 €.

Echo Beach. Canggu Surf School, Jl. Batu Mejan, ☎ 800.42.84, www.canggusurfschool.com. Une des écoles de surf les plus sérieuses de Canggu. Attention particulière grâce à un instructeur pour deux élèves.

Jimbaran

Adresses utiles

Jimbaran Corner Shopping Centre, Jl. Raya Uluwatu (à l'intersection entre Jl. Uluwatu et Jl. Four Seasons), ☎ 703.342, www.jimbarancorner.net. Ouv. t.l.j. 10 h-22 h (23 h sam.-dim.). Dans ce nouveau centre commercial, on trouve une pharmacie, un distributeur, la librairie Periplus et un certain nombre de boutiques et de restaurants occidentaux.

Hébergement

Entre 15 et 30 €

▲ **Villa Puri Royan,** Jl. Pantai Sari 25, ☎ 708.530, www.villapuriroyan.com. 18 ch. avec s.d.b., ventil. et clim. Avec des chambres grandes et claires et une piscine, cette adresse se révèle être une option d'hébergement économique et pratique à Jimbaran, à proximité de la plage et du marché aux poissons de Kedongan.

Autour de 50-70 €

▲ **Puri Bambu,** Jl. Yoga Perkanthi 2, ☎ 701.468/701.377, www.hotelpuribambu.com. 48 ch. avec s.d.b., clim., TV câblée, CB. Situé dans le sud de Jimbaran, près du village de pêcheurs de Kedonganan, le Puri Bambu est l'une des meilleures options d'hébergement à prix raisonnables. Charmant hôtel dans le style classique de l'architecture balinaise. Très agréable jardin et belle piscine. Navette gratuite pour Kuta 3 fois par jour.

Autour de 80-100 €

▲ **Puri Kosala Villa,** Jl. Yoga Perkanthi 2, ☎ 701.673, www.kosalavilla.com. 6 villas avec s.d.b., clim., WiFi, TV; petit-déj. et taxes non inclus. Intimiste, cet hôtel situé à 5 min de la plage propose des villas à l'architecture balinaise classique posées dans un joli jardin avec piscine. Les chambres sont spacieuses et bien meublées avec des lits à baldaquins et leurs élégantes moustiquaires.

De 150 à 200 €

♦ ♥ **Villa Balquisse,** Jl. Uluwatu 18X (en face de l'hôtel Intercontinental), ☎ 701.695, info@balquisse.com, www.balquisse.com. 5 ch. avec s.d.b., clim., ventil., WiFi, TV; petit-déj. et taxes non inclus. Possibilité de louer la villa Shaba. C'est la maison qu'on rêverait d'avoir, à mi-chemin entre les ambiances balinaise et orientale. Une salle à manger avec un grand vaisselier, des chambres qui s'ouvrent sur une piscine. Une adresse pleine de charme. Restaurant, entre 10 et 30 €, avec cuisine marocaine et balinaise.

Plus de 300 €

▲ **Jimbaran Puri Bali by Orient Express,** Jl. Uluwatu, ☎ 701.605. Cottages. avec s.d.b., clim., TV, WiFi. Lorsqu'on franchit la porte, on est immédiatement séduit par le calme et la sérénité qui se dégage du lieu. Les différents pavillons, à l'architecture basse, sont dissimulés dans la végétation. Le grand jardin descend vers la plage et des *bale* se prêtent à des massages face à la mer.

Restaurants

On vient essentiellement à Jimbaran pour manger du poisson grillé, le soir, les pieds dans le sable à la lueur de petites bougies ! Magique !

♦ **Menega Café,** Jl. Four Seasons Resort, Muya Beach, ☎ 705.999, www.menega.com. Ouv. t.l.j. 7 h-minuit. Le plus connu, tant des touristes étrangers qu'indonésiens. Les tables sont prises d'assaut. Venez donc le plus tôt possible. Il faut attendre pour être assis et le service est parfois long et approximatif. C'est sûrement le restaurant qui offre le plus beau choix de poissons et fruits de mer frais. Un menu pour 2 à 420 000 Rp (soit un peu moins de 30 €) comprenant : un homard et un poisson grillés, des brochettes de calamars et des coquillages, servis avec du riz, des légumes et 2 verres de vin. Pensez à préciser que vous ne voulez pas un homard trop cuit !

♦ **Mega Café,** à côté du Menega Café. Plus calme que son voisin, il n'en reste pas moins charmant et le personnel est adorable. On y sert les mêmes plats qu'au Menega Café, à des prix légèrement inférieurs.

Bar

● **Rock Bar,** à l'hôtel Ayana Jl. Karang Mas Sejahtera, ☎ 702.222, www.ayanaresort.com/rockbarbali/wp/, WiFi gratuit. Ouv. t.l.j. 16 h-1 h (2 h ven.-sam.). Pas de réservation. Tenue correcte exigée (pas de débardeur et de short pour les hommes). Spectaculaire ! Situé dans l'hôtel Ayana, on y accède en petit ascenseur aux parois vitrées. Le bar est construit sur les falaises et culmine à plus de 14 mètres au-dessus de l'océan. Idéal pour voir les vagues se fracasser sur les rochers au coucher du soleil. Une prouesse architecturale que l'on doit à l'architecte japonais Yasuhiro Koichi. Comptez 150 000 Rp pour un cocktail.

● **Sunset Beach Bar and Grill,** le bar de l'hôtel intercontinental, Jl. Uluwatu 45, ☎ 701.888, www.bali.intercontinental.com. Ouv. t.l.j. 12 h-minuit. Profitez de l'happy hour de 17 h 30 à 22 h 30 (30 % de réduction) pour siroter un cocktail face à la mer. 120 000 Rp pour un cocktail (60 000 Rp sans alcool) (+21 % de taxe) hors happy hour.

Balangan

Adresses utiles

Transports. Sur le parking de Balangan, possibilité de louer moto ou service de transport. 60 000 Rp pour la location de moto, 200 000 Rp pour un transfert vers l'aéroport, 150 000 Rp pour aller à Bingin, 170 000 Rp pour aller à Uluwatu.

Hébergement

Les petits hôtels se suivent et se ressemblent. L'hébergement y est rustique et à prix modiques.

Autour de 10 €

▲ **Santai Warung Bali Homestay,** ☎ 0813.3869.5942. Ventil. et eau froide; petit-déj. et taxes non inclus. Si vous voulez une vue sur la mer, demandez les chambres à l'étage, assez sommaires. Les nouvelles chambres, à l'arrière, sont plus confortables. On peut louer une planche de surf pour 50 000 Rp/heure. Bons petits-déjeuners pour moins de 2 €

▲ **The Balangan Point,** ☎ 0857.3951.8317, jimmy_warung@yahoo.com. Ventil. et eau froide; petit-déj. et taxes non inclus. Tout au bout de la plage, une maison en béton propose des chambres un peu plus chères mais un peu plus spacieuses et confortables.

Autour de 40 €

▲ **Flower Bud,** Jl. Pantai Balangan, ☎ 857.2062, www.flowerbudbalangan.com. 8 bungalows de 2 étages avec s.d.b., ventil., moustiquaire; petit-déj. et taxes non inclus. De charmants bungalows à l'architecture balinaise et aux toits de chaume sont posés dans un jardin au bout duquel se trouvent une piscine et un petit restaurant. Pour quelques euros supplémentaires, demandez les chambres avec eau chaude. Le plus: happy hour sur les massages t.l.j. 11 h-15 h !

▲ **Milo's House,** Jl. Pantai Balangan, ☎ 0812.3714.4355. 9 ch. avec s.d.b., eau chaude, ventil. Développé par le même propriétaire que la Joya, Milo's House propose des petites huttes dans le style des greniers à riz, à la décoration simple mais raffinée. On prend le petit-déjeuner autour d'une petite piscine face à la mer. La carte est simple (grillades) mais tout est frais et délicieux. Un chemin au bout de l'hôtel mène à la plage de Balangan.

À partir de 90 €

▲ ♥ **La Joya,** Jl. Pantai Balangan, ☎ 0818.565.839, www.la-joya.com. 21 bungalows avec s.d.b., eau chaude, clim.; petit-déj. et taxes non inclus. Sur le même chemin, un peu après le Flower Bud sur la droite. Surplombant la plage de Balangan, l'hôtel dispose d'une superbe vue sur l'océan Indien. On contemple la mer depuis la piscine à débordement tandis que les enfants jouent dans un bassin conçu pour eux. Idéal pour des vacances au calme dans un site superbe encore préservé.

Restauration

Moins de 5 €

♦ **Nyoss Warung.** C'est le premier établissement sur la gauche lorsqu'on arrive sur la plage depuis le parking de Balangan. Nyoss, le patron, a monté une école de surf (voir ci-dessous). Après une première leçon, on déguste un bon riz frit avec une noix de coco fraîche en regardant les vagues.

♦ **Sunset Café,** Jl. Pantai Balangan, ☎ 0819.3434.0825. On y mange une bonne cuisine indonésienne. Les plats sont simples et les portions généreuses. Le matin, on peut commencer la journée avec un pancake à la banane et une noix de coco fraîche.

Surf

Balangan Wave Surf School, sur la plage de Balangan, Nyoss Warung, ☎ 875.2962, www.balanganwavesurfschool.com. Cours touts niveaux à partir de 20 € en cours collectifs de 2 h. Pour moins de 5 € (50 000 Rp), un photographe capture vos performances sur les vagues.

Les plages de la côte ouest

Les camps de surf

Du surf, rien que du surf. Si vous avez envie de passer des vacances 100 % surf, alors pourquoi ne pas opter pour un séjour en « surf camp » ? Certains proposent des formules à la semaine avec hébergement et... cours de surf naturellement !

Autour de 60 €

▲ **Padang Padang Surf Camp,** Jl. Labuan Sait (prendre le petit chemin qui part sur la gauche après le café Buddha Soul), ☎ 0819.9928.3549, www.balisurfingcamp.com. 12 ch. avec s.d.b., ventil. et clim., WiFi, TV; petits-déj. et déjeuners, transport et accompagnement sur les sites de surf inclus. Dans un joli jardin, les chambres, réparties entre trois villas, sont à la fois spatieuses et lumineuses. Après une séance de surf, les sportifs se retrouvent dans la piscine ou se relaxent dans les hamacs du jardin. Il règne une atmosphère joyeuse et conviviale.

À partir de 200 €/ semaine

▲ **Kamafari Surf Camp,** Jl. Labuan Sait Pecatu 43, ☎ 0813.3971.2642, www.kamafari-surfcamp.com. Kamafari propose une formule de 7 j. en demi-pension. Hébergement en dortoirs ou en chambre double dans une jolie maison très bien entretenue.

Activités

Surf. Cours particuliers de Katherine Vickers, **FLOW (For the Love Of Waves) surf instruction,** ☎ 087.862.997.199 ou 0858.5705.0539. Katherine Vickers, Australienne passionnée de surf et professeur expérimenté, donne des cours dans différents endroits de Bali en fonction du niveau des clients. Elle enseigne aussi aux enfants. Comptez un peu plus de 20 € pour un cours particulier de 2 h sur Le Bukit (comprenant la location de la planche + transport).

Club de plage. ♥ **Finn's Beach Club,** Jl. Pantai Selatan Gau, Banjar Wijaya Kusuma (au sud du Bukit, accès par l'hôtel Semara Luxury Villa Resort), ☎ 848.2111. Entrée payante : 15 € par personne. Superbe « beach club » pour profiter de l'une des plus belles plages du Bukit. Idéal avec des enfants qui pourront se baigner et faire du kayak dans ce petit lagon protégé par une barrière de corail. On peut également y déjeuner ou prendre un verre. Parfait pour une journée de farniente au bord de la mer.

Bingin

Hébergement

Entre 10 et 20 €

▲ **Kelly's Warung,** Jl. Pantai Bingin, www.facebook.com/kellys.warung. 5 ch. avec ventil. et eau froide ; petit-déj. et taxes non inclus. Sur la plage de Bingin, les chambres du Kelly's Warung sont simples mais propres. Au rez-de-chaussée, le petit restaurant sert une très bonne cuisine occidentale.

À partir de 90 €

▲ ♥ ☘ **Mu,** Jl. Pantai Bingin (à gauche après le péage de Bingin), ☎ 895.7442, www.mu-bali.com. 12 bungalows. Avec leurs toits de chaume et leur structure en bambou, certaines villas sont ouvertes avec vue sur la mer. Tous les ans avant la saison des pluies, Jérôme, le propriétaire, organise un ramassage des déchets sur la plage. Chaque soir, on se retrouve à la grande table pour un menu unique et convivial. Possibilité de prendre des cours de yoga tous les matins à 9 h.

▲ ☘ **Temple Lodge** (à coté de Mu), ☎ 085.739.011.572, www.thetemple-lodge.com. 7 suites et 7 bungalow. Chacune des suites avec vue sur la mer joue la carte de la simplicité luxueuse. Seule la suite Papaya, au cœur du jardin, n'a pas de vue sur l'océan. Les propriétaires, Mario et Cristiana, préparent une excellente cuisine, fraîche, utilisant des produits locaux et bio autant que possible. L'hôtel offre également un riche programme de yoga. Situé à flanc de falaise, l'hôtel n'est pas conseillé pour les jeunes enfants.

Restauration

♦ ♥ **Cashew Tree,** Jl. Pantai Bingin, ☎ 0353.218.157. C'est le rendez-vous des surfeurs. On y passe de mémorables soirées le jeudi, qui commencent par un grand barbecue et se terminent au petit matin. Ambiance conviviale garantie. Le reste du temps, la cuisine est saine et savoureuse avec un large choix de salades et de jus de fruits.

Impossible Beach

Hébergement

À partir de 90 €

▲ **Rock'n Reef,** ☎ 81.353.363.507, www.rock-n-reef.com. 5 ch. avec s.d.b., clim. et eau chaude. Imaginez une maison au bout du monde avec une vue à 180° sur l'océan Indien. Une volée de marches vous sépare de la plage. Possibilité de louer la villa dans son ensemble.

Padang Padang

Hébergement

Autour de 10 €

▲ **Rambo Home stay,** Jl. Pantai Bingin 1, ☎ 087.861.275.892, www.rambohomestay.com. Petit-déj. et taxes non inclus. Situé à 5 min à pied de la plage de Bingin et à 5 et 10 min en voiture des plages de Padang Padang et Uluwatu, cette petite pension propose des chambres simples mais très propres donnant sur un petit jardin fleuri.

À partir de 25 €

▲ **Padang Padang Breeze,** Jl. Labuan Sait A4 (voir le panneau en bois « Welcome to Paradise »), ☎ 0812.3837.096, www.padangpadangbreeze.com. 6 ch. avec s.d.b., eau froide, ventil., WiFi ; petit-déj. et taxes non inclus. À l'arrière du restaurant, quelques chambres sont à louer. Elles sont simples avec une belle hauteur sous plafond et construites en pierre blanche du Bukit, un bon isolant. Ainsi, même sans clim., il y fait frais en toute saison. Les salles de bains sont propres mais rudimentaires.

Restauration

Autour de 5 €

♦ ☘ **Buddha Soul.** Pour une pause végétarienne et organique. WiFi gratuit. Cours de yoga 7 h 30-9 h 30 pour 100 000 Rp par personne. On y déguste de délicieuses salades pour 60 Rp à peine.

♦ **Warung Breeze,** Jl. Labuhan Sait A4, ☎ 0812.3837.096, www.padangpadang breeze.com. WiFi gratuit. En allant de Padang Padang vers Uluwatu, le Warung Breeze est installé sur une jolie terrasse. Sélection de plats occidentaux et indonésiens, idéal pour un petit-déjeuner ou une pause déjeuner.

♦ **Yeye's greenhouse,** Jl. Labuansait Pecatu. Ouv. t.l.j. 12 h-minuit. Il y règne une atmosphère de fête le soir lorsque les lanternes illuminent le jardin. On vient y boire un jus de fruits frais et se régaler d'une excellente cuisine thaïlandaise.

Surf

Impossible Surf School, Melasti Street Labuan Sait, ☎ 0813.3873.4339, www.impossiblesurflessons.com. Pour apprendre à surfer sur la plage de Padang Padang !

Partagez vos bonnes adresses et vos conseils sur **www.guide-evasion.fr** ou sur notre page **Facebook Guide Évasion.** ♦

Uluwatu / Blue Point

Hébergement

À partir de 500 €

▲ ☘ **Alila Uluwatu,** Jl. Belimbing Sari Banjar Tambiyak, Desa Pecatu, ☎ 848.21.66, www.alilahotels.com/uluwatu. 65 villas avec piscine, 56 villas 1 chambre, 9 villas 3 chambres. Demandez l'une des cliffs villa. L'Alila Uluwatu offre des vues spectaculaires sur les falaises du Bukit. Soucieux de l'environnement, l'hôtel a mis en place un programme de captage d'eau de pluie et de recyclage de l'eau. Pour la végétation du site, l'hôtel a joué la carte locale en plantant de la citronnelle, des capoquiers et du teck. Le service est à la hauteur de l'établissement.

Restauration

En descendant à la plage, les *warung* s'enchaînent proposant, plus ou moins les mêmes menus.

♦ **Salin Warung,** ☎ 087.861.532.251, wynsalin@yahoo.com. Installez-vous sur la droite, aux petites tables un peu surélevées qui jouissent de la meilleure vue pour manger un *mie goreng*.

Bar

● **Single Finn,** ☎ 0819.1669.5965, putuwidanayasa@gmail.com. L'institution de Blue Point ! Un grand bar court le long de la terrasse, parfait spot d'observation des vagues et des surfeurs.

Nusa Dua

Adresses utiles

Argent. Bali Collection, BTDC Complex Nusa Dua 80363, ☎ 771.662. Ouv. t.l.j. 10 h-22 h. Gigantesque complexe pour faire du shopping, aller au restaurant et surtout pour retirer de l'argent.

Hôpital. **BIMC HOSPITAL Nusa Dua** Kawasan BTDC Blok D, ☎ 3000.911, nusadua@bimcbali.com.

Transports. Depuis l'aéroport, un **taxi** coûte environ 100 000 Rp. Depuis le terminal de Tegal à Denpasar, un ***bemo*** dessert Nusa Dua en passant par Sanur. La nouvelle compagnie de **bus** Trans Sarbagita opère de Batubulan à Nusa Dua pour 35 000 Rp.

Hébergement

Nusa Dua est surtout connue pour ses grands complexes hôteliers. Situés sur la plage, les hôtels se ressemblent tous : gigantesques, dotés de plusieurs restaurants, piscines, salles de sport, etc.

S'il est difficile de se loger à petits prix à Nusa Dua, n'hésitez pas à regarder les promotions en basse saison.

De 50 à 100 €

▲ **Villa Anjing,** Banjar Sawaggan Jalan Celagi Nunggul, ☎ 06.50.25.87.07 (France), acif_consulting@yahoo.com. 10 cottages avec clim., CB non acceptée. Perchée sur une colline, cette oasis de tranquillité vous offre un moyen unique de découvrir une tradition intacte dans laquelle sérénité se conjugue avec bien-être. Une propriété de 10 cottages grand confort, location à la journée (3 jours mini), à la semaine ou au mois. Tennis, piscine et salle de fitness sur place.

À partir de 100 €

▲ **Hôtel Meliã Bali Sol,** Kawasan Wisata BTDC Lot 1, ☎ 771.510, www.meliabali.com. 494 ch. avec s.d.b., WiFi, TV, CB. Dans un parc tropical de 26 ha face à la mer, cet hôtel propose de grandes chambres modernes et confortables. Pour un peu plus d'intimité, on peut louer des villas qui disposent toutes de leur piscine privée. Malgré sa grande taille, l'hôtel a su conserver charme et convivialité.

Restauration

Moins de 10 €

♦ **Nusa Dua Beach Grill,** Jl. Pura Gegar, ☎ 743.47.79. Ouv. t.l.j. 8 h-22 h. Situé au sud de la plage de Gegar, ce bar a longtemps profité d'un des plus beaux sites de Nusa Dua. Hélàs, la construction du gigantesque *resort* Meliã à ses côtés est venu troubler le charme du lieu. Il vous faudra faire abstraction du voisin géant pour profiter de fruits de mer grillés face au lagon.

Tanjung Benoa

Accès

Une **navette** relie Nusa Dua et les complexes hôteliers de Tanjong Benoa à Bali collection. On peut aussi marcher le long de la plage de Nusa Dua à Tanjong Benoa.

Hébergement

À partir de 65 €

▲ **Novotel Bali Benoa,** Jl. Pratama 70, ☎ 772.239, www.novotelbalibenoa.com. 187 ch. avec s.d.b., WiFi, TV, CB. Situé sur la plage, cet hôtel construit dans le style balinais dispose de trois piscines et propose de nombreuses activités.

▲ ♥ **Rumah Bali,** Jl. Pratama (200 m à droite après le restaurant Bumbu Bali), ☎ 771.256, www.bedandbreakfastbali.com. 26 ch. avec s.d.b., ventil. ou clim., TV câblée, Wifi. Répartis autour de la piscine, les bungalows aux toits de chaume sont très lumineux, bien décorés, dotés de salles de bains en extérieur et d'une petite terrasse. Il est également possible de louer des villas disposant de leur propre piscine. Le propriétaire des lieux, Heinz Von Holzen, habite à Bali depuis près de 20 ans. Il est très engagé sur le front de l'environnement et participe entre autres à un programme de réintroduction des tortues près de Tanjong Benoa.

Restauration

♦ ♥ **Bumbu Bali,** Jl. Pratama, ☎ 774.502, www.balifoods.com. Ouv. t.l.j. 12 h-21 h. Heinz Von Holzen est connu à travers tout Bali pour sa passion pour la cuisine balinaise. Au-delà de son restaurant, qu'il présente comme « le seul restaurant authentique de Bali », il propose également des cours de cuisine (voir ci-dessous) et fut l'un des premiers à écrire des livres sur le sujet. En plein air, dans un cadre charmant avec vue sur la cuisine toute ouverte, on déguste d'excellents plats balinais. N'oubliez pas de réserver.

Activités

Cours de cuisine. Bumbu Bali Cooking School, Jl. Pratama, www.balifoods.com. Cours lun., mer. et ven. 6 h-15 h, 65 €

avec la visite du marché de Jimbaran et 60 € sans la visite du marché. C'est le chef qui dirige les cours, autant que possible. Plus qu'un cours, il s'agit d'une véritable expérience qui commence dès 6h30 par une visite du marché de Jimbaran. De retour à Tanjung Benoa vers 8h30, les apprentis cuisiniers prennent un bon petit-déjeuner balinais avant de se mettre aux fourneaux. En un peu plus de 3h, ils vont réaliser une vingtaine de recettes qu'ils dégusteront tous ensemble.

Massages. ♥ **Jari Menari**, Jl. Pratama 88X, ☎ 778.084, www.jarimenarinusadua.com. Ouv. t.l.j. 9h-21h. Cette chaîne réputée de Bali dont le nom signifie « les doigts dansants » a pour spécificité de n'avoir que des masseurs, et non pas des masseuses comme dans la plupart des spas à Bali. Excellent choix de massages, pour enfants également. Cours de massage jeu. 9h-15h30.

Denpasar

Accès

L'aéroport Ngurah Rai se trouve à 13 km au sud de la capitale.

Adresses utiles

Argent. La plupart des grandes banques indonésiennes se trouvent sur Jl. Gajah Mada et disposent de distributeurs.

Office de tourisme. **Government Tourist Office**, Jl. Surapati Nomor 7, ☎ 223.602. Ouvert lun.-jeu. 8h-15h30, ven. 8h-13h.

Poste. **Denpasar Post Office**, Jl. Raya Puputan Renon, ☎ 223.565. Dispose également des services Western Union et d'expédition rapide.

Police. **Tourist Assistance Centre**, Jl. WR Supratman Street, ☎ 224.111. Ouv. t.l.j. 24h/24. **Denpasar City Police Station**, Jl. Gunung Sanghyang, ☎ 424.346.

Santé. **Kimia Farma**, Jl. Diponegoro 125, ☎ 227.811. Ouv. t.l.j. 24h/24. C'est la plus grande pharmacie de cette chaîne réputée pour son sérieux et son large choix de médicaments.

Transports. **Taxi** : Il faut compter moins de 100 000 Rp pour rejoindre Denpasar depuis l'aéroport.

Hébergement

Si vous avez le choix, inutile de séjourner à Denpasar. Préférez plutôt Sanur, en bord de mer, qui n'est qu'à 6 km de la capitale.

Moins de 15 €

▲ **Cityzen Renon**, J. Ciung Wanara II 5, ☎ 741.53.35, www.cityzenrenon.com. 8 ch. avec s.d.b., clim. et ventil., TV câblée. Très propre et moderne, cet hôtel constitue un bon choix pour un voyageur en transit. Personnel charmant et efficace. Service de location de voitures proposé.

Plus de 20 €

▲ **All Seasons**, Jl. Teuku Umar 183, www.accorhotels.com. 153 ch. avec s.d.b., clim., TV câblée, WiFi. Les chambres sont petites mais modernes et confortables. Parfait pour un voyage d'affaires.

Restauration

♦ **Babi Guling Chendra**, Jl. Teuku Umar 140. Cette petite gargotte familiale sans prétention a la réputation de servir le meilleur cochon braisé à la broche, ou *babi guling*, plat typique balinais. Le restaurant propose également du canard et du poulet.

♦ **Café Teduh**, Jl. Diponegoro. Ouv. t.l.j. 10h-22h. Un havre de paix au cœur de Denpasar. Dans un petit jardin, on se régale de spécialités de Manado, une île au nord de Sulawesi, comme les calamars marinés et cuits dans une feuille de bananier *(nasi bakar cumi hitam)*. Quelques beignets de bananes frites *(pisang goreng)* feront un parfait dessert.

Sanur

Accès

Depuis l'aéroport, il faut prendre un **taxi**. Comptez environ une heure et 8 €.

Adresses utiles

Bateau. Au nord, sur la plage de Sanur, les agences de location de bateau sont alignées les unes à côté des autres. Voici celles que nous vous recommandons :

Sugriwa, www.lembongansugriwaexpress.com. Pour se rendre à Lembongan uniquement.

Scoot, ☎ 285.522, www.scootcruise.com. Vers Lembongan, Padangbai, les îles Gili et Lombok.

Maruti Express, Hangtuah Street, 0813.3875.4848/0812.3831.639, www.marutiexpress.com. Vers Nusa Penida.

Change. Jl. Danu Tamblingan 18, ☎ 281.229. Ouv. t.l.j. 8h-22h. Difficile de passer à côté de la gigantesque sculpture d'un billet vert dans le mur !

Commissariat de Police. Sur la ByPass entre Mc Donald's et Dunkin Donut.

Dentiste. Retno Wulan Agung, ☎ 288.501, retno.agung@gmail.com. Sur r.d.v.

Pharmacie. Bali Organic, Jl. Danau Tamblingan 8, ☎ 289.565. Ouv. t.l.j. 8h-21h30.

Transports. Bus Perama office, Warung Pojok mini market, Hang Tuah Street, ☎ 0812.3665.317. Les bus relient toutes les villes principales de Bali. Également des bateaux vers Nusa Lembongan, Lombok et les îles Gili.

Hébergement

DE 15 À 25 €

▲ **Agung and Sue Watering Hole,** Jl. Hang Tuah 35-37 (au nord de Sanur), ☎ 288.289, www.wateringholesanurbali.com. 20 ch. avec s.d.b., eau chaude et clim. ; petit-déj. et taxes non inclus. Les chambres sont sans grand charme mais très propres et bien tenues dans un joli jardin avec piscine. Pour un séjour de plus longue durée, l'hôtel propose un large choix d'activités : yoga, surf, danse balinaise. Tous les jeudis soirs à 20h, on déguste un *babi guling* au restaurant en regardant un spectacle de danse *legong*.

DE 30 À 40 €

▲ ♥ **Kolonial House,** Jl. Sekar Waru 20, ☎ 270.796, www.kolonialhouse.com. 8 ch. avec clim., TV, WiFi ; petit-déj. et taxes non inclus. Voilà un hôtel charmant et à un prix tout à fait abordable. Dans une villa de style colonial, les chambres spacieuses et lumineuses sont décorées avec soin et s'ouvrent sur une petite piscine. Possibilité de louer la villa complète.

▲ ♥ ☘ **Rumah Bulan Madu,** Jl. Danau Tondano, ☎ 0813.3815.8144, www.rumahbulanmadu.eklablog.net. 2 ch. avec clim., TV, WiFi, vélo. Anne occupe cette maison composée de deux pavillons à l'architecture balinaise traditionnelle où elle accueille ses hôtes comme des amis. Elle connaît très bien l'Indonésie et se montre toujours disposée à donner des conseils. Demandez si possible la chambre Madu à la décoration soignée et qui dispose d'une salle de bain entièrement rénovée. Si vous restez 3 nuits minimum, un massage est offert.

DE 40 À 60 €

▲ **Gardenia,** Jl. Merta Sari 2, ☎ 286.301, www.gardeniaguesthousebali.com. 7 ch. avec clim., TV. Charmante petite maison d'hôtes tout en bois blanc à 500 m de la plage. On entre par un petit café et une boutique. Les chambres à l'arrière sont réparties autour d'une petite piscine. On apprécie qu'une chambre et sa salle de bain aient été conçues pour pouvoir accueillir les voyageurs en fauteuil roulant.

▲ **Puri Sading Hotel,** Jl. Danau Tamblingan 102, ☎ 286.206, www.purisadinghotel.com. 22 ch. avec TV, clim., WiFi. Idéalement situé sur l'artère la plus vivante de Sanur et à 5 min à pied de la plage, l'hôtel propose des chambres impeccables et fonctionnelles réparties autour d'une piscine.

ENTRE 70 ET 100 €

▲ **Pondok Ayu,** Jl. Sekuta Gang Pudak 3, ☎ 283.646, www.pondok.com.au. 4 ch. et 1 suite (familiale) avec s.d.b., TV, Wifi. Un hôtel où l'on se sent très rapidement comme chez soi, grâce à un personnel chaleureux et professionnel. Les chambres et salles de bains sont impeccables. L'hôtel dispose d'un service de navette gratuite de 9h30 à 21h30 pour conduire les clients à différents endroits de Sanur.

ENTRE 100 ET 150 €

▲ **La Taverna,** Jl. Danau Tamblingan 29, ☎ 288.497, www.latavernahotel.com. 36 ch. avec TV, clim., WiFi. Entièrement rénové, la Taverna, l'un des plus anciens hôtels de Sanur, conserve son charme intemporel. Les amateurs de bambous opteront pour la Garden Deluxe, entièrement en bambou !

▲ **Puri Santrian Hotel,** Jl. Cemara 35, ☎ 288.009, www.santrian.com. 182 ch. avec TV, clim., WiFi ; petit-déj. et taxes non inclus. Pour quelques euros supplémentaires, demandez les chambres avec vue sur la mer qui sont toutes à proximité de la piscine. Cours de yoga à l'ombre des grands arbres du parc *(t.l.j. 7h-8h30 et 16h-17h30)*. La même chaîne dispose de deux autres établissements, le Griya Santrian et le luxueux Royal Santrian.

Autour de 200 €

▲ **Tandjung Sari,** Jl. Danau Tamblingan 41, ☎ 288.441, www.tandjungsarihotel.com. 38 ch. avec TV, clim. ; petit-déj. et taxes non inclus. Ouvert en 1962, le Tandjug Sari joue la carte d'un hôtel de charme dans le style balinais. Dans un jardin donnant sur la plage, chaque pavillon est décoré d'antiquités balinaises, javanaises, chinoises et hollandaises.

Restauration

Moins de 5 €

♦ **Bread Basket,** Jl. Danau Tamblingan 51, ☎ 368.87.78. Lorsqu'on pousse la porte de cet établissement, on se demande si on ne serait pas à Stockholm ou à Brooklyn ! Rien de très indonésien donc, mais un gâteau brioché à la cannelle, savoureux à souhait, et une sélection de délicieux sandwichs.

♦ **Coffee et Smoothie Bar,** Jl. Pantai Sindhu 7, ☎ 283.889. Ouv. t.l.j. 11 h-23 h. Wifi gratuit. Ce café est situé dans la petite rue qui mène à la plage. On y sert, sur la petite terrasse, d'excellents petits-déjeuners, notamment le granola et les œufs bénédicte. Quelques ordinateurs sont mis à la disposition des clients.

♦ **Komilfo,** Jl. Duyung (à côté de l'hôtel Hyatt), ☎ 0812.3612.7713. Ambiance paillotte de bord de plage. Large choix de salades à déguster face à la mer. On y trouve également les classiques de la cuisine indonésienne. À côté, location de vélos pour 25 000 Rp la journée au Bali Diving Perdana.

♦ **Luhtu's coffee shop,** Pantai Sindu, ☎ 0812.3877.448. Pour une pause sucrée, goûtez leur excellent gâteau au chocolat sans gluten. On y trouve également une sélection de plats indonésiens et occidentaux.

♦ **Mama Putu Warung,** Jl. Pasar Sindu, ☎ 0819.3604.2600. Ouv. t.l.j. 8 h-23 h. À côté du marché Pasar Sindhu ; petite adresse très simple et propre qui sert une excellente cuisine indonésienne et des poissons grillés.

♦ **Pasar Sindhu.** Le marché traditionnel du matin s'anime de nouveau à partir de 16 h, pour dîner dans une ambiance locale et à des prix imbattables.

♦ **Rosetta,** Jl. Pantai Sindu, ☎ 0813.3871.7513, www.rosettailly coffee.com. Idéalement situé sur la plage de Sindu. On vient chez Rosetta pour déguster un excellent *seafood kebab* ou boire un jus de fruits frais face au mont Agung dont la silhouette se dessine au loin.

♦ **Warung KKN,** ByPass Ngurah Rai 238 (en face du golf de l'hôtel Grand Bali Beach, à 400 m au nord du Mc Donald's).On vient d'Ubud ou de Seminyak pour déguster d'excellents poissons grillés mais aussi des soupes de crabe, des tempura de crevettes. Vous choisissez vos poissons et fruits, qu'on vous prépare sur-le-champ.

♦♥ **Warung Mak Beng,** Jl. Hang Tuah 45, ☎ 282.633. Ouv. t.l.j. 10 h-17 h. Une institution de Sanur dont le succès ne se dément pas depuis 72 ans. Authentique *warung* balinais à deux pas de la plage. Le menu est simple, et c'est bon signe : poisson grillé accompagné d'une soupe et de riz. Le restaurant prépare son *sambal* maison et la soupe peut être très épicée. Très prisé des Balinais, le restaurant est pris d'assaut pour le déjeuner.

Entre 5 et 10 €

♦ **Beach Café,** Pantai Sindhu, Strand promenade, ☎ 282.875. Ouv. t.l.j. 8 h-22 h. Agréable restaurant de bord de plage avec ses tables en bois et ses banquettes aux coussins colorés. On déjeune à l'ombre des parasols en contemplant l'horizon.

♦ **Kalimantan,** Jl. Pantai Sindhu 11. À quelques mètres de la plage, sous un immense *joglo* (grand toit en bois), on déguste une bonne cuisine indonésienne aux portions très généreuses. En journée, l'endroit est un peu endormi, allez-y plutôt le soir, pour prendre un verre puis dîner.

♦ ☘ **Manik Organic,** Jl. Danau Tamblingan 85, ☎ 8553.380, www.manikorganikbali.com. Ambiance acidulée pour ce restaurant organique. On peut y manger une excellente « raw food » (ou cuisine crue), mais aussi végétarienne. À l'intérieur, une petite boutique propose une sélection de produits bio. On peut également y prendre des cours de yoga, suivre une session d'acupuncture, de reiki, de massage, de healing coaching et des cours de cuisine !

♦ **Sweet Magnolia,** plage sud de Sanur. Les propriétaires de l'hôtel Gardenia ont ouvert un nouveau salon de thé… les pieds dans le sable. Assiette du pêcheur et steak de thon, mais surtout… la tarte au citron meringuée ! L'une des meilleures de la ville !

Entre 10 et 20 €

♦ **Café BatuJimbar,** Jl. Danau Tamblingan 75. Ouv. t.l.j. 8h30-23h. Créé par la fille de Wija Wawo Runtu, l'un des pionniers du tourisme à Bali et fondateur de l'hôtel Tangjung Sari, c'est un incontournable de Sanur. Il fait bon s'arrêter sur la terrasse. On y sert une cuisine indonésienne et occidentale avec une attention particulière donnée aux produits bio.

♦ **Sale and Peppe,** Jl. Cemaran 72, ☎ 8754.260. Voici un restaurant italien convivial où l'on sert d'excellentes pizzas ainsi que de bonnes pâtes et viandes. Un petit détour occidental qui peut faire plaisir après un long voyage.

Plus de 20 €

♦ **Massimo,** Jl. Danau Tamblingan 228, ☎ 288.942, www.massimobali.com. C'est, pour les amateurs de cuisine italienne, une adresse incontournable à Sanur. La salle à l'intérieur étant assez impersonnelle, installez-vous dehors en terrasse. Massimo, le chef originaire des Pouilles, prépare de délicieuses pâtes et pizzas. Si les desserts vous manquent, craquez pour le tiramisù.

♦ **Three Monkeys,** Jl. Danau Tamblingan 116 (en face de l'hôtel Leghawa), ☎ 2860. Les trois singes ne sont autres que les trios associés du restaurant : une chef grecque, un architecte indonésien et sa femme américaine, médecin. Un trio improbable qui a monté l'un des restaurants les plus élégants de Sanur. La cuisine raffinée est à l'image des partenaires, à la croisée des chemins entre l'Asie et l'Occident.

Shopping

♥ **Biasa,** Jl. Danau Tamblingan 37, ☎ 270.935, www.biasabali.com. Superbe collection de vêtements pour femmes en coton et lin ; on a envie de tout acheter. Les hommes trouveront également de quoi étoffer leur vestiaire d'été avec quelques bermudas et chemises en lin.

Gudang Keramik, Jl. Danau Tamblingan 51, ☎ 288.147. On trouve dans cette boutique les poteries et céramiques de la marque Jenggala Keramik à des prix exceptionnels car les objets ont quelques défauts, bien souvent impossibles à détecter.

OSO (Original Surf Outlet), Jl. ByPass Ngurai Rai. Ouv. t.l.j. 9h-22h. Pour faire le plein de vêtements de marques de surf à -40 %.

NoGo, Jl. Danau Tamblingan 104, ☎ 288.765, www.nogobali.com. Cette imposante boutique est entièrement dédiée aux textiles. On y trouve une grande sélection d'ikats mais aussi des vêtements et des objets de décoration.

Utama Spices, Gopa Town Center, Jl. Danau Poso 57, www.utamaspicebali.com. Faisant appel aux vertus des plantes balinaises, Mélanie Templer et Dayu Suci ont créé des cosmétiques 100 % naturels à base d'herbes balinaises exclusivement.

Bars

Sanur est une ville assez calme. Aussi, mieux vaut aller à Kuta ou Seminyak si vous avez l'intention de sortir tous les soirs. Néanmoins quelques adresses ne manquent pas de charme.

● **Casablanca,** Jl. Danau Tamblingan 120 (à côté du restaurant Three Monkeys). Un bar-restaurant aux allures d'hacienda avec une programmation musicale variée. L'un des endroits les plus agréables de Sanur pour faire la fête.

● **Linga Longa,** Jl. Sudamala. Ouv. t.l.j. 18h jusqu'à… tard ! Les fêtards de Sanur se retrouvent dans ce petit bar aux allures de *warung*, tenu par Rolas, originaire de Sumatra, et Kelly, sa femme.

Rolas est musicien et a monté un groupe avec ses amis, qui chaque soir, joue devant un public d'habitués, de backpackers et de touristes. Ne ratez pas le *babi guling* du dimanche soir !

● **Mango Beach,** Jl. Pantai Sindu. Ouv. t.l.j. 8h-23h. Pour prendre un verre ou faire une partie de billard en écoutant de la musique reggae.

Activités

Blue Oasis Beach Club, Jl. Danau Tamblingan, ☎ 288.011. Surf, kite, plongée, wakeboard, ce club propose une grande variété d'activités. Vous pourrez même louer des Hobie Cat et des lasers. Et pour vous détendre, prendre des cours de yoga.

Kitesurf. Bali Kitesurfing school, Mertasari (près du temple Mertasari), ☎ 789.90.13/14. Cours collectifs et individuels pour apprendre le kite-surf en toute sécurité. Toujours rassurant, l'école dispose de 3 bateaux de surveillance.

Massages et spa. Expression Spa, Jl. Danau Toba 6 (entre le marché de nuit et le Mc Donald's). Un petit spa sans prétention très propre et convivial. Il n'y a que trois masseuses mais elles sont exceptionnelles! Pour 85 000 Rp, soit un peu plus de 5 €, vous aurez un massage balinais. L'établissement propose également des soins classiques comme manucure, pédicure, épilation et soins du visage.

Jamu Traditional Spa, Tandjung Sari Hotel, Jl. Danau Tamblingan 41, ☎ 286.595. Ouv. t.l.j. 10h-19h. Confiez votre dos aux mains expertes des masseuses ; tous les soins sont réalisés à partir de produits bio. Les jeunes mamans pourront essayer le Selendang Body Wrap : selon la tradition indonésienne, après l'accouchement et pendant 40 jours, les femmes recoivent des massages particuliers et sont ensuite enveloppées dans des bandelettes de coton.

Plongée. Baliberty, Jl. Blanjong, ☎ 8133.7175.945, contact@baliberty.com, www.baliberty.com. Renaud et Alice, un couple de Français passionnés de plongée, vous feront découvrir les sites de Bali en petits groupes et avec une attention toute particulière. Les conditions idéales pour vous initier à la plongée.

☘ **Ena Dive,** Jl. Tirta Ening, ☎ 288.829, enadive@dps.centrin.net.id, www.enadive.co.id. Mention spéciale pour ce club de plongée très engagé sur le front de la protection de l'environnement. Il participe au programme Bali Reef Project et organise des journées de nettoyage de la plage et de la mangrove.

Atlantis International Bali Padi IDC Centre, Jl. ByPass Ngurah Rai, ☎ 0812.3805.767. L'école propose des excursions tous niveaux à la journée sur les différents sites de Bali mais aussi des croisières vers Komodo (oxygène et kit de secours à bord). Randonnées et balades à VTT à travers l'île.

Surf. La meilleure période pour surfer à Sanur s'étend de novembre à mars *(p. 190)*.

Odyssey Surf School, Jl. Pantai Kuta (au sud de Sanur, dans le Mercure Kuta Hotel Arcade), ☎ 7420.763. Une équipe de 13 instructeurs très pointilleux sur les questions de sécurité, et des cours pour les enfants à partir de 7 ans.

Yoga. ♥ ☘ **Power of Now Oasis,** Mertasari Beach, ☎ 0813.3831.5032, www.powerofnowoasis.com. Cours de 90 min à 100 000 Rp. Le centre tout ouvert est situé dans un grand jardin face à la mer. À l'étage, l'espace est dédié aux cours tandis qu'on se relaxe au rez-de-chaussée en sirotant un jus de fruits bio.

Parc de jeux. **Peek À Boo,** Jl. ByPass Ngurah Rai 17, ☎ 282.638, www.peekaboofun.com. Ouv. t.l.j. 9h-18h. Entrée payante (5 € par enfant). Jusqu'à 9 ans. Si vos enfants ne veulent plus entendre parler de temples, de marches dans les rizières ou de visites, emmenez-les dans ce parc de jeux où les attendent toboggans, trampolines, piscine à boules et de nombreuses activités.

Nusa Lembongan

Accès

Depuis Sanur, sur la plage au bout de Jl. Huang Tuah, plusieurs options :

Les bateaux traditionnels, départ à 10 h 30. Comptez environ 90 min et 60 000 Rp (environ 4 €)

La companie Perama propose également un bateau traditionnel, un peu plus confortable. Comptez 1 h et 100 000 Rp (un peu plus de 6 €)

Les compagnies de bateaux rapides, très confortables, Scoot *(30 min, départ à 9h30, 13h30 et 16h, www.scootcruise.com)* ou Sugriwa *(www.lembongansugriwaexpress.com)*.

On peut aussi rejoindre l'île depuis Padangbai ou Kusamba.

Jungutbatu

C'est à Jungutbatu que se concentrent l'essentiel des hôtels bon marché, les restaurants et les centres de plongée.

Hébergement

De 15 à 35 €

▲ **Ketut Bungalow,** sur la plage de Jungutbatu, ☎ 0813.3784.6555, http://ketut.net. 12 bungalows avec s.d.b., eau chaude, clim. et ventil. ; petit-déj. non inclus. Avec sa piscine face à la mer et son emplacement idéal en plein cœur de Jungutbatu, cet hôtel tout simple et bon marché fait la différence. Préférez les bungalows avec vue sur la mer. Emplacement idéal sur la plage.

▲ **Pondok Baruna Garden,** ☎ 0812.3940.992, www.pondokbaruna.com. 6 ch. avec s.d.b., eau chaude, clim. Wifi. Petit ensemble réparti autour d'une jolie piscine. Les chambres sont sobres mais impeccables et le service attentionné et efficace. En sortant de l'hôtel et en se dirigeant vers la plage, un autre hôtel du même groupe, Pondok Baruna Seawiew, propose 4 chambres sommaires (eau froide seulement) mais avec vue sur la mer !

▲ ☘ **Secret Garden Bungalows,** ☎ 0813.5313.6861, www.bigfishdiving.com. 9 ch. avec s.d.b., eau froide et ventil., WiFi ; petit-déj. non inclus. Des chambres sommaires s'ouvrent sur une grande piscine à 100 m de la plage. Parfait si on souhaite économiser sur le logement pour pouvoir profiter de la plongée ! En plus de la plongée *(p. 186)*, cours de yoga au Yoga Shack chaque lundi, mercredi et vendredi (environ 5 € pour 90 min). Ambiance jeune, sportive et décontractée.

▲ **Two Fish Divers,** en face de Secret Garden Bungalows, ☎ 0812.3924.1560, www.twofishdivers.com. 10 ch. avec s.d.b., clim., ventil., WiFi. Situé en face du Secret Garden, ce *resort* pour plongeurs (il propose différents packages incluant un certain nombre de plongées par jour) dispose de chambres modernes et confortables entourant une grande piscine. Possibilité de louer les chambres à moindre coût à condition de n'utiliser que le ventilateur. Excellents petits-déjeuners !

Autour de 50 €

▲ **Tigerlilly's,** Jl. Jungutbatu, tigerlillysnusalembongan@gmail.com, www.tigerlillys-lembongan.com. 5 bungalows de 2 étages avec s.d.b., clim., ventil., WiFi ; petit-déj. et taxes non inclus. C'est l'option charme de Jugutbatu ! Avec leurs lits à baldaquins, leurs meubles en bois colorés, leurs salles de bains en pierre et béton ciré, les chambres sont décorées avec goût et simplicité. Le soir, on peut boire un excellent cocktail au bar de l'hôtel. Le personnel très attentionné est toujours prêt à vous aider durant votre séjour sur l'île. Le seul bémol : l'hôtel est proche de la rue, donc un peu bruyant.

À partir de 200 €

▲ **Batu Karang,** ☎ 0366.559.6376, www.batukaranglembongan.com. 23 ch. et villas avec s.d.b., eau chaude, clim., TV, WiFi, CB ; petit-déj. et taxes non inclus. Construit à flanc de colline, cet hôtel propose des villas avec une vue époustouflante sur les eaux turquoise de Lembongan et le mont Agung. Une déception en revanche : la cuisine du restaurant n'est pas à la hauteur.

▲ **Indiana Kenanga,** Jl. Jungutbatu Beach 56, ☎ 0366.244.71 (☎ 01.57.32.38.29 de France), www.indiana-kenanga-villas.com. 16 suites avec s.d.b., clim., TV câblée, Wifi et 2 villas de 2 chambres avec piscine ; petit-déj. et taxes non inclus. Les suites et villas offrent un mix d'architecture balinaise et de décoration néo-baroque. L'ensemble est réussi mais on se sent un peu à l'étroit et on ne voit la mer que du restaurant. Service impeccable et chaleureux.

Restauration

Moins de 5 €

♦ **Warung 99.** Sur la plage. Vous y trouverez les classiques de la cuisine indonésienne pour moins d'un euro. Excellent et bon marché.

Entre 5 et 10 €

♦ ☘ **Bali Eco Deli,** Jl. Raya Jungutbatu, ☎ 0812.3704.9234, www.baliecodeli.net. Ouv. t.l.j. 7 h-19 h. WiFi. De véritables Expresso, une bonne sélection de thés et un nombreux choix de gâteaux. Tout est ultra frais et fait maison ! Le plus : la plupart des produits viennent du commerce équitable et tous sont garantis sans huile de palme.

♦ **Nyoman's Warung,** sur la route de la mangrove au nord de Jungutbatu (une pancarte indique le restaurant). Nyoman, la propriétaire, est une excellente cuisinière. Elle prépare le désormais célèbre *jacket fish* (car sa peau s'enlève comme un manteau) grillé. Posé au bord de l'eau, le restaurant offre de superbes vues sur le mont Agung. Réservez à l'avance votre dîner, la veille pour le lendemain.

Entre 10 et 20 €

♦ **The Beach club at Sandy Bay,** ☎ 082.897.005.656, www.sandybaylembongan.com. Ouv. t.l.j. 8 h-tard le soir. Ambiance rustique-chic pour ce club de plage qui domine Sandy Bay. On y va en famille pour le brunch du dimanche, le soir pour manger un *mahi-mahi* grillé ou pour prendre un verre en fin de journée autour de la piscine à débordement, face à la mer. Le club dispose d'une voiture et peut venir vous chercher et vous redéposer à votre hôtel gratuitement.

Plus de 40 €

♦ **Le restaurant de l'hôtel Indiana Kenanga,** Jl. Jungutbatu Beach 56, ☎ 0366.244.71. Comptez 40 € pour un repas complet. C'est le restaurant gastronomique de l'île ! Après avoir fait ses classes au Bristol et chez Alain Ducasse, Clément a installé ses fourneaux face à la mer. Pensez à réserver à l'avance pour avoir les meilleures tables près de la plage.

Bar

● **Blue Corner Bar,** bar de l'hôtel éponyme, au nord de Jungutbatu. Si vous voulez faire la fête à Lembongan, ne ratez pas les soirées du vendredi ! Surfeurs, plongeurs, touristes et habitués se retrouvent pour danser sur la plage jusqu'au bout de la nuit. Festifs mais plus intello, les quiz du mardi soir !

● **Scooby Doo Bar,** sur la plage de Jungutbatu. Ouv. t.l.j., s'anime à partir de 18 h-22 h. L'un des bars les plus animés en haute saison et jolie vue sur Bali. Parfait pour boire un verre sur la plage.

● **The Deck Café and Bar.** Ouv. t.l.j. 8 h-22 h. Happy hours 17 h-18 h 30. Sur la promenade qui mène de Jungutbatu à Coconut Bay, on prend un verre au coucher du soleil sur la jolie terrasse du bar de l'hôtel Batu Karang en regardant les surfeurs et le mont Agung.

● **Ware-Ware,** bar de l'hôtel éponyme, sur la promenade de Jungutbatu vers Coconut Bay, ☎ 082.145.697.497. Parfait pour boire un jus de fruits. Le rendez-vous des surfeurs !

Activités

Apnée. Lembongan Spearfishing, à côté de Monkey Surfing, ☎ 082.146. 147.683, www.lembonganspearfishing.com. C'est la seule école de plongée en apnée à Lembongan reconnue par l'Association internationale pour le développement en apnée. Possibilité de faire un baptême et de passer un diplôme sur plusieurs jours. Comptez environ 70 € pour un baptême et environ 200 € (et 3 jours) pour passer votre brevet d'apnée AIDA niveau 1.

Plongée. ☘ **Big Fish Diving Jungutbatu,** ☎ 0813.5313.6861, www.bigfishdiving.com. Pratique sûrement les prix les moins chers pour les plongées. Par ailleurs, le centre participe activement aux initiatives locales de protection de l'environnement comme les opérations de nettoyage de la plage ou des fonds marins. Deux fois par semaine, les mardis et jeudis, le centre de recherche Aquatic Alliance propose des conférences gratuites sur la faune marine de la région.

Blue Corner Dive, Jl. Raya Jungutbatu, ☎ 0819.1623.1054, www.bluecornerdive.com. Très bonne ambiance dans ce club de plongée monté par deux Anglais. Andrew, biologiste marin, spécialiste des coraux en Indonésie, et Cody, fin connaisseur de l'archipel, vous feront partager leur connaissance du récif et de son écosystème. Instructeur francophone.

avec clim., WiFi, TV. Spa et restaurant. Un hôtel un peu vieillot mais charmant. Préférez les chambres de l'aile récente, aux s.d.b. rénovées. Jolies rizières au loin, visibles depuis l'espace piscine et ses multiples bassins. Navettes gratuites pour le centre d'Ubud quatre fois par jour. Service attentionné.

▲ **11. Maya,** Jl. Gunung Sari Peliatan (à 2 km E d'Ubud) **Hors plan par B2**, ☎ 977.888, www.mayaubud.com. 108 ch. avec clim., WiFi, TV. Spa et restaurants. Un grand *resort* d'un luxe très raffiné, installé dans un immense parc qui descend jusqu'à la rivière. Les chambres sont modernes, spacieuses, prolongées par un balcon, parfois surmontées d'un toit de chaume et dotées d'une piscine privée.

▲ ♥ **12. Wapa di Ume,** Jl. Suweta, Banjar Bentuyung, à 2 km N d'Ubud **Hors plan par B1**, ☎ 973.178, http://wapadiume.com. 18 ch. avec clim., WiFi, TV. Un établissement merveilleux ouvert sur les rizières. Chambres spacieuses avec lit à baldaquin et meubles en rotin ou en bois clair patiné. Piscine en contrebas, un peu à l'ombre. Service exquis et discret. Goûter offert l'après-midi. Yoga, spa et cours de cuisine (en suppl.). Navettes régulières vers le centre d'Ubud.

Restauration

Moins de 10 €

♦ **13. Cafe Pomegranate,** sur un sentier piéton, au milieu des rizières (comptez 15 min de marche depuis Jl. Raya Ubud) **A1**, ☎ 087.860.803.632, www.cafepomegranate.org. Ouv. t.l.j. petit-déj., déj. et dîner. Une cuisine très hétéroclite – houmous, guacamole, pizzas, sushis japonais, currys indiens, raviolis chinois – que l'on déguste assis en tailleur sur des poufs autour d'une table basse, en regardant le riz pousser.

♦ **14. Cafe Wayan,** Jl. Monkey Forest **B2**, ☎ 975.447, www.cafewayanbali.com. Ouv. t.l.j. petit-déj., déj. et dîner. Une institution depuis 1986 ! Cette boulangerie-salon de thé propose des plats salés mais surtout des gâteaux, pains, croissants et tartes faits maison. Installez-vous dans l'un des petits pavillons en retrait de la route principale pour les déguster. Après 18 h, les pâtisseries sont vendues moitié prix.

♦ ♥ **15. Melting Wok,** Jl. Goutama **B2**, ☎ 082.153.666.087, http://warungmeltingwok.hautetfort.com. Ouv. mar.-dim. petit-déj. (à partir de 10 h), déj. et dîner. CB non acceptées. Il n'y a qu'une dizaine de tables en bois, à l'étage d'une maisonnette, mais beaucoup de monde qui passe chez Philippe, en cuisine, et Géraldine, au service. Menu sur l'ardoise et cuisine au wok : on choisit son degré d'épices, son plat – porc, bœuf, tofu, *tempeh* ou marlin –, sa sauce, son accompagnement… et le tour est joué ! En dessert, goûtez la fondue au chocolat.

♦ **16. Nomad,** Jl. Raya Ubud **B2**, ☎ 977.169, http://nomad-bali.com. Ouv. t.l.j. petit-déj., déj. et dîner. Ce restaurant ouvert en 1979 jouit d'une bonne réputation parmi les expatriés locaux. Situé sur la route principale, il propose une cuisine « fusion food » asiatique et occidentale, avec notamment des salades à base de produits organiques frais et un assortiment de spécialités balinaises sous forme de tapas. Arak fait maison.

♦ ♥ ☘ **17. Sari Organik,** sur un sentier, au milieu des rizières (compter 20 min de marche depuis Jl. Raya Ubud) **A1**, ☎ 780.1839, www.sari-organik.com. Ouv. t.l.j. petit-déj., déj. et dîner. Ce restaurant 100 % bio, où l'on vient lézarder au calme et profiter de la brise et de la vue, offre une cuisine dont l'essentiel des produits est cultivé par les agriculteurs voisins ou vient d'un verger situé dans les montagnes de Kintamani. Tofu frais, fromage sans crème, riz traditionnel, fruits et légumes organiques… sans oublier les confitures, la feta, la ricotta et le pain faits maison !

Autour de 15 €

♦ **18. Bebek Bengil,** Jl. Hanoman **B3**, ☎ 975.489, www.bebekbengil.com. Ouv. t.l.j. petit-déj., déj. et dîner. Surnommé le « Dirty Duck », ce grand restaurant possède de nombreux pavillons répartis dans un immense jardin. Tout est à base de canard : les rouleaux de printemps, le consommé au melon, et la spécialité, un demi-canard cuit à la vapeur dans un mélange d'épices indonésiennes puis plongé dans la friture pour une finition croustillante.

♦ **19. Cafe Lotus,** Jl. Raya Ubud **A2**, ☎ 975.660, www.cafelotusubud.com. Ouv. t.l.j. petit-déj., déj. et dîner. Plus que pour la cuisine, somme toute honnête et variée (plats traditionnels indonésiens mais aussi pâtes, salades, soupes, viande), on vient ici pour dîner en assistant au spectacle qui se tient sur l'esplanade du temple voisin, transformée en scène. Pour être au plus près des danseurs, préférez l'espace « lesehan » ou la table n° 100, qui trône face à la scène dans un pavillon surélevé (addition minimum : 300 000 Rp par personne). Spectacle à 19 h 30 t.l.j. sf ven.

♦ **20. Casa Luna,** Jl. Raya Ubud **B2**, ☎ 977.409, www.casalunabali.com. Ouv. t.l.j. petit-déj., déj. et dîner. Cette grande maison sur deux étages est située sur la route principale. On y mange de tout, des pâtisseries faites maison (croissants, pains au chocolat, brownies) et des plats locaux ou occidentaux. Bon choix de plats italiens. C'est notamment ici qu'a lieu chaque année le Writers and Readers Festival *(p. 58)*. Possibilité de commander à l'avance du canard fumé.

♦ **21. Three Monkeys,** Jl. Monkey Forest **B2**, ☎ 975.554, www.threemonkeyscafe bali.com. Ouv. t.l.j. petit-déj., déj. et dîner. Une adresse très courue par les expatriés, à l'abri du tumulte de la route. Les tables s'alignent le long d'une mini rizière – privilégiez les plus reculées - dans une ambiance tamisée, sur fond de musique douce. Cuisine d'inspiration italienne.

Autour de 20 €

♦ **22. Indus,** Jl. Raya Sanggingan **A1**, ☎ 977.684, www.casalunabali.com/ indus-restaurant. Ouv. t.l.j. petit-déj., déj. et dîner. Bougies, musique branchée, et surtout des assiettes très réussies : le bœuf grillé avec sa purée d'aubergines et ses champignons est très parfumé, tout comme le saumon de Tasmanie aux épices balinaises dans des feuilles de bananier. Quelques truffes au chocolat pour finir en beauté ! Transfert gratuit depuis le centre d'Ubud.

♦♥ **23. Terracotta,** Jl. Raya Lungsiakan, au sein de l'hôtel Kenanga (à env. 3 km N du centre d'Ubud) **A1**, ☎ 898.97.00, www.kenangaubud.com. Ouv. t.l.j. petit-déj., déj. et dîner. Le restaurant trône sous un immense pavillon en bois au toit de chaume, au bord d'une grande rizière. Cuisine indonésienne et, pour les nostalgiques, d'inspiration française, avec un accent particulier mis sur les desserts. La couleur verte de certaines préparations est due aux feuilles de pandanus utilisées en cuisine. Possibilité de dîner à l'écart dans un pavillon au cœur de la rizière.

Plus de 20 €

♦♥ **25. Bridges,** Jl. Campuhan **A2**, sur le pont Campuhan, ☎ 970.095, www. bridgesbali.com. Ouv. t.l.j. déj. et dîner. Résa recommandée le week-end. Chaque jour, le chef australien Nicolas Lazzaroni régale ses convives. En journée, tapas et apéritif avec verre de vin et très beau plateau de fromages français, et le soir, une *fusion food* de haut vol (foie gras poêlé avec purée de bacon, tempura de gambas ou un succulent filet mignon). Cadre chic et romantique avec nappes blanches, musique *lounge* et service attentif.

Pensez aussi au ♦ 24. Mozaïc *(p. 205)*, très réputé pour sa cuisine d'inspiration française. Sans conteste le meilleur restaurant de Bali. N'oubliez pas aussi les restaurants et cafés ♦ 26. BaBi Guling Gung Cung *(p. 98)*, ♦ 27. Rondji *(p. 100)*, ♦ 28. Rendez-vous Doux et ♦ 29. Gelato Secrets *(p. 104)*, et ♦ 30. Kafe ARMA et ♦ 31. ARMA Thaï *(p. 105)*.

Bars

● **32. Cinta,** Jl. Monkey Forest **B2**, ☎ 975.395, www.baligoodfood.com. Ouv. t.l.j. 16 h-23 h. Les meilleurs mojitos de Bali, selon les locaux ! Nature, au gingembre ou à la pastèque, Happy-hour 16 h-19 h et 22 h-minuit.

● **33. Jazz Cafe,** Jl. Sukma 2 **B2**, ☎ 976.594, www.jazzcafebali.com. Ouv. mar.-dim. Un chanteur local connu, Rio Sidik, se produit souvent dans le premier club de jazz de Bali. Blues le mar., salsa le mer., soul le jeu. et jazz, soul ou funk le ven.

● **34. Laughing Buddha,** Jl. Monkey Forest **B2**, ☎ 970.928, http://laughing buddhabali.com. Ouv. t.l.j. 9 h-tard dans la nuit. Concert de blues, rock ou pop en live t.l.j. sf ven. Happy-hour 16 h-19 h et 23 h-1 h.

● **35. Betelnut,** Jl. Raya Ubud **B2**, ☎ 971.426, www.dekco.com. Ouv. t.l.j. 10 h 30-tard dans la nuit. Concerts *live*.

Shopping

Artisanat. **Macan Tidur,** Jl. Monkey Forest (à mi-chemin entre le palais Royal et le terrain de football) B2, ☎ 0812.3665.669, www.macantidur.com. De très beaux tissus (coton et soie) et quelques objets de qualité avec une palette de prix plus large que Threads of Life.

☘ **Threads of Life,** Jl. Kajeng 24, ☎ 972.187, www.threadsoflife.com. Ouv. t.l.j. 10 h-19 h. Cette boutique-galerie vend le travail des tisserands et des teinturiers de toute l'Indonésie (îles Savu, Florès, Java, Kalimantan, Sulawesi, Timor). Les textiles exposés sont d'une grande beauté. L'organisation propose des circuits à Lombok et Sumbawa à la rencontre de ces artisans.

Activités

Vélo. **Bali Emerald,** Jl. Bisma A2, ☎ 742.5482, www.emeraldcycling.com, et **Green Bike,** ☎ 869.9692, www.greenbiketour.com, proposent des balades à vélo, essentiellement le matin, dans la campagne, les rizières et les villages autour d'Ubud.

Cours d'art. **Puri Lukisan,** Jl. Raya Ubud A2, ☎ 975.136, www.museumpurilukisan.com. Résa conseillée. 125 000 à 500 000 Rp/pers. Les leçons, qui durent entre 1 h et 7 h, sont dispensées par des artistes professionnels locaux. Cours de gamelan, de flûte ou de danse balinaise, de peinture sur masque, de tissage d'un panier ou de confection d'offrandes, cours de théâtre de marionnettes, de peinture ou de sculpture sur bois... Vous pourrez ramener les objets travaillés chez vous.

WS Art Studio, Jl. Raya Silungan, Lodtunduh Hors plan par A3, ☎ 924.5833, www.craftworkshopbali.com. 250 000 à 400 000 Rp/pers. Bijoux en argent, batik, peinture, offrandes, cerfs-volants : vous pouvez apprendre à confectionner l'artisanat balinais lors de cours durant 2-3 h.

Cours de cuisine. **Casa Luna,** Jl. Bisma A2, ☎ 973.282, www.casalunabali.com. 400 000 Rp/pers. Cours à la « Honeymoon Guesthouse » lun.-ven. matin. Après une balade sur le marché, les élèves apprennent à cuisiner du poisson aux épices dans des feuilles de bananier, des nouilles sautées, la salade *gado-gado*, etc.

Galeries d'art. **Neka,** Jl. Raya Ubud B2, ☎ 975.034. Ouv. t.l.j. 8 h-17 h. Cette très grande galerie, créée en 1966 par le propriétaire du musée Neka, expose des toiles d'artistes contemporains, originaires de toute l'Indonésie. Possibilité d'acheter la toile enroulée ou avec le cadre, et de se la faire expédier par bateau ou par avion. Comptez entre 100 et 20 000 US$ (hors assurance).

Nyoman Jendra, Jl. Raya Pengosekan B3, ☎ 0818.565.759, www.balinese-paintings-and-modern-art.blogspot.com. Dans une galerie excentrée, Nyoman, son neveu et son fils exposent leurs toiles dans un joyeux fatras, posées parfois à même le sol. Si vous venez avec une photo, elle pourra être reproduite dans le style pictural de votre choix : traditionnel, balinais, floral, réaliste, abstrait (comptez 90 US$ pour un portrait d'enfant de 50 x 60 cm).

Soki, off Jl. Raya Penestanan A2, ☎ 974.370, www.ketutsoki.com. S'il n'est pas dans sa galerie au rez-de-chaussée, Soki peint seul ou avec ses élèves au premier étage de sa maison adjacente. Soki, dont le travail est exposé dans les musées d'Ubud, fut le premier étudiant du peintre hollandais Arie Smit dans les années 1960. Ses toiles très colorées représentent des scènes de village aux détails minutieux.

Rio Helmi, Jl. Suweta 5 B2, ☎ 972.304, www.riohelmi.com. Ouv. t.l.j. 9 h-21 h. Rio Helmi, un photographe indonésien de renom installé à Ubud depuis 35 ans, expose ici son travail : de superbes photos artistiques et journalistiques, fruits de ses voyages aux quatre coins du monde et notamment aux côtés des tribus indigènes d'Indonésie. Petit café adjacent à la galerie.

Rafting. Une dizaine de compagnies proposent à peu près le même itinéraire, avec départ à 30 min NO d'Ubud. Nous vous conseillons de passer par une **agence de voyages,** dont vous trouvez les dépliants dans les restaurants et les hôtels (40 US$ par adulte, 35 US$ par enfant) ; les tarifs y sont plus intéressants.

Randonnée. **Bali Sunrise Trekking and tours,** Jl. Raya Gentong 88 Hors plan par B1, ☎ 0818.552.669, www.balisunrisetours.com. Cette agence située à Ubud a été fondée en 2001 par I Gede Mangun, un enfant de la région du Batur. Elle propose des programmes classiques, mais également un circuit à vélo accessible à toute la famille.

Bali Culture, Jl. Hanoman **B2**, ☎ 928.6970, www.baliculturetour.com, et **Bali off Course**, Dusun Banjar Laplapan **Hors plan par B2**, ☎ 369.9003, www.balioffcourse.com, proposent des marches dans les rizières d'Ubud. Transfert possible depuis votre hôtel.

Dirigez-vous sinon vers Thierry, de **Rendez-vous Doux** *(p. 104)*, ☎ 747.0163, qui participe à des treks sportifs dans les rizières autour d'Ubud (comme la marche rapide). Lun., jeu. et sam. après-midi. Comptez 100 000 Rp par personne, incluant une collation.

Yoga. Taksu, Jl. Goutama **B2**, ☎ 971.490, www.taksuyoga.com. Cours lun.-sam. 8 h-17 h 30. Ce centre propose aussi bien des introductions au yoga (gratuit ; t.l.j. 16 h-17 h 30) que des cours de tous niveaux, privés ou collectifs (10 personnes maxi.) ou des séances de méditation, de yoga thérapeutique et de « conscience active ». Sur place : un spa, un restaurant et 3 salles de yoga dans un jardin ombragé où coule une rivière.

Yoga Barn, Jl. Sukma **B2**, ☎ 971.236, www.theyogabarn.com. Ouv. t.l.j. 7 h-20 h. Le plus grand centre de yoga d'Ubud est une véritable institution. Les immenses salles de yoga ne désemplissent pas : jeunes étrangers venus méditer, se détendre, suivre un traitement ayurvédique au spa, faire une retraite détox ou suivre un cours de yoga. Prix similaires aux autres centres.

Spas. Botanica, Jl. Raya Sanggingan **A1**, ☎ 976.739, www.balibotanica.com. Ouv. t.l.j. 9 h-20 h. Ce spa de quartier offre un cadre agréable, sur une rivière coulant dans la jungle. Massages du dos, du cou, des pieds, soins du visage, des mains, traitements ayurvédiques. Ambiance zen et souriante, et prix doux. Transfert gratuit si l'on réserve deux traitements.

Iman, Jl. Sriwedari **B2**, ☎ 971.049. Ouv. t.l.j. 9 h-20 h. Un spa différent, très simple. On y vient pour Nyoman, dont les mains réputées miraculeuses reconnectent le corps et le cœur via des massages en profondeur, la pratique du shiatsu et la réflexologie (attention, il s'est entouré d'une équipe de cinq masseurs et ne masse en personne qu'à la demande de certains clients). Tarifs identiques aux spas en ville.

Spa de l'hôtel Maya *(p. 223)*, ☎ 977.888, www.mayaubud.com, 8 salles de massage dont 5 réservées aux couples, aménagées dans des cabanes installées dans la gorge en surplomb de la rivière. On y accède par un ascenseur creusé dans la roche. Vestiaire privé, immense baignoire ronde hors-sol, des fleurs partout et une ambiance 100 % nature. Le spa propose un massage à quatre mains et un traitement sur mesure pour les hommes. Comptez entre 40 et 150 €.

Spa by L'Occitane, dans l'hôtel Kupu Kupu Barong *(p. 103)*, www.kupubarongubud.com. Ouv. t.l.j. 9 h-21 h. Les 6 salles de massage sont installées en surplomb de la rivière. Massages aux pierres chaudes, traitements ayurvédiques, soins du visage ; tous utilisent les produits L'Occitane. Comptez entre 60 et 150 € le soin.

Laplapan

Hébergement

Moins de 50 €

▲ **Rumah Capung**, Jl. Raya Laplapan, ☎ 0812.3803.450, http://vacationhomesbali.com. 3 ch. avec WiFi. CB non acceptées. Locations à la semaine seulement. Le long d'une petite route de campagne, au milieu de superbes rizières, apparaît cet ensemble de 3 maisonnettes réparties autour d'une piscine d'eau de mer et d'un *bale* pour les massages. Les bungalows sont simples mais confortables, avec leur s.d.b. extérieure et leur terrasse.

Autour de 150 €

▲ ♥ ☘ **Natura**, Jl. Raya Laplapan, ☎ 978.666, www.naturaresortbali.com. 14 ch. avec clim., TV, WiFi. Voilà un établissement qui fait corps avec les gorges dans lesquelles il est implanté : les cabanons, dotés de belles terrasses, dominent la jungle dense. En bas de 158 marches se trouvent, au bord de la rivière, le spa et une deuxième piscine. Préférez les *luxury pool villas*, dotées de parquet dans la s.d.b., de meubles en bois, de baies vitrées ouvrant sur la vallée et même d'un bassin de nage privé.

Restauration

Moins de 10 €

♦ ♣ ♥ **Padi Organic,** Jl. Raya Laplapan, ☎ 0815.5866.2252, www.warungpadiorganic.com. Ouv. t.l.j. déj. et dîner. Un adorable restaurant niché dans les rizières. On déguste, dans un *bale* au-dessus des rizières, une cuisine simple à base de salades et de sandwichs cuisinés avec les fruits et légumes organiques du potager. Cours de cuisine le matin.

Mas

Restauration

Moins de 10 €

♦ **Semar,** Jl. Raya desa Mas, ☎ 974.677, www.semarwarung.com. Ouv. t.l.j. petit-déj., déj. et dîner. Installez-vous sur la terrasse en surplomb des rizières. Goûtez le *Pepes Ikan* (poisson à la vapeur dans une feuille de bananier) ou le canard croustillant accompagné de légumes, de purée de piments et de riz. Transfert gratuit depuis Ubud.

Shopping

Galerie d'art. Tony Raka, Jl. Raya Mas 86, ☎ 781.6785, www.tonyrakaartgallery.com. Ouv. t.l.j. 9 h-17 h. La galerie, spécialisée à l'origine dans les sculptures en bois, expose aujourd'hui dans d'immenses pavillons et dans une cour intérieure aussi bien des antiquités - cabinets de mariage chinois, portes en bois de Bornéo - que des peintures réalisées par de jeunes talents ou par des artistes établis. Cette galerie, aux faux airs de musée, est l'œuvre de Tony Raka. Compter de 200 à 20 000 US$ l'œuvre.

Activités

Adventure and Spirit, Jl. Raya Mas 62 A, ☎ 971.288, www.adventureandspirit.com. Enfants à partir de 8 ans, accompagnés d'un adulte. Voici le seul club de canyoning de Bali, fondé par un Français, Michael Denissot, et son associé, Robin Endro. Encadrement et matériel au top. L'équipe est certifiée par IcoPro, l'organisation internationale des professionnels du canyoning. La meilleure période pour s'essayer à ce sport s'étend d'avril à janvier, après la saison des pluies, lorsque les canyons sont gorgés d'eau.

Mengwi

Hébergement

Autour de 100 €

▲ ♥ ♣ **Balam Bali Villa,** Jl. Teleng 100, Banjar Cengkok (à 20 min O d'Ubud), ☎ 0816.575.588, www.balambalivilla.com. 8 ch. avec clim., Wifi, TV. Il est difficile de choisir entre les chambres modernes aux murs colorés bordant la piscine et ses transats en rotin jaune, orange ou rouge, et celles à l'arrière, plus sombres mais bourrées de charme, aménagées dans une ancienne maison de pirates datant du XVIIIe s. Ambiance calme et familiale dans cette maison d'hôtes installée au milieu des rizières. Restaurant sur le toit-terrasse, prêt de vélos, massages sur demande et de nombreuses excursions.

Tabanan

Hébergement

Plus de 150 €

▲ **Sahaja & Sawah,** Banjar Kelecung Kaja, Desa Tegal Mengkeb, à 30 min SE de Balian, au bout d'une mauvaise piste, ☎ 874.7489, www.sahajasawah.com. 27 ch. avec clim., Wifi, TV. Quel que soit le standing de la villa ou de l'appartement, avec ou sans piscine privée, le luxe et le calme sont au rendez-vous ! Matériel high-tech, terrasses, parquet au sol et même, pour certaines chambres, une vue sur les rizières depuis la baignoire. 30 minutes de massage offertes. ♦

L'Est et le mont Agung

visites
Itinéraires 8 à 10, p. 120.
Carte L'est de Bali p. 122-123.

Indicatif: 0363 (sinon, le numéro de téléphone entier est indiqué). Les numéros en 08 sont des numéros de téléphones portables et n'ont pas d'indicatif.

Pour les hébergements, les tarifs sont indiqués sur la base d'une nuit en ch. double en haute saison; petit-déj. et 21 % de taxes inclus, sauf mention contraire.

Pour les restaurant, les prix correspondent à une entrée et un plat.

Sauf mention contraire, les établissements cités n'acceptent pas les cartes bancaires.

Sidemen

Accès

On peut rejoindre Sidemen en *bemo* depuis Klungkung mais ils se font rares après 14 h. Il est donc préférable d'avoir son propre véhicule.

Hébergement

Entre 20 et 45 €

▲ ☘ ♥ **Darmada,** Jl. Raya Luah, Banjar Tabola, ☎ 085.338.032.100, www.darmadabali.com. 4 ch. avec s.d.b., eau chaude ; petit-déj. et taxes non inclus. Barbara, Hollandaise, Wayan, son mari balinais, et leurs deux enfants ont quitté la Hollande pour venir s'installer dans le village natal de Wayan. Ils ont souhaité y créer une école, et ont donc ouvert ce petit hôtel pour la financer. Le visiteur pourra se détendre dans la piscine d'eau de source. Le *warung* **Melita** propose une cuisine occidentale teintée d'Asie.

▲ **Embang Homestay,** juste avant d'arriver au Nirarta Centre for Living Awareness. Petit-déj. et taxes non inclus. Face au nombre grandissant de touristes, les habitants de Sidemen se lancent de plus en plus dans le « Homestay ». Celui-là se limite à une seule grande chambre dont la fenêtre permet d'admirer les rizières. La salle de bains est impeccable.

▲ **Lihat Sawa,** Homestay Rice Field View, Banjar Tebola, ☎ 0366.530.0516, www.lihatsawah.com. 12 ch. avec s.d.b., eau chaude et ventil. De jolis bungalows sur deux étages abritent des chambres agréables. Demandez les chambres avec vue sur les rizières, un peu plus chères. De la piscine, on profite d'une jolie vue sur la vallée.

▲ ♥ **Nirarta Centre for Living Awareness.** En arrivant de Klungkung, 1 km après Tabola, l'hôtel est indiqué sur la droite. ☎ 0366.530 0636/0812.4652.123, www.awareness-bali.com. 11 ch. avec s.d.b., eau chaude. Les chambres sont spatieuses et simples et offrent de superbes vues sur les rizières. Peter, professeur de méditation et coach en développement personnel, propose des retraites et séminaires de 5 à 10 jours. Randonnées guidées ou rencontres avec des « Healers », des guérisseurs spirituels, sont également proposées. Dayu Mayuni, la femme de Peter, appartient à une famille de prêtres et de « Healers » et sait s'entourer des meilleurs.

▲ **Villa Aura Surga,** Br Tebola, ☎ 0361.9006.705, aura.surga@ymail.com. 2 ch. avec s.d.b., eau chaude, clim. et ventil. ; petit-déj. et taxes non inclus. Un hôtel intimiste composé de 2 luxueux bungalows aux magnifiques toits d'*alang-alang,* posés sur les rizières. Un havre de paix au bout du monde.

À partir de 100 €

▲ **Surya Shanti Villa,** Br. Tebola (en arrivant de Klungkung, continuez toujours tout droit après le Nirarta Centre for Livig Awareness), ☎ 085.237.345.574, www.suryashantivilla.com. 10 ch. avec s.d.b., eau chaude. Spa. Au cœur des rizières, ce petit hôtel de charme propose des chambres à la décoration raffinée, dotées d'une terrasse pour contempler le superbe panorama. Ici, pas de climatisation ni de télévision, et c'est un choix. L'hôtel propose de nombreuses activités (promenade commentée dans les rizières, ascension du mont Agung).

En dehors de Sidemen

▲ **Great Moutain Views Villa Resort,** Selat, Banjar Alas Tunggal, Duda (sur la route de Selat depuis Sidemen, le panneau indique l'hôtel sur la droite), ☎ 085.857.013.416, www.greatmountainbali.com. 8 ch. avec s.d.b., eau chaude, ventil. et clim. Cet hôtel propose 8 chambres très propres, dont certaines, un peu plus chères, disposent de la climatisation. Mais ce qui fait le charme de cet hôtel, c'est avant tout la vue sur le mont Agung et l'accueil chaleureux de Nyoman et Wayan. Côté cuisine, on se régale de la cuisine de Wayan qui partage ses secrets grâce à des cours. De nombreuses activités comme l'ascension du mont Agung sont proposées.

Restauration

À Sidemen, les visiteurs dînent généralement au restaurant de l'hôtel, le village ne se prêtant pas forcément à des balades nocturnes.

Moins de 5 €

♦ **Jana's warung,** sur la route de l'hôtel Lihat Sawah. Ouv. t.l.j. 8h-20h. Un joli *warung* avec une cuisine toute ouverte pour observer les cuisiniers à l'œuvre. Très agréable pour prendre son petit-déjeuner.

Entre 5 et 10 €

♦ Le restaurant du **Nirarta Centre for Living Awareness.** Ne ratez pas le buffet essentiellement végétarien qui propose une belle sélection de différents tofus.

Activités

Bali Countryside, ☎ 0361.485.242, www.balicountryside.com. Créé par Bapak Okayana, un homme d'affaires originaire de la vallée de Sidemen, Bali Countryside se trouve dans le village de Sukahet Sari, dans la vallée de Sidemen. Soucieux de faire découvrir les traditions de sa région, il est heureux de présenter aux visiteurs, dans sa propriété, les artisans de son village. Des cours de yoga avec vue sur les rizières au soleil couchant sont proposés, ainsi que des treks de durée variable (à réserver).

Ascension du mont Agung. Bali Sunrise Trekking and tours, ☎ 0818.552.669, www.balisunrisetours.com. Comptez environ 85 € (incluant les transferts en bus depuis et vers Lovina, Candi Dasa, Ubud, Sanur, Kuta, Nusa Dua). Guide anglophone. « C'est le plus difficile mais aussi le plus beau trek que nous proposions » prévient d'emblée l'organisateur. Possibilité de partir du Pura Besakih ou du Pura Pasar Agung. Depuis le Pura Besakih, l'ascension débute à 23h45. L'arrivée au sommet est prévue à 6h. Après une heure et demie de pause, redescente vers Besakih (arrivée vers 13h-13h15).

Rafting. **Alam Amazing Adventure,** www.alam-amazing-adventures.com. À partir de 8 ans. Spécialiste du rafting à Bali, Alam Amazing propose une descente sur la Telaga Waja River, une aventure de 16 km d'une durée de 2h30. Une façon originale de découvrir les paysages de la région de Sidemen. Sensations fortes garanties !

Padangbai

Adresses utiles

Argent. Il y a un DAB en face du terminal des ferry.

Bemo. La gare des *bemo* se trouve à proximité du quai des ferries.

Speedboat. Le bateau de Perama Express (☎ 0361.751.551) part tous les jours du port de Padangbai Harbor et met 2h pour atteindre les Gili. Pour connaître les horaires et acheter les billets, allez au café Dona, Jl. Pelabuhan, où Perama a un guichet (ouv. t.l.j. 7h-20h).

Transport. Le ferry public part toutes les heures 24/24h et 7/7j pour Lombok. Comptez 5-6h pour faire la traversée. Vous trouverez aussi des bateaux rapides, plus chers mais également plus sûrs et plus confortables.

Hébergement

Entre 10 et 20 €

▲ **Topi Inn,** 6 ch. dont 3 disposent de leurs propres s.d.b. avec eau froide ; petit-déj. et taxes non inclus. Une adresse très prisée des voyageurs à petit budget. Dans ce convivial bungalow en bambou, le restaurant occupe le rez-de chaussée et les chambres, l'étage. La cuisine est bonne et vous pourrez même y manger… une fondue savoyarde ! Le restaurant lave les légumes et cuisine à l'eau minérale et sans glutamate.

À partir de 30 €

▲ **Puri Rai,** Jl. Silayukti Padangbai 7X, ☎ 0361.8528.521, www.puriraihotel.com. 30 ch. avec s.d.b., eau chaude, ventil. et clim. L'entrée est peu accueillante mais l'hôtel s'ouvre à l'arrière sur une jolie piscine dans un charmant jardin. Demandez les chambres autour de la piscine, plus agréables que celles qui se trouvent dans l'allée principale.

À partir de 100 €

▲ ♣ ♥ **Bloo Lagoon,** Jl. Silayukti, ☎ 6341.211, www.bloolagoon.com. 25 villas. Surplombant la plage de Blue Lagoon et offrant une vue sur l'océan, l'hôtel propose des résidences perchées sur des falaises. Les villas de 2 chambres disposent d'un salon en extérieur face à la mer. En fin de journée, le restaurant est très agréable. Dans l'assiette, la cuisine est garantie sans glutamate, et bio autant que possible. L'hôtel joue la carte de la protection de l'environnement : tri des déchets, compost, limitation de l'utilisation de produits chimiques, etc.

Restauration

Moins de 5 €

♦ **Padang Bay Café,** Jl. Segara. Ouv. t.l.j. 10 h-22 h. Ce restaurant propose une excellente sélection de poissons grillés, préalablement marinés dans une préparation à base de curcuma et accompagnés de riz, de légumes et de *sambal* !

Entre 5 et 10 €

♦ **Grand Café,** Jl. Segara. Face à la mer, ce café se distingue par sa grande terrasse, ses meubles en teck et son éclairage soigné. On y mange des fruits de mer et des plats occidentaux.

♦ **Puri Rai Café.** Guirlande de lampions type guinguette, toiles d'artistes balinais pour égayer les murs, ce petit *warung* situé sur la droite à l'entrée de l'hôtel Puri Rai dégage une atmosphère agréable, surtout le soir. Dans l'assiette, privilégiez les poissons grillés. Pour le dessert, laissez-vous tenter par une part de gâteau au chocolat.

Bars

● **Ozone café,** Jl. Silayukti, ☎ 0361.415.01. On y va pour boire un verre le soir, accompagné de pop-corn. Le personnel est sympathique et on y croise de nombreux voyageurs. L'occasion d'échanger des bons plans de voyages. Pour une petit faim, leurs pizzas ont également très bonne réputation.

Plongée

♥ **Gecko Dive Bali,** Jl. Silayukti, ☎ 415.16, http://gekodivebali.com. C'est le premier club de plongée de Padangbai, ouvert par un trio composé de Cédric, sa femme, Anglaise, et un Australien. Toutes les formations PADI sont possibles et de nombreuses plongées sont proposées au large de Padangbai et autour d'Amed, Tulamben ou encore Nusa Penida. Le club dispose de ses propres bateaux, gage de sécurité et de ponctualité pour les départs en mer.

Manggis

Hébergement

À partir de 150 €

▲ ♥ ♣ **Alila Mangis,** Desa Buitan Manggis, ☎ 410.11, www.alilahotels.com/manggis. 53 ch., 2 suites, avec TV câblée, mini-bar, coffre-fort, WiFi, CB ; petit-déj. et taxes non inclus. Dans une cocoteraie s'avançant vers la mer, ce complexe allie luxe et élégance balinaise. Les chambres supérieures sont confortables et lumineuses mais manquent de charme. L'hôtel œuvre pour le tourisme durable et s'engage aux côtés d'une ONG balinaise pour la conservation des coraux et un meilleur traitement des déchets dans l'hôtel. Le restaurant **SeaSalt** propose une cuisine réalisée à partir de produits biologiques.

Candi Dasa

Hébergement

Entre 10 et 20 €

▲ ♥ **Ida's Homestay,** Jl. Raya Candidasa, ☎ 410.96. 6 bungalows avec s.d.b., eau froide ; petit-déj. et taxes non inclus. Les bungalows, posés dans un grand jardin en bord de mer avec un accès à la plage, sont simples et rustiques mais l'endroit fleure bon le charme du Bali d'antan.

Entre 50 et 100 €

▲ **D'Tunjung,** Jl. Raya Candidasa, ☎ 419.99, www.dtunjungresort.com. 17 ch. avec s.d.b., eau chaude, clim., WiFi. Les chambres, petites mais joliment décorées, sont collées les unes aux autres le long d'un étroit passage au bout duquel se trouve une belle piscine face à la mer. L'hôtel dispose également d'un agréable restaurant surplombant la plage.

À partir de 100 €

▲ **Puri Bagus Candidasa,** Jl. Puri Bagus, Br Samuh, ☎ 0361.751.223, www.candidasa.puribagus.net. 48 bungalows avec s.d.b., eau chaude, TV câblée, clim., CB. Tout au bout de Jl. Raya Candidasa, l'hôtel Puri Bagus est sûrement le plus agréable de Candi Dasa avec sa grande piscine et la vue sur la mer. Les bungalows se situent soit face à la mer soit dans le jardin. Le staff est charmant. L'hôtel dispose également d'un centre de plongée très sérieux, **Orca Dive Club** (voir ci-contre).

▲ **The Watergarden,** Jl. Raya Candidasa, ☎ 415.40, www.watergardenhotel.com. 11 bungalows avec eau chaude, clim. et ventil., WiFi ; petit-déj. et taxes non inclus. 1 suite de 2 ch. avec piscine privée. De charmants bungalows en briques blanches et en bois sont disséminés dans un petit jardin. Ils sont tous dotés d'une terrasse qui surplombe un bassin à nénuphars et fleurs de lotus. L'ensemble est charmant et le personnel très attentionné. Seul bémol : l'hôtel ne donne pas sur la mer.

Restauration

Moins de 5 €

♦ **Warung Boni,** Jl. Puri Bagus (à 300 m du dernier croisement menant à l'hôtel Puri Bagus Candidasa), ☎ 0818.565.250. La plupart des *warung* de Candi Dasa se situent le long de la route dans le brouhaha de la circulation. Celui-là est une exception. Dans un jardin intimiste, à quelques mètres seulement du cœur de Candi Dasa, Connie prépare une authentique cuisine balinaise. Les poissons du jour sont cuits dans les feuilles de bananier, les crevettes grillées sont servies avec un mélange d'épices. Le mari de Connie est chauffeur, il viendra vous chercher si vous ne trouvez pas le restaurant !

Entre 5 et 10 €

♦ **Aquaria Boutique Restaurant,** Jl. Puri Bagus, ☎ 411.27. Ouv. t.l.j. 7h-22h. Pour un déjeuner sain, sans gluten, réalisé à partir de produits frais et locaux, filez au restaurant de l'hôtel Aquaria. Surplombant l'océan, ce restaurant propose un menu différent chaque jour. Une attention particulière est portée à la présentation des plats.

♦ **Rendez-vous,** Jl. Raya Candi Dasa, ☎ 419.29. Ouv. t.l.j. 8h-21h. Ce restaurant avec vue sur la mer offre un cadre paisible. Si la carte propose des plats occidentaux, mieux vaut s'en tenir aux spécialités balinaises, savoureuses et très bien exécutées

Plongée

Bali Bubbles, Jl. Raya Candidasa, ☎ 0815.5173.735, www.bali-bubbles.com. Ce club, géré par des Hollandais, propose à la fois des cours, différentes plongées à la journée autour de Padangbai, Candi Dasa, Amed, Tulamben et Nusa Penida, et des safaris sur plusieurs jours pour plonger à Menjangan.

Orca Dive Club, dans l'hôtel Puri Bagus, ☎ 412.17, www.orca-diveclub-bali.com. Ce club de plongée est dirigé par un instructeur allemand. Il propose des cours PADI et SSI et des plongées, sur les îles au large de Candi Dasa, à Padangbai, Nusa Penida, Amed et Tulamben.

Amlapura

Adresses utiles

Argent. DAB **BNI**, Jl. Diponegoro 14X, dans le centre commercial Hardy's. Plusieurs banques avec des distributeurs se trouvent dans la rue principale d'Amlapura, Jl. Gajah Made.

Transports. Les **bus** pour Amlapura se prennent au terminal de Batubulan à Denpasar. On peut prendre des bus pour Singaraja depuis le terminal

C'est du propre

La ville d'Amlapura est une des villes les plus propres de Bali. La collecte des déchets est très bien organisée et vous ne verrez pas un papier par terre. ◆

des bus d'Amlapura qui se trouve sur Jl. Diponegro (en face du marché). Pour aller à Ujung, montez dans un ***bemo*** à l'entrée de la ville.

Jasri

Hébergement

Entre 40 et 90 €

▲ ♥ **Rumah Kelapa,** Jl. Pantai Jasri Kelod, Subagan, Amlapura, ☎ 0812.3930.4088, http://balirumahkelapa.com. 3 ch. avec s.d.b., eau chaude, ventil. et WiFi. La « maison de la noix de coco », est nichée dans une cocoteraie. Ce petit hôtel de 3 chambres a été conçu par Isabelle, une Française qui fait la part belle aux matières naturelles, respectant les principes de la cosmologie balinaise. Ici, pas de piscine, ni de télévision. Par choix. Le restaurant **Warung Citronelle** de quelques tables seulement propose des curry, végétariens ou à base de fruits de mer, des burgers au thon, des crevettes grillées ou le poisson pêché le matin même.

▲ ♥ **Seraya Shores,** Seraya Barat (à 1,5 km E de Taman Ujung), ☎ 0813.3841.6572, www.serayashores.com. 5 villas avec s.d.b., eau chaude ; petit-déj. et taxes non inclus. Dans un parc surplombant la mer, quelques bungalows sont cachés entre les bougainvilliers et les frangipaniers. Les chambres mériteraient d'être rafraîchies mais les salles de bains sont superbes. Si vous voulez profiter de la meilleure vue sur la mer, demandez la villa « seabreeze ». La chambre à l'étage, avec le lit trônant en son centre, offre une superbe vue sur l'océan déchaîné. La plage de galets se prête peu à la baignade mais la piscine à débordement est une bonne alternative pour se détendre. Location de moto (env. 5 € par jour).

Shopping

☘ **Sensatia Botanicals,** Jl. Pantai Jasri (à côté de Rumah Kelapa), www.sensatia.com. Bien plus qu'une simple marque bio, Sensation Botanicals est aussi un état d'esprit : l'entreprise est conçue comme une coopérative où les profits sont équitablement répartis entre les employés et les employeurs. Au-delà de l'équipe, un grand nombre de producteurs locaux travaillent avec Mickael, le créateur de la marque. On glisse dans sa valise des savons faits main à base de noix de coco, des huiles de massage et on fait une razzia sur leur crème apaisante après-soleil.

Amed

Adresses utiles

Argent. Lors de notre passage, deux distributeurs étaient en construction. Il est néanmoins plus prudent de prévoir des espèces pour la durée du séjour.

Location de vélo/moto. Les hôtels et restaurants proposent des vélos et motos à louer, moyen le plus pratique pour circuler. Comptez entre 50 000 et 80 000 Rp la journée.

Transports. Depuis l'aéroport Ngurah Rai, le **taxi** rejoint Amed en 3 h et coûte environ 400 000 Rp. Des ***bemo*** circulent entre Culik et Aas, mais le matin seulement. Le reste de la journée, il est difficile de trouver des bus publics. La compagnie **Amed Sea Express** (www.gili-sea-express.com) assure les liaisons entre Amed et les îles Gili en 40 min. Départ tous les matins à 9 h 30. Env. 67 € aller-retour.

Hébergement

Moins de 20 €

▲ **Good Karma,** Selang (dans le virage, prenez sur la droite en direction de la plage), ☎ 0813.3753.1133. Petit-déj. et taxes non inclus. 17 bungalows en bambous, ultra simples, face à la mer. Au matin, on prend son petit-déjeuner en regardant les bateaux revenir de la pêche. Malheureusement, il est parfois difficile de communiquer avec le personnel qui parle un anglais sommaire !

Entre 25 et 35 €

▲ ☘ **Meditasi,** Aas Beach, ☎ 0828.3722.738, www.meditasibungalows.blogspot.com.au. 8 bungalows avec s.d.b., eau chaude. « L'hôtel le plus romantique sur terre » selon Elizabeth Gilbert, l'auteur du best-seller *Eat, Pray, Love,* qui aimait séjourner dans le bungalow nº 7. Et on la comprend. Ici pas de téléphone, pas de télévision, pas de connexion internet mais quelques bungalows sans prétention posés dans un jardin face à la mer. T.l.j. 17 h-18 h 30, des cours de yoga sont proposés (7 €). Dînez au restaurant **Le Smiling Buddha,** qui n'utilise que des produits bio.

Entre 40 et 80 €

▲ **Apakabar Villas,** Amed village, ☎ 234.92, http://apakabarvillas.com. 4 cottages avec s.d.b., eau chaude, ventil., clim., WiFi ; petit-déj. et taxes non inclus. Dans un grand jardin face à la mer, les bungalows sont décorés de beaux meubles en teck et bois d'acajou. Préférez les cottages « front beach » pour ne pas être dérangé par le bruit de la route qui passe devant l'hôtel. Nombreuses activités proposées : snorkeling, cours de cuisine, trek dans les rizières, etc.

▲ **Hidden Paradise Cottages,** Lipah Beach Cottages, ☎ 235.14, www.hiddenparadise-bali.com. 16 bungalows, s.d.b., eau chaude, ventil., clim., WiFi. Dans un grand jardin donnant sur la plage, les bungalows en briques blanches sont très agréables. Les salles de bains ont toutes été rénovées dans un style balinais chic : vasques en pierre de lave, sculptures sur pierre au mur. La journée, snorkeling devant la plage de l'hôtel ou longueurs dans la piscine.

▲ ☘ **Hôtel Uyah Amed and Spa,** Jl. Ketut Natih, Pantai Timur 801, ☎ 23462, www.hoteluyah.com. 16 bungalows et 1 villa avec s.d.b. eau chaude, clim. ou ventil. ; petit-déj. et taxes non inclus. Les bungalows jouissent tous d'une vue sur la mer. L'hôtel ne ménage pas ses efforts et sa créativité pour réduire son impact sur l'environnement : l'eau est chauffée à l'énergie solaire et six bungalows disposent d'un système de climatisation naturelle qui fonctionne grâce au vent. Soutenant les sauniers locaux, l'hôtel organise des visites des marais salants.

▲ **Kembali Beach Bungalows,** Jl. Jemeluk, DSN Lebah, Amed Beach, ☎ 0817.4768.313, www.kembalibeachbungalows.nl. 8 bungalows avec s.d.b., eau chaude, clim. et ventil. WiFi dans le restaurant uniquement. Dans un jardin avec piscine face à la mer, les bungalows impeccablement tenus sont dotés de lits à baldaquin avec moustiquaire, de salles de bains semi-ouvertes et d'une terrasse pour contempler le mont Agung.

Entre 75 et 100 €

▲ **Blue Moon Villas,** Selang Beach, ☎ 214.28, www.bluemoonvillas.com. 14 ch. avec sdb, eau chaude, clim., WiFi. CB avec 2 % de surcharge. Surplombant la plage de Selang, cet hôtel propose des chambres spacieuses et propres. Si vous le pouvez, demandez la chambre Blue Angel deluxe. Au-delà d'un élégant mobilier balinais, la chambre s'ouvre sur une grande terrasse avec une vue époustouflante sur la mer. Le matin, on observe sans sortir de son lit les bateaux qui rentrent de la pêche. Excellent service. Le restaurant propose un savoureuse cuisine balinaise et de très bons poissons grillés.

Plus de 100 €

▲ **Life in Amed,** Village de Lehan, ☎ 231.52, www.lifebali.com. 6 cottages et 3 villas avec s.d.b., eau chaude, clim. et ventil. Sarah Laight, créatrice anglaise installée à Ubud depuis 15 ans, a ouvert cet établissement de charme sur la plage de Lehan. Jouxtant l'hôtel, la maison de Sarah est également à louer. Tous les meubles ont été chinés par Sarah lors de ses nombreux voyages en Indonésie. Les baignoires en laiton viennent de Java, le carrelage de Sidemen. Certains meubles plus modernes ont été réalisés par Sarah elle-même. Un petit restaurant propose une cuisine bio.

À partir de 160 €

▲ ♥ **Villa Kupu Kupu,** Jl. Seraya Lehan, http://villa-kupukupu.com. 3 ch. avec s.d.b., eau chaude, clim. et ventil. ; petit-déj. 40 000 Rp. Bruno, ancien géologue, a construit cette agréable villa de trois chambres dans un joli jardin avec piscine. La maison ne donne pas sur la mer mais il suffit de traverser la route pour se retrouver sur la plage de Lehan.

Restauration

Moins de 5 €

♦ ☘ **Warung Enak,** à côté de Lili Amed Bungalows, ☎ 0819.1567.9019. Ouv. t.l.j. 8h-22h. On peut y aller dès le matin pour prendre un petit-déjeuner ou à midi pour se régaler de crevettes grillées et de spécialités balinaises. Wayan, le propriétaire, fait pousser ses fruits et légumes dans un jardin selon les principes de l'agriculture durable.

♦ **Wayang's Warung,** à Lipah. Sur une terrasse dominant la route, cet établissement familial est le repère des Français habitant à Amed. On y mange de très bons fruits de mer et poissons à petits prix. L'ambiance est conviviale. Allez-y plutôt le soir.

De 5 à 10 €

♦ **Café Garam,** dans l'hôtel Uyah. Sur une terrasse face aux marais salants, on goûte une délicieuse cuisine balinaise et quelques spécialités thaïlandaises. Les mercredis et samedis à 20h, on peut assister à un spectacle de *genjek*, alliant danse et percussions, originaire des provinces du nord et de l'est de Bali.

♦ **Sail, Lehan Beach,** ☎ 220.06. Sur une grande terrasse offrant une vue à 180° sur l'océan et le mont Agung, cet élégant restaurant propose une cuisine variée. Les amateurs de viande se régaleront d'un médaillon d'agneau tandis que les autres opteront pour le *mahi-mahi* cuit dans une feuille de bananier. Pour un déjeuner plus léger, on pourra se contenter d'une généreuse salade.

Activités

Les activités principales à Amed sont la plongée et le snorkeling.

♥ **Baliku Dive Resort,** Banyuning, ☎ 0828.3722.601. Situé au pied de l'hôtel Baliku, ce centre est dirigé par Murray, un Australien qui habite à Bali depuis 30 ans. Il est également entouré de Nicolas et Aurélie, un couple de Français aussi sympathiques qu'expérimentés et très soucieux de la sécurité. Convivial et professionnel. À recommander pour les plongeurs débutants qui ont besoin de se sentir en confiance.

☘ **Baruna Dive Center,** Citra Lestari Cottages, ☎ 0852.3838.9529, www.divebali.fr. Antoine, le manager du centre, est très accueillant et fait en sorte que les plongeurs, quels que soient leur niveau et leurs attentes, profitent pleinement de leur plongées et de leur cours. Centre très sérieux et matériel en très bon état. Une fois par mois, les plongeurs peuvent participer gratuitement à une plongée de nettoyage.

EuroDive, Lipah, ☎ 236.05, www.eurodivebali.com. Ouv. t.l.j. 8h-20h. Ce club de plongée propose des cours pour tous niveaux et des plongées à la journée autour d'Amed et jusqu'à Tulamben. Stéphane, un des instructeurs, est français.

Tulamben

Adresses utiles

Attention, il n'y a pas de distributeur d'argent à Tulamben.

Transports. Les *bemo* rejoignant Singaraja depuis Amlapura passent tous par Tulamben.

Hébergement

En logeant à Tulamben, les plongeurs peuvent arriver sur l'épave du Liberty avant les clubs de plongée venus du reste de l'île.

Entre 30 et 40 €

▲ ♥ **Minali Bungal'O,** Jl. Pura Dalam, ☎ 0878.6099.2770, www.minabalitulamben.com. 5 ch. avec s.d.b., eau chaude, clim., TV, WiFi. À 100 m de la plage, dans un petit jardin avec piscine, les chambres spacieuses et lumineuses de cette maison d'hôtes sont toutes dotées d'une petite terrasse. Le matin, on se régale d'un petit-déjeuner avec du pain et de la confiture faits maison. Le soir, on se retrouve pour dîner autour d'une grande table conviviale. L'hôtel dispose de guides-chauffeurs pour des excursions à la journée (env. 40 €). Location de moto, de masques et tubas et même de matériel de pêche.

Plus de 100 €

▲ **Dive Concept,** Jl. Raya Tulamben, ☎ 08123.6845.440, www.diveconcepts.com. Petit-déj. et taxes non inclus. Géré par une équipe francophone, ce centre propose des cours (PADI et SSI) ainsi

Cours de cuisine. **Warung Bambu Pemaron,** ☎ 270.80, http://warung-bambu.mahanara.com/cooking-classes-en.html. Le restaurant Warung Bambu Pemaron propose également des cours de cuisine balinaise. On peut choisir un cours pour débutants ou expérimentés, un cours de cuisine végétarienne ou spécialisé dans la préparation des desserts balinais. Chaque cours commence par une visite au marché de Singaraja afin de familiariser les élèves aux produits locaux.

Observation des dauphins. C'est l'activité principale des touristes à Lovina. On peut organiser la sortie en mer avec les pêcheurs en se rendant au bout de Jl. Bina Ria au niveau de la sculpture de dauphin. La sortie de 90 min coûte environ 60 000 Rp (sans assurance ni gilet de sauvetage) mais il est possible de l'organiser via son hôtel.

Plongée. **Spice Dive,** Spice Beach Club, Jl. Raya Singaraja Seritit, ☎ 701.2666, www.spicebeachclubbali.com. Possibilité de prendre des cours et de passer son PADI. Différentes excursions sont proposées sur les meilleurs sites de l'île, à Tulamben, mais aussi sur l'île Menjangan. Possibilité de plonger juste en face du club sur une épave d'avion. Le club propose des cours réservés aux enfants à partir de 10 ans, avec du matériel et des instructeurs adaptés à leurs besoins.

Malibu Dive Lovina, Jl. Raya Singaraja Seririt, ☎ 41225, www.malibu-dive.com. Malibu Dive et sa sympathique équipe d'instructeurs proposent des excursions à la journée ou sur plusieurs jours pour combiner des plongées sur différents sites de l'île. Des formations PADI sont également dispensées.

Munduk

Adresses utiles

Il n'y a pas de distributeur à Munduk, mieux vaut donc prévoir de changer ou retirer de l'argent à Lovina.

Transports. Au départ de la gare d'Ubung, à Denpasar, des *bemo* partent le matin en direction de Munduk. Au départ de Lovina, il faut prendre un *bemo* jusqu'à Seririt puis un autre de Seririt vers Munduk.

Hébergement

Les nuits sont fraîches à Munduk ; la plupart des hôtels n'ont donc ni de ventilateur ni climatiseur.

Entre 20 et 35 €

▲ **Guru Ratna,** au centre de Munduk, ☎ 0813.3719.4398, www.guru-ratna.com. 7 ch. avec s.d.b., eau chaude, moustiquaire. Dans une ancienne maison hollandaise, cette pension de famille propose des chambres très agréables et très propres. Des chambres plus simples, sans salle de bains, sont disponibles à partir de 15 €. Très belle vue du restaurant qui propose une appétissante et goûteuse cuisine indonésienne.

▲ **Puri Alam Bali Bungalow,** en face de l'hôtel Puri Lumbuk à la sortie du village de Munduk en arrivant de Lovina, ☎ 0812.469.815, www.purialambali.com. 13 ch. avec s.d.b., eau chaude. L'entrée de cet hôtel n'est pas engageante mais les chambres sont dotées d'une terrasse avec une vue imprenable sur les rizières. N'hésitez pas à demander la chambre « Deluxe » qui offre le plus beau panorama.

À partir de 50 €

▲ **Melanting Cottages,** Desa Munduk, Kec. Banjar, ☎ 7005.266, www.melantingcottages.com. 15 bungalows avec s.d.b., eau chaude, CB. Les bungalows en bois sombres, surélevés, sont très confortables. Les plus grands peuvent accueillir 4 personnes. La plus belle vue s'obtient des bungalows n° 2, 8 et 9. Les salles de bains sont sommaires mais propres. Made et Putu organisent des treks de quelques heures ou d'une journée pour découvrir les villages alentour.

À partir de 70 €

▲ ♥ **Munduk Moding Plantation,** Jl. Raya Asah Gobleg (à 10 min de Munduk, dans le village d'Asah Gobleg sur la route de Tamblingan), ☎ 7005.321, www.mundukmodingplantation.com. Petit-déj. et taxes non inclus. De superbes villas sont disséminées dans les plantations de café. De la terrasse, rien ne vient troubler la vue sur la vallée et les girofliers. Par temps clair, on peut même voir la mer au loin. La journée, on peut découvrir le processus de fabrication du café ou se promener dans les plantations d'orangers, de cacaoyers et d'hortensias. Le restaurant **MimPi** propose d'excellentes spécialités du nord de Bali.

▲ **Puri Lumbung,** à la sortie du village en allant vers Tamblingan, ☎ 7012.887, www.purilumbung.com. 22 cottages avec s.d.b., eau chaude. Le Puri Lumbung est une institution. Son fondateur œuvre pour la promotion d'un tourisme durable dans la région. Dans un grand parc entouré de rizières, des bungalows en bois, très confortables, sont installés dans des *lumbung*, les greniers à riz. Très prisé des tours-opérateurs, l'hôtel, qui ne cesse de s'agrandir, manque parfois d'intimité. Si vous recherchez un hébergement plus rustique et plus isolé, le Puri Lumbung a ouvert un autre hôtel, le **Pondok Tamblang**. À 30 min de marche de Munduk, ce refuge sans électricité (mais avec eau chaude) séduira les amoureux de la nature.

Restaurant

Entre 5 et 10 €

♦ **Ngiring Ngewedang,** sur la route entre Munduk et Asah Gobleg, à côté des cascades, ☎ 0812.3807.010, www.ngiringngewedang.com. Perché sur un promontoire, ce restaurant offre une vue époustouflante sur la vallée. On y sert une très bonne cuisine réalisée avec les légumes de la région. Si vous en avez le temps, vous pourrez même suivre le processus de fabrication du café et apprendre la différence entre les variétés robusta et arabica.

♦ **Mayong Bali Panorama,** Jl. Raya Bedugul-Seririt desa Mayong, ☎ 0813.3863.0449 (en allant à Munduk via Seririt, 8 km après le marché). Un petit établissement qui se distingue par son superbe panorama et par la qualité de la nourriture proposée, concoctée à partir de produits bio et de la région.

Activités

On vient essentiellement à Munduk pour marcher: à travers les rizières, les plantations – qui sont nombreuses –, à la découverte de petits villages. Pensez à prendre de bonnes chaussures, quelques vêtements chauds et un blouson de pluie.

Les hôtels de la région proposent plusieurs itinéraires, de quelques heures à une journée de marche. Être accompagné d'un guide permet de mieux comprendre la vie rurale et de découvrir la flore de la région.

Guru Ratna. L'hôtel dispose d'une équipe de guides bien formés, qui connaissent la région et sont heureux de la faire apprécier.

Melanting Cottages. Putu et Made sont d'excellents guides parlant bien anglais. Si vous le pouvez, prenez une journée pour faire le trek « intervillages » et découvrir les systèmes d'irrigation des rizières. Comptez 25 € pour la journée

Puri Lumbung. L'hôtel propose différents treks dont les prix varient en fonction de l'expertise du guide et de sa connaissance ou non de l'anglais. Comptez 6 US$ de l'heure pour un guide débutant et ne parlant pas anglais ou 11 US$ de l'heure avec un guide anglophone et expérimenté.

Kedisan

Hébergement

Autour de 10 €

▲ **Hôtel Surya,** Jl. Kedisan, ☎ 0366.51378, www.suryahotel.com. 28 ch. avec s.d.b., eau chaude; petit-déj. et taxes non inclus. Hôtel tout simple avec vue sur le lac, idéal pour les petits budgets et se reposer quelques heures avant d'affronter le mont Batur. Pour quelques euros de plus, préférez les bungalows aux chambres. L'hôtel propose des forfaits incluant la nuit et l'ascension du volcan.

À partir de 30 €

▲ **Kedisan Floating Island,** 23 ch. avec s.d.b., eau chaude. Posé sur le lac, cet hôtel propose de grandes chambres simples et propres. Les suites, plus chères (env. 60 €) disposent d'une grande terrasse donnant sur le lac.

Penelokan

Adresses utile

Argent. Il y a un distributeur à l'entrée de l'hôtel Lakeview Eco Lodge mais mieux vaut arriver avec de quoi régler son hébergement et le guide pour l'ascension car il arrive que le distributeur soit vide ou ne fonctionne pas.

Hébergement

De 50 à 80 €

▲ ☘ **Lakeview Eco Lodge** (anciennement Lakeview hotel), Jl. Raya Penelokan, ☎ 0366.52525, www.lakeviewbali.com. 20 ch. avec s.d.b., eau chaude, WiFi. Kadek a entrepris de rénover l'hôtel de son grand-père, qui bénéficie d'une des meilleures vues sur le lac et le volcan. Préférez les chambres récentes, très cosy avec leur parquet de bambou vernis. Les salles de bains sont petites mais très élégantes. Les chambres standard situées dans l'aile originale de l'hôtel sont simples mais n'ont pas encore été rénovées et les salles de bains sont très vieillottes. Si vous optez pour celles-là, demandez celles situées à l'étage pour bénéficier d'une meilleure vue. Kadek met l'accent sur la protection de l'environnement: recyclage de l'eau et des déchets, replantation d'arbres originaires de la région et réduction de l'utilisation du plastique. Le bon plan: l'hôtel dispose d'un dortoir très convivial où l'on peut dormir pour 10 €.

Restaurant

Moins de 5 €

♦ **The Look Out,** dans l'hôtel Lakeview Eco Lodge, ☎ 0366.52525. Ouv. t.l.j. 7 h 30-15 h 30. Entièrement rénové, le restaurant de l'hôtel Lakeview a des airs d'hôtels d'altitude malgré l'affluence des touristes pour le déjeuner. Pour moins de 7 €, la formule buffet de spécialités indonésiennes est très appréciable. S'il fait beau, on lézarde autour d'un café sur la grande terrasse pour profiter de la vue.

Treks

Kadek Adidharma, ☎ 0813.377.130.39. L'actuel directeur de l'hôtel Lakeview œuvre pour un développement touristique plus harmonieux dans la région. Il organise des treks sur le mont Batur et une formule triathlon combinant de la marche à pied, du VTT et du bateau sur le lac (env. 52 € pour une journée, 9 h-16 h).

Batur Volcano Museum. Profitez de votre passage pour visiter ce musée consacré au mont Batur. Un télescope permet d'en apercevoir le sommet *(p. 156)*.

Toya Bungkah

Hébergement

Autour de 10 €

▲ **Under the volcano,** Lake Batur, ☎ 0813.3863.3519, www.kintamanihotel.com. 8 ch. avec s.d.b., eau chaude. Cet hôtel familial situé en bordure du lac propose des chambres simples mais impeccables. Le propriétaire est très accueillant et organise de nombreuses activités et randonnées dans la région.

▲ **The Ayu Kintamani,** Jl. Puri Bening, ☎ 0366.52222, www.theayu.com. 15 villas avec s.d.b., eau chaude, TV; petit-déj. et taxes non inclus. Ce complexe offre de très agréables et très confortables villas, chacune dotée d'une piscine privée d'eau des sources de Toya Bongkah et d'un salon en plein air. Les clients peuvent également profiter de la grande piscine d'eau de source (payante pour le public).

Restaurant

Moins de 5 €

♦ **Volcano Breeze,** ☎ 0366.51824. On y vient pour prendre une collation ou un petit-déjeuner après l'ascension du mont Batur. Mais il faut aussi goûter leur spécialité: le poisson du lac.

Activités

Treks. HPPGB (Association des guides du mont Batur), ☎ 0819.9948.1188. Si vous n'avez pas organisé votre ascension avec un hôtel ou une agence, prendre un guide de l'association est un passage obligé. L'Association propose plusieurs options: une balade de 2 h au pied du volcan et dans les coulées de lave (13 €), l'ascension du volcan au lever du soleil (30 €; petit-déjeuner et transfert depuis l'hôtel inclus) en prenant, soit la route la plus rapide mais la plus difficile, soit une route un peu plus longue mais plus facile, et une randonnée le long de la caldeira (départ de Songan, puis descente vers le village de Trunyan et traversée du lac pour rejoindre Toya Bungkah). Attention: le parcours classique part du temple Pura Jati au niveau du parking en face du bureau des guides. C'est la route la plus facile mais, en haute saison, près de 500 personnes prennent le départ depuis ce point.

Sources chaudes. Batur Natural Hot Springs, à côté du bureau du HPPGB, ☎ 0813.3832.5552. Ouv. t.l.j. 7h-19h. Le site, aussi appelé « Air Panas » ou sources d'eaux chaudes, est très prisé de la clientèle locale et des marcheurs, heureux de se détendre dans des bains chauds. Riche en minéraux, l'eau qui jaillit d'une source située à côté du lac est réputée pour ses vertus curatives, notamment pour les maladies de peau.

Pemuteran

Adresses utiles

Argent. Un seul distributeur d'argent accepte les cartes bancaires internationales, sur la route principale de Pemuteran, vers la sortie est du village.

Centre médical. Au village de Goris, à 5 km O de Pemuteran. Le **petit hôpital** le plus proche est à Seririt, 37 km E. Le **grand hôpital** le plus proche est à Singaraja, à 56 km E.

Police touristique. À 1 km O de Pemuteran.

Hébergement

Bien qu'éloignée des sentiers battus, Pemuteran propose une large palette d'hôtels : de la retraite chic située en forêt au petit hôtel posé sur la plage, sans oublier la pension de famille sur la route principale. Les prix sont négociables, notamment en basse saison, y compris dans les hôtels de luxe.

Moins de 50 €

▲ ♥ **Arjuna,** Jl. Arjuna, à 5 min de la plage, ☎ 0363.517.39, www.arjunahomestay.com. 15 ch. avec clim., WiFi. Ce petit hôtel très calme, ouvert en 2013 par un couple de jeunes Français, propose un rapport qualité-prix imbattable. Préférez les chambres au 1er étage avec vue sur la piscine et le jardin depuis le balcon. Dortoir de six lits. Eau froide et ventilateur sur demande pour les petits budgets. Grand toit-terrasse avec vue sur les montagnes et *bale*. Centre de plongée sur place. Prêt de vélos.

▲ **Tirta Sari,** Gerokgak, à 50 m de la plage, ☎ 0877.6213.2123, www.tirtasaribungalow.com. 15 ch. avec clim., WiFi. De superbes bougainvillées entourent la piscine et le restaurant, très au calme. Les maisonnettes aux jolies portes en bois sculpté possèdent une grande terrasse ombragée et une s.d.b. extérieure. Kitchenette en plein air au milieu du jardin fleuri, accessible aux hôtes.

Autour de 50 €

▲ **Rhipidura,** à 300 m de la plage par un chemin piéton, ☎ 0812.9410.1801, www.bungalow-rhipidura.com. 4 ch., (clim. uniquement dans le bungalow avec piscine), WiFi. Dans un grand jardin fleuri, Constantin et Blandine ont construit quatre superbes bungalows en bois aux toits pentus recouverts d'herbe *alang-alang*, dont un possède même une piscine, un jardin, un *bale* et une kitchenette privée (un peu plus cher). Confort et décoration simples à l'intérieur, s.d.b. en partie extérieure ; petit restaurant.

Plus de 200 €

▲ **Santi Sari,** Desa Pejarakan, à 6 km O de Pemuteran, ☎ 0815.5717.629, www.santisarihotel.com. 10 ch. avec clim., WiFi, TV. Les enfants ne sont pas acceptés. À l'arrivée, une cérémonie de bénédiction avec encens élimine les mauvais esprits des hôtes. Cet hôtel dispose de 7 ha plantés de 140 frangipaniers et bananiers, sur une colline en pente douce tombant au loin dans la mer. Les chambres sont comme extraites d'un magazine de décoration, avec leurs portes finement sculptées, leur mobilier en bois clair et leur s.d.b. XXL (avec Jacuzzi creusé dans le sol !). Piscines à débordement, proches d'un grand bassin à lotus. Pas d'accès à la plage mais un bateau et une jetée privée pour aller à Menjangan.

Restauration

Moins de 5 €

♦ **Warung Santai,** Jl. Taman Sari, ☎ 0852.3737.0220. Ouv. t.l.j. petit-déj., déj. et dîner. Une gargote minuscule avec seulement quatre ou cinq petites tables dressées dans la courette intérieure de la maison de Ketut et Made. Cuisine locale uniquement (nouilles sautées, riz frit, brochettes de poulet). Excellent accueil.

bonnes adresses – Le Nord et l'Ouest

Autour de 10 €

♦ **Frangipani,** Jl. Arjuna, ☎ 0813.3841.8668, http://frangipanirestaurant.com. Ouv. t.l.j. déj. et dîner. Cette grande maison moderne à étage propose une cuisine « fusion » française et asiatique avec steak au poivre, *mahi-mahi* sauce meunière, crevettes thermidor, fruits de mer à la provencale et, en dessert, tiramisù ou crème bûlée au gingembre ! Pizzas et burgers réputés. Préférez la salle du premier étage avec vue sur les montagnes. Service chaleureux. Transfert gratuit sur demande.

♦ **Taman Sari,** Jl. Taman Sari, au sein de l'hôtel Taman Sari, ☎ 932.64, www.balitamansari.com. Ouv. t.l.j. petit-déj., déj. et dîner. Un restaurant apprécié des locaux, dans un pavillon aéré posé à deux pas de la plage. Pas de charme particulier, mais une cuisine internationale honnête et même des crêpes Suzette !

Plongée

Dive Concepts, Jl. Arjuna, au sein de l'hôtel Arjuna, ☎ 0812.3766.6971, www.diveconcepts.com. Un petit centre français aux prix imbattables. Plongée et snorkeling dans la baie de Pemuteran et à Menjangan.

☘ **Reef Seen Aquatics,** Gerokgak, au sein de l'hôtel Reef Seen, ☎ 0812.3894.051, www.reefseenbali.com. Tenu par Chris, un Australien charismatique qui œuvre à la protection des fonds sous-marins et des tortues de la région, c'est le tout premier centre de plongée à s'être implanté à Pemuteran. Accueil très professionnel, matériel de qualité et, donc, des prix légèrement supérieurs aux autres écoles tenues par des Occidentaux.

Balian

Hébergement

Autour de 50 €

▲ **Pondok Pitaya,** Jl. Pantai Balian, sur la plage, ☎ 0819.9984.9054, www.pondokpitaya.com. 10 ch. avec WiFi. Cette auberge de surfeurs possède quelques cabanons au confort élémentaire (matelas très fin, sommier en bois, murs en bambou) et des maisonnettes pouvant accueillir des groupes ou des familles. Piscine ovale, à quelques mètres des galets et des vagues, dont on reçoit les embruns jusque dans le jardin ! Bar de plage où les nombreux surfeurs échangent leurs aventures le soir venu.

Autour de 100 €

▲ ♥ **Gajah Mina,** Suraberata, Lalanglinggah Selemadeg Tabanan ☎ 0812.3811.630, www.gajahminaresort.com. 14 ch. avec clim., WiFi. Ce grand domaine créé par Dominique est installé sur les hauteurs de Balian. Pas vraiment d'accès à la plage (sinon par des marches glissantes creusées dans la roche) mais des vues superbes depuis les chemins escarpés jalonnant le parc. Les grands bungalows en bois, très espacés les uns des autres, disposent d'un grand jardin quasi privatif. Superbe piscine.

Restauration

Moins de 10 €

♦ **Naga,** au sein de l'hôtel Gajah Mina. Ouv. t.l.j. petit-déj., déj. et dîner. La vue sur la rizière voisine et la mer au loin ainsi que la cuisine - française, thaïlandaise et indonésienne - font de ce restaurant le meilleur du village. Goûtez le barracuda grillé et le délicieux merlin que Dominique fume lui-même ! Pain, pâtes, confiture et glace (au mangoustan !) : tout est fait maison. Les autres produits viennent des fermes alentour.

♦ **Tom's Garden,** Jl. Pantai Balian (au sein de l'hôtel Pondok Pisces, à 50 m de la mer), ☎ 0361.7801.735, www.pondokpisces.com. Ouv. t.l.j. petit-déj., déj. et dîner. Un petit *warung* tout simple où sont disposées une dizaine de tables. Cuisine internationale : omelette aux légumes chinois avec une sauce sucrée-salée, crevettes au chili, *mahi-mahi*, steak de thon, mais aussi pâtes, burgers et pancakes au chocolat-banane ! Cochon de lait rôti à la broche sur demande. ♦

Lombok

visites

Itinéraires 15 à 18, p. 164.
Carte Lombok, p. 166-167.

Indicatif: 0370 (sinon, le numéro en entier est indiqué). Les numéros en 08 sont des numéros de téléphones portables et n'ont pas d'indicatif.

Pour les hébergements, les tarifs sont indiqués sur la base d'une nuit en ch. double en haute saison, petit-déj. et 21% de taxes de taxes compris. Les prix baissent d'environ 20% en basse saison (et se négocient ferme).

Pour les restaurants, les tarifs sont indiqués sur la base d'un repas comprenant un jus de fruits et un plat à midi, un verre d'alcool et un plat le soir, hors 15% de taxes et service.

Sauf mention contraire, tous les établissements sélectionnés acceptent les cartes bancaires.

Accès

En avion

L'unique aéroport de Lombok, le Lombok International Airport ou Bandar Udara Internasional Lombok (code: LOP), est situé à Praya, au centre de l'île, à environ 30 km SE de Mataram. Les touristes étrangers doivent acheter un «Visa on Arrival» à leur descente de l'avion pour 25 us$ (payable en euros; pas besoin de photo d'identité).

Quitter l'aéroport

En bus. À l'arrivée de chaque avion, des bus de la compagnie **Damri** partent en direction du terminal de bus de Mandalika (à 30 km NO de l'aéroport) et de Senggigi (env. 20 000 Rp). Le comptoir se trouve juste après l'arrivée des passagers, à droite.

En taxi. Plusieurs compagnies, comme **Blue Bird,** ☎ 627.000, www.bluebirdgroup.com (comptoir à l'aéroport: ☎ 0819.0724.0700), proposent de vous emmener n'importe où sur l'île. Tarifs similaires pour toutes les compagnies.

En voiture. Ideal Tours and Adventures, ☎ 634.992, idealtour@indo.net.id, loue des scooters (5-10 €/jour), moto-taxis (10-20 €/jour), mais surtout des voitures avec ou sans chauffeur (70 €/jour), et en option, des guides parlant bien anglais (certains parlent même un peu français). Agence très fiable. Plus cher, **Golden Bird,** ☎ 645.000, propose aussi des voitures à louer avec ou sans chauffeur.

En bateau

Il existe **deux ports**: Lembar, au sud-ouest, où arrivent les ferries depuis Bali, et Bangsal, au nord-ouest, où arrivent les speedboats et les bateaux publics depuis Bali et les îles Gili.

De toute l'Indonésie

Des **cars** sillonnent tout l'archipel. À Lombok, ils arrivent au terminal de bus de Mandalika, à l'est de Mataram, et repartent du même endroit. À condition de ne pas compter le nombre d'heures, on peut aller à Sumbawa, Bali, Yogyakarta, Jakarta, etc.: le car grimpe sur le ferry et continue sa route.

Pour les Gili

Plusieurs compagnies desservent les Gili: **Blue Water Express,** ☎ 0361.895.1111, www.bwsbali.com; **Gili Cat,** ☎ 0361.27.16.80, www.gilicat.com; **Gili Getaway,** ☎ 0361.8037.171, www.giligetaway.com.

Depuis Bali (1h30 de traversée): départ le matin de Sanur, Serangan, Padangbai et Amed (liaison avec Benoa à l'étude). Mieux vaut réserver son billet sur www.gilibookings.com.

Depuis Lombok (entre 20 min et 1h de traversée selon le bateau), deux options: le bateau public à Bangsal, qui part quand il est plein tous les jours entre 8h et 17h (sans réservation, se présenter au port 30 min avant), ou un speedboat privé à Teluk Nare ou Kode, à 5 km S de Bangsal (à réserver via son hôtel, via une agence de voyage ou via Gili Getaway ☎ 0878.6432.2515).

Le bateau-navette «Island Hopping» relie les trois îles deux fois par jour: départ de Gili Trawangan vers 9h et 16h direction Gili Meno; de là, départ vers 9h30 et 16h30 pour Gili Air, puis vers 10h et 17h pour Gili Trawangan.

Adresses utiles

S'informer. Le mensuel **Enchanting Lombok** (en anglais), ☎ 684.4777, www.enchanting-lomboksumbawa.com, est distribué dans de nombreux lieux touristiques. Informations touristiques et articles sur la culture locale. Sinon, **www.lombok-tourism.com** (en anglais aussi) présente les différentes destinations, hôtels, plages, etc., de Lombok.

Urgences. À **Klinik Risa** à Cakranegara, ☎ 625.560 et à l'**hôpital public** de Mataram, ☎ 622.254.

Senggigi

Adresses utiles

Clinique. Au sein du Senggigi Beach Hotel, Jl. Pantai Senggigi, ☎ 693.210.

Pharmacie. Jl. Raya Senggigi, à côté du Santosa Hotel.

Police. Jl. Raya Senggigi, à côté du Sheraton, ☎ 632.733.

Poste. Jl. Raya Senggigi (entre le Art market et Santosa Hotel), ☎ 693.711.

Hébergement

De la maison d'hôtes simplissime aux plus grands hôtels cinq-étoiles, Senggigi offre d'infinies possibilités de logement.

Moins de 50 €

▲ ♥ **Cafe Alberto B&B**, Jl. Raya Senggigi, Batu Layar (à 2 km S de Senggigi, sur la plage), ☎ 693.039/693.313, www.cafealberto.com. 4 ch. avec clim. et WiFi. Chambres fort agréables (notamment celles à l'étage), à la décoration épurée, bénéficiant d'une grande terrasse ombragée en surplomb de la mer, d'une ravissante piscine éclairée le soir et de grandes tables d'hôtes pour prendre le petit-déj. face à la mer. Spa sur le toit-terrasse.

▲ **Sunset House**, Jl. Raya Senggigi, Batu Layar (à 2,3 km S de Senggigi, sur la plage), ☎ 692.020, www.sunsethouselombok.com. 32 ch. avec clim., TV, WiFi. Un petit hôtel sans prétention aux chambres claires, dotées d'une terrasse préservant l'intimité. Des pots de fleurs et de nombreux cocotiers entourent la piscine, posée dans le jardin en surplomb de la plage. Un peu éloigné du centre.

Autour de 100 €

▲ **Chandi**, Jl. Raya Senggigi, Batu Layar (à 1 km S de Senggigi, sur la plage), ☎ 692.198, www.the-chandi.com. 17 ch. avec clim., WiFi, TV. Excellent rapport qualité-prix pour cet hôtel haut de gamme, implanté dans une cocoteraie bien entretenue. Bungalows rapprochés les uns des autres où trônent des chambres immenses, avec belle hauteur sous plafond et s.d.b. extérieure. La piscine, digne d'un magazine, est entourée de transats en bois clair recouverts d'un matelas blanc et de *bale* aux coussins moelleux. Superbe bar au bord de l'eau.

Plus de 150 €

▲ ♥ **Qunci Villas**, Jl. Raya Mangsit (à 4 km N de Senggigi, sur la plage), ☎ 693.800, www.quncivillas.com. 75 ch. avec clim., WiFi. Résa conseillée. Cet hôtel balnéaire au design minimaliste, bondé en saison, offre des chambres modernes et spacieuses avec lavabo en pierre volcanique, douche extérieure sous les étoiles, et parfois une piscine privée creusée dans un bassin en pierre. Sur la plage, trois piscines tout en longueur et, partout, des tables d'hôtes et pavillons pour boire un cocktail ou grignoter face à la grande bleue. Restaurant réputé.

Restauration

La plupart des restaurants viennent chercher et déposent gratuitement les clients le soir.

Moins de 10 €

♦ **The Office**, Jl. Raya Senggigi (à 30 m de la plage de Senggigi, à côté du Art Market), ☎ 693.162. Ouv. t.l.j. petit-déj., déj. et dîner. Une grande salle aérée, où l'on vient observer le va-et-vient des bateaux et des pêcheurs sur la plage. Cuisine internationale, simple et variée.

♦ **Warung Menega**, Jl. Pantai Batu Layar (à 5 km S de Senggigi, 500 m après l'hôtel Bintang Senggigi, au bord de l'eau), ☎ 692.057. Ouv. t.l.j. petit-déj., déj. et dîner. Loin de tout, on vient quand même dans cette grande salle aux tables immenses pour déguster un barbecue de fruits de mer. Homard, calamars, gambas, tout y passe ! Menu pour deux personnes au prix très raisonnable.

Autour de 15 €

♦ **Asmara,** Jl. Raya Senggigi (sur la route principale), ☎ 693.619, www.asmara-group.com. Une valeur sûre avec sa musique douce, ses bougies sur les tables et sa cuisine locale, classique et de qualité (cocktail de crevettes, carpaccio de thon, pain à l'ail, rouleaux de printemps). Avis aux familles : le chef prépare des purées maison pour bébé ! Accolé au restaurant, le magasin **Asmara Collection,** ☎ 693.109, vend l'artisanat de Lombok : sarongs, marionnettes, gamelans, peintures, etc.

♦♥ **Cafe Alberto.** Résa conseillée. Ouv. t.l.j. petit-déj. déj. et dîner. Giuseppe et son fils Alberto ont recréé à côté de leur B&B le charme propre à l'Italie : on dîne les pieds dans le sable, aux flambeaux et à la lueur de gros photophores rouges accrochés aux arbres. Cuisine italienne réussie : olives, calamars frits, brochettes d'anchois et de fromage, pâtes au pesto faites maison, tiramisù à la crème et *limoncello* offert en digestif !

Bars

● Pour écouter de la musique *live* certains soirs, rendez-vous au **Happy Cafe,** Jl. Raya Senggigi, ☎ 693.984, ouv. t.l.j. 12 h-1 h 30 ou, en face, au **Papaya Cafe,** ☎ 693.616, ouv. t.l.j.

Activités

VTT. Adventure Lombok, Jl. Raya Senggigi (au sein du Art market), ☎ 665.0238, www.adventure-lombok.com. Ouv. lun.-sam. 8 h 30-19 h 30. Cette petite agence sérieuse organise des balades à vélo dans les rizières et des excursions en VTT.

Sekotong

Hébergement

Plus de 150 €

▲ **Cocotinos,** Dusun Pandanan, Desa Sekotong Barat (à 2 km O de Sekotong, sur la plage), ☎ 0819.0797.2401, www.cocotinos-sekotong.com. 36 ch. avec clim., TV. Le seul hôtel haut de gamme de la région, calme et isolé, ouvre sur un incroyable panorama entre mer et montagnes. De la piscine, on peut quasiment sauter dans la mer. Les chambres sont réparties dans des bungalows de plain-pied, dans un grand parc aux palmiers tutoyant le ciel. Centre de plongée. Massage inclus avec la nuit. Scrabble et Monopoly à disposition. Prestations onéreuses (transferts, appels, spa, restaurant).

Gili Trawangan

Adresses utiles

Bureau d'informations. Au port public (à 150 m N de la jetée) Ouv. t.l.j. 7 h-16 h 30. Fournit tous les horaires actualisés des bateaux pour Bali, Lombok ou les autres Gili.

Centre médical. Au sein de la Villa Ombak, à 400 m S de la jetée, ☎ 642.336.Ouv. 24 h/24.

Police (« Island Security Office »). Au port public (à 150 m N de la jetée). Une quinzaine d'agents en uniforme noir se relaient pour sillonner l'île à pied ou à vélo 24 h/24.

Hébergement

Près de la jetée et à l'intérieur du village, on trouve un nombre infini de petits hôtels, de pensions et de bungalows simples. Et au nord, des hôtels de standing, un brin isolés. La plupart des piscines contiennent de l'eau de mer. L'eau de la douche étant saline, un bac d'eau de pluie est parfois mis à disposition dans la s.d.b.

Autour de 50 €

▲ **Dream Village,** à 400 m N de la jetée, juste après la mosquée, ☎ 0818.546.591, www.dreamvillagetrawangan.net. 5 ch. avec clim. Des bungalows en forme de grenier à riz au toit de chaume, simples mais propres, équipés d'une petite terrasse. Pas vraiment de jardin. En plein cœur de l'animation car ils donnent sur le chemin principal, qui longe la plage.

▲ **Gili Hideway,** à 400 m N de la jetée, juste après la mosquée, ☎ 0812.3709.5478, www.gilihideaway.com. 4 ch., CB non acceptées. À défaut d'être situés sur le front de mer, ces bungalows en bois bénéficient d'un calme bienvenu. Et surtout, d'une petite piscine entourée de végétation. Moustiquaire élégamment nouée autour du lit et douche extérieure depuis un tube en bambou.

Autour de 100 €

▲♥ **Desa Dunia Beda,** à 1 km NO de la jetée, ☎ 614.15.75, www.desaduniabeda.com. 12 ch. avec clim., WiFi. Le propriétaire a fait reconstruire d'immenses maisons javanaises en teck dans un grand jardin calme entourant la piscine. À l'intérieur, du bois sombre, des persiennes, un paravent, un grand lit à baldaquin et un ventilateur au plafond digne de l'époque coloniale. Et au bout de sa terrasse privée, un portillon mène à la plage. Éloigné de l'animation.

▲ **Villa Unggul,** à 450 m N de la jetée, ☎ 614.47.00, www.villa-unggul.com. 16 ch. avec clim., TV, WiFi. Les particularités de l'hôtel: une jolie piscine tout en courbes alors qu'il donne sur la plage, et un certain calme alors qu'il est à 100 m de l'animation du centre. Chambres grandes, propres, lumineuses disséminées dans un jardin fleuri.

Autour de 150 €

▲♥ **Pondok Santi,** à 800 m S de la jetée, ☎ 614.5186, www.pondoksanti.com. 6 ch. avec clim., WiFi. Dans cette superbe cocoteraie de 8 ha, sont installés sur pilotis de confortables bungalows aux toits de chaume. Pas de piscine, mais la mer à deux pas. Quelques hamacs suspendus invitent à la paresse. Et chaque soir, les hôtes sont conviés à bord du Princess Margaux, un superbe bateau tout en bois, pour une croisière au coucher du soleil.

Restauration

Moins de 10 €

♦ **Scallywags,** à 350 m S de la jetée, sur la plage, ☎ 614.53.01. Ouv. t.l.j. petit-déj., déj. et dîner. On choisit son poisson frais sur les étals et le chef se charge de le cuisiner. Une adresse incontournable, à la fois chic et décontractée. Dîner pieds dans le sable, sous des lanternes accrochées à des bouts de bois.

Plus de 20 €

♦♥ **Ko-Ko-Mo,** à 350 m S de la jetée, sur la plage, ☎ 6134.920, www.kokomogilit.com. Ouv. t.l.j. petit-déj., déj. et dîner. Résa conseillée. Un cadre enchanteur – flambeaux plantés dans le sable, nappes blanches et grands lits balinais aux coussins moelleux – doublé d'une cuisine australienne de qualité – risotto de saint-jacques, raviolis aux crabes et une mémorable *pavlova* meringuée aux fruits tropicaux –: le Ko-Ko-Mo s'impose comme le meilleur restaurant des Gili.

Activités

Cheval. Stud Horses, à 700 m S de la jetée, ☎ 0817.5797.094. Pour faire le tour de l'île et trotter sur les plages!

Cours de cuisine. Gili Cooking Classes, à 300 m N de la jetée, en face du restaurant Egoïste, ☎ 0819.0797.6985. Ouv. t.l.j. 10h-21h. Résa conseillée. Dans cette grande cuisine semi-ouverte, on peut apprendre à cuisiner du poisson enserré dans des feuilles de banane, la fameuse sauce aux cacahuètes qui accompagne les brochettes (*sate*) ou des boulettes de sucre de palme entourées d'éclats de noix de coco. Cours de 4h, 8 pers. max.

Plongée. DSM Dive, à 300 m N de la jetée, ☎ 693.280, www.dsmlombok.com. Une école de bonne réputation, tenue par des instructeurs essentiellement français. *Fun dive, night dive,* baptême, *open water, advanced,* apnée: tout est possible! Prix identiques aux autres centres.

Spa. Exquisite Beach, à 150 m S de la jetée. Un petit spa de plage doté de 4 salles de massage séparées par un rideau, en plein cœur de l'animation. On peut aussi s'offrir une pédicure «*fish therapy*», très à la mode en Asie!

Gili Meno

Adresses utiles

Attention, il n'y a pas de distributeur d'argent sur l'île.

Agence de voyages. Atta's Travel, à 50 m S de la jetée, ☎ 0819.9943.5791, www.centretrekkinginfo.com. Ouv. t.l.j. 8h-21h. Dans son cabanon en bois, Tina, une charmante Anglaise, peut aussi bien organiser votre journée de snorkeling, l'ascension du Rinjani ou une croisière vers les îles Komodo. Renseignements également sur les horaires de bateau.

Hébergement

La plupart des hôtels sont situés à l'E de l'île, près de la jetée et en bord de plage ; l'île ne compte qu'un établissement de standing.

Autour de 100 €

▲ **Villa Nautilus,** à 150 m S de la jetée, ☎ 642.143, www.villanautilus.com. 5 ch. avec clim. Les bungalows sont de belle taille, avec un salon tout en baies vitrées qui donne sur une grande terrasse, un jardin ombragé grâce à ses palmiers, et la mer. Dommage que les tissus soient vieillots et la douche accessible par un escalier sombre. Pizzas au feu de bois le soir.

Autour de 150 €

▲ ♥ ☘ **Mahamaya,** à 2 km NO de la jetée, ☎ 087.86.20.48.185, www.mahamaya.com. 9 ch. avec clim., TV, WiFi. Cette construction basse, d'un blanc immaculé, fait penser à l'architecture grecque. Les chambres spacieuses et modernes aux tons naturels (gris clair, ocre) possèdent énormément de cachet. La s.d.b. extérieure est digne d'un magazine de décoration avec ses fleurs de frangipanier jaunes piquées au creux des serviettes. Quand la lumière décline, des lumignions s'allument dans les arbres et sur la plage (attention, le corail fait mal aux pieds !). Service aux petits oignons.

Restauration

Moins de 10 €

♦ **Ana Warung,** à 1,5 km N de la jetée, sur la plage, www.anawarung.com. Ouv. t.l.j. petit-déj., déj. et dîner. CB non acceptées. Les pavillons sur pilotis remplis de coussins invitent à la sieste au son des vaguelettes, après un repas tout simple servi avec le sourire, à base de poisson frais, pêché le matin même, de brochettes de viande (« sate ») ou de légumes cuits à la vapeur dans du lait de coco.

Plongée

Divine Divers, à 2 km NO de la jetée, ☎ 085.240.570.777, www.divinedivers.com. Cette petite école de plongée mise sur les groupes réduits (10 pers. maximum) et les conseils personnalisés. Deux départs par jour, vers 9 h et 14 h.

Journée de snorkeling

Toutes les agences de la rue principale, comme **Sandy Tour,** ☎ 085.333.692.223, proposent la même excursion, aux mêmes prix : départ à 10 h 30, baignade au large des îles, pause déjeuner à Gili Air et retour vers 15 h 30. Minimum 10 pers., maximum 35 (en théorie). Le tout pour... 100 000 Rp ! Possibilité de privatiser un bateau pour 600 000 Rp.

Gili Air

Hébergement

Moins de 50 €

▲ **Gita Gili,** à 300 m NE de la jetée, ☎ 087.86.54.84.690. 14 ch. avec clim., CB non acceptées. Les grands bungalows au confort sommaire sont posés à deux pas de la plage, juste en face du plus beau site de snorkeling de l'île. Chaque terrasse possède son propre hamac, où se balancer.

Restauration

Moins de 10 €

Scallywags, à 250 m NE de la jetée, ☎ 614.53.01.01, www.scallywagsresort.com. Ouv. t.l.j. petit-déj., déj. et dîner. « Don't panic, it's organic » clame le menu ! *Ciabatta* et baguettes faites maison, barbecue de poisson et en dessert, un brownie glace à la menthe inventé par une Australienne de passage. Ambiance jeune et branchée dans ce grand restaurant installé sur la plage, où les tables, chaises et parasols sont tout blanc.

♦ **Wiwin,** à 250 m NE de la jetée, sur la plage. Ouv. t.l.j. petit-déj., déj. et dîner. Un peu surélevé par rapport à la mer, on déguste, assis à table ou en tailleur sur des poufs, une cuisine simple à la fois indienne, italienne (*calzone* et pizzas) et locale, qui tourne autour du poisson : fruit de mer, *mahi-mahi* (daurade), rouget, gambas, barracuda, etc.

Activité

Plongée. 7Seas, à 150 m E de la jetée, ☎ 6632.150, www.7seas-international.com. Cette école de plongée propose des initiations à la plongée dès 8 ans, des *fun dives* pour les plongeurs certifiés ainsi que des sorties familiales en snorkeling, deux fois par jour (9 h 30 et 13 h 30).

Senaru

Adresses utiles

S'informer. Le site officiel du Parc national : www.rinjaninationalpark.com.

Hébergement

Fermeture annuelle pendant la saison des pluies (déc.-mars).

Moins de 50 €

▲ **Pondok Senaru,** Jl. Pariwisata Senaru, ☎ 622.868. 13 ch. Une auberge de montagne sans charme mais aux bungalows propres dans un grand jardin sauvage et très fleuri, avec une vue extraordinaire sur le volcan, les rizières et la mer. Eau froide et ventilateur dans certaines ch. Restaurant en surplomb de la vallée. Petite agence de voyages sur place.

▲ **Rinjani Mountain Garden,** Teres Genit village, à 4 km sur les hauteurs de Bayan, ☎ 0818.569.730. 5 ch. Il faut grimper au milieu des rizières pour atteindre cette oasis peuplée d'animaux (chevaux, singes, perroquets, chiens, oiseaux et coqs !), tenue par des retraités allemands. Isolés en pleine nature, les bungalows en forme de grenier à riz s'avèrent exigus et sombres. Mais la vue sur la vallée, la piscine naturelle, le petit-déj. à l'allemande, l'accueil et l'originalité des lieux valent le coup ! On peut aussi planter sa tente dans le jardin.

Kuta

Adresses utiles

Centre médical. Petite clinique propre en face de l'hôtel Family House.

Précaution. En cas de litige, trouvez un homme âgé au village qui saura tirer la situation au clair.

Hébergement

Autour de 50 €

▲ **Family House,** Jl. Pantai Kuta, ☎ 615.37.48, www.familyhouse-lombok.com. 14 ch. avec clim., TV, WiFi. Cette adresse simple se démarque par sa bonne tenue et son calme, en retrait de la route. Deux bâtiments blancs se répartissent de part et d'autre d'une petite piscine. Les chambres sont spacieuses, claires, propres et disposent d'un balcon. Petit-déjeuner dans un joli jardin fleuri.

▲ **Kuta Indah,** Jl. Pantai Kuta, ☎ 653.781, www.kutaindahhotel.com. 44 ch. avec clim., TV. Rénové récemment, l'établissement dispose d'un cadre gai avec ses massifs de fleurs multicolores et la vue, depuis l'espace piscine, sur les collines. Les bungalows de plain-pied sont noyés dans la végétation. Chambres et s.d.b. sommaires.

▲ **Kuta Paradise,** Jl. Pariwisata Pantai Kuta (sur la route du Novotel), ☎ 087.8643.11153, http://kutaparadise.webstarts.com. 6 ch. avec clim., WiFi, CB non acceptées. Ce joli petit hôtel ouvert sur la route principale possède une piscine élégante, qui trône dans un jardin où se trouvent les bungalows modernes. Chambres simples et propres, dotées d'une petite terrasse.

Autour de 150 €

▲ **Villa Eudaimôn,** Jl. Pantai Kuta (sur les hauteurs de Kuta), ☎ 660.4731, http://eudaimonguest.canalblog.com. 2 ch. Pierre-Emmanuel a construit, à côté de sa villa privée (location sur demande), deux chambres d'hôtes à flanc de colline (accessibles par une volée de marches), dotées d'une grande terrasse commune, en teck, comme suspendue dans les airs, et d'une piscine à débordement, en contrebas, noyée dans la végétation. Vue incroyable sur la baie.

Plus de 150 €

▲ **Novotel,** Pantai Putri Nyale (à 2 km E de Kuta), ☎ 615.3333, www.novotellombok.com. 102 ch. avec clim., WiFi, TV. Le meilleur hôtel du sud de l'île offre un confort à l'occidentale. Les chambres sont réparties dans un bâtiment impersonnel de deux étages, à l'arrière, tandis que les superbes bungalows, à l'architecture typique de Lombok avec leur toit de chaume et, pour certains, leur piscine privée, sont répartis dans un parc fleuri débouchant sur la plage privée entourée de collines. Buffet de petit-déj. copieux ! Spa et centre de plongée.

Aux environs de Kuta

Autour de 100 €

▲ ♥ **Villas Sempiak,** Selong Blanak (à 20 km O de Kuta, en surplomb de la plage), ☎ 082.144.303.337, www.sempiakvillas.com. 4 ch. avec clim. Résa conseillée. Quelle vue ! Les bungalows en bois, équipés de matériel high tech, d'une kitchenette et d'une terrasse privée, jouissent d'un panorama somptueux sur la baie. Superbe espace piscine à flanc de colline. Un petit hôtel isolé, aux nombreuses marches et sentiers pentus.

Restauration

Moins de 10 €

♦ **Full Moon Cafe,** Jl. Pantai Kuta (sur la route du Novotel, sur la plage), ☎ 0818.0363.4171. Ouv. t.l.j. déj. et dîner. Cette paillotte installée les pieds dans le sable propose de tout : pizzas, pâtes, omelettes, sandwichs, burgers ou poisson grillé, délicieux parfois un peu gras. Tables, chaises et transats en bambou pour lézarder. Happy-hour 16 h 30-18 h.

♦ **Riviera,** Jl. Pantai Kuta, ☎ 0817.5736.390. Ouv. t.l.j. déj. et dîner. Cette gargote au cadre impersonnel possède une bonne réputation : le *mahi-mahi* (la daurade locale) y est délicieux, comme le barracuda grillé, finement épicé au *kemangi*, le basilic local. Bondé certains soirs, vide le lendemain… Service longuet. Musique *live* certains mercredis.

Autour de 15 €

♦ **Warung Bule,** Jl. Pantai Kuta, ☎ 0819.1799.6256. Ouv. t.l.j. déj. et dîner. Un accueil sympathique, un cadre chaleureux dans un bungalow surélevé, et une jolie carte indonésienne et occidentale, tournée vers les produits de la mer : sans conteste le meilleur restaurant de Kuta !

♦ ♥ **Laut Biru Cafe,** Selong Blanak (à 20 km O de Kuta, à 100 m en retrait de la plage), ☎ 082.144.303.339. Ouv. t.l.j. déj. Ce restaurant, installé dans un grand bungalow au toit de chaume semi-ouvert, sert une cuisine simple mais excellente, l'une des meilleures de la région. Carte restreinte, plats classiques mais succulents comme les gambas savamment grillées à l'ail ou la *pavlova* meringuée à la papaye croustillante. Jus de fruits pressés en accompagnement.

Bars

● C'est le calme plat le soir à Kuta. À part peut-être lors des petits concerts au **Shore Bar,** Jl. Pantai Kuta, ☎ 653.144, tous les ven. à partir de 20 h, et au **Magic Bar,** Jl. Pantai Kuta, ☎ 653.985, tous les jeu., ven. et sam. à partir de 21 h.

Shopping

☘ **Bersahara,** Jl. Pantai Kuta, ☎ 0819.7308.3671, www.bersahara-org.blogspot.sg. Un petit magasin créé par une association visant à aider les femmes du sud de Lombok à s'émanciper via la création de micro-entreprises. En achetant un de leurs jolis sacs, bracelets, sarongs, trousses, etc. colorés et faits main (entre 20 000 et 100 000 Rp) vous les aidez. Des extraits de journaux et des panneaux en anglais retracent cette belle aventure humaine.

Surf

Pour être sûr du matériel et des prix, il est préférable de louer sa planche par l'intermédiaire d'une école de surf.

Kimen, Jl. Pantai Kuta (à côté du Family House), ☎ 615.50.64, www.kuta-lombok.net. Ce magasin, qui loue des *longboards* et des planches de surf, met aussi des professeurs à votre disposition. Il organise des cours pour débutants et des surf trips vers les breaks de Gerupuk et Mawi. ♦

Retrouvez-nous sur notre blog

- Toutes nos **idées de voyages**
- Des conseils, des astuces et toutes les **informations pratiques** pour préparer vos vacances
- Des concours toute l'année avec des guides et **des voyages à gagner**

Venez partager vos coups de cœur, vos impressions et vos photos avec d'autres voyageurs et toute l'équipe des guides Evasion.

facebook.com/GuideEvasion
twitter.com/GuideEvasion

GUIDE évasion hachette

Organiser son voyage

Adresses utiles

Ambassades et services consulaires

En France. 47, rue Cortambert, 75016 Paris, ☎ 01.45.03.07.60, www.amb-indonesie.fr. Bureaux du service consulaire ouv. lun.-ven. 9 h 30-12 h 30.

En Belgique. 294, av. Tervueren, Bruxelles 1150, ☎ (02).771.20.14, www.embassyofindonesia.eu. Bureaux du service consulaire ouv. lun.-ven. 9 h-12 h 30.

En Suisse. 51, Elfenauweg, 3006 Berne, ☎ (031).352.09.83, www.indonesia-bern.org. Bureaux du service consulaire ouv. lun.-ven. 9 h-12 h.

Au Canada. 55, Parkdale Ave., Ottawa, Ontario, K1Y-1E5, ☎ (1-613).724.1100, www.indonesia-ottawa.org. Bureaux du service consulaire ouv. lun.-jeu. 9 h 30-12 h et 14 h-16 h.

Offices de tourisme

Il n'existe pas d'office de tourisme ouvert au public en France ou dans les pays francophones. Cependant, les différentes ambassades proposent un service d'informations touristiques et se chargent de vous mettre en relation avec des agences de voyages si vous le désirez.

Bali en ligne

Informations générales. www.lagazettedebali.info (en français) : le seul média francophone en Indonésie, destiné aux expatriés mais proposant également des pages culturelles et pratiques à l'intention des touristes. **www.baliadvertiser.biz** (en anglais) : informations locales et rubriques offrant des renseignements précieux. **www.balidiscovery.com** (en anglais) : excellente rubrique sur l'actualité balinaise et nombreuses informations sur l'île.

Informations touristiques. www.infoindonesie.com/bali (en français) : portail francophone de l'Indonésie, proposant une foule d'informations pratiques, touristiques et culturelles.

Argent et formalités

Cartes de paiement. Les cartes Visa, Mastercard et Amex sont acceptées par la plupart des lieux touristiques. Vérifiez tout de même que la carte de crédit est acceptée avant de vous présenter sans espèces. Une commission pourra vous être prélevée par votre banque, renseignez-vous avant votre départ. Pensez à noter les numéros à composer depuis l'étranger en cas de perte ou de vol de votre carte : **Carte Bleue Visa,** numéro vert international ☎ 800.819.014, www.visa.com. **American Express,** ☎ 01.47.77.72.00, www.americanexpress.fr. **Eurocard/Mastercard,** numéro vert international ☎ 800.870.866, www.mastercard.com/fr.

Papiers. Il vous faudra un passeport valable au moins 6 mois après la date du retour et un visa de tourisme pour entrer en Indonésie.

Conseils aux voyageurs

La plupart des gouvernements mettent en ligne les dernières informations sur votre destination.

Ministère des Affaires étrangères français : **www.france.diplomatie.fr**

Ministère des Affaires étrangères belge : **http://diplomatie.belgium.be.fr**

Département fédéral des Affaires étrangères suisse : **www.eda.admin.ch/eda/fr**

Ministère des Affaires étrangères du Canada : **www.voyage.gc.ca** ◆

À l'ambassade avant votre départ : Un visa valable deux mois coûte environ 40 € et s'obtient assez rapidement.

À votre arrivée à Bali, à l'aéroport : Vous pourrez vous procurer un visa valable 30 jours et renouvelable une fois (sur place) pour environ 20 €. Réglez en dollars plutôt qu'en euros car le taux de change à l'aéroport est assez bas et prévoyez d'avoir le montant en espèces.

Assurance et assistance. Elles ne sont pas incluses dans le prix des prestations touristiques (à l'exception des circuits organisés, où l'assistance est prévue). Certaines cartes de crédit internationales couvrent les risques liés au voyage, dans la mesure où vous réglez avec votre carte bancaire. Si vous ne pouvez en bénéficier, choisissez une assurance qui prend en charge les frais de rapatriement. Certaines polices d'assurance ne couvrent pas les « activités dangeureuses » comme la plongée, la randonnée ou la location d'une moto. **AVA,** ☎ 01.53.20.44.20, www.ava.fr. **Europ Assistance,** ☎ 01.41.85.93.65, www.europ-assistance.fr. **Mondial assistance,** ☎ 01.42.99.82.81, www.mondial-assistance.fr.

Permis de conduire. Un permis de conduire internationnal est obligatoire à Bali. Il vous sera délivré gratuitement et sans délai à la préfecture de votre ville avant votre départ. Munissez-vous de votre permis français et de deux photos d'identité. Vous devrez présenter vos deux permis en cas de contrôle.

Douane. Comme dans de nombreux pays, l'importation de certains produits de la France vers Bali est limité : il est autorisé d'importer jusqu'à 200 cigarettes (ou 50 cigares ou 100 g de tabac), 1 l d'alcool et une quantité « raisonnable » de parfum. L'importation de drogues, de fruits frais, d'armes et de tout objet pouvant être considéré comme pornographique est interdit. Les devises étrangères ne sont pas contrôlées ni soumises à aucune restriction, mais l'importation ou l'exportation de roupies est limitée à 5 000 000 Rp. Les montants supérieurs doivent être déclarés.

Saisons et climats

Bali étant située près de l'équateur dans une région tropicale, on n'y distingue que deux saisons : la **saison sèche,** de mai à novembre-décembre, qui n'empêche pas quelques jours de pluie, plutôt en fin de journée ou la nuit ; et la **saison des pluies,** de janvier à avril. Il pleut deux fois plus au nord de l'île qu'au sud. La température moyenne est de 26 à 28 °C. Quelle que soit la saison, le soleil se lève vers 6 h et se couche à 18 h au plus tard.

Santé

Vaccins. Aucun vaccin n'est obligatoire pour les Européens souhaitant se rendre en Indonésie. Il est cependant recommandé de se faire vacciner contre la fièvre typhoïde et contre les hépatites A et B. Pour les séjours longs ou ruraux, il est également conseillé de se faire vacciner contre la rage et l'encéphalite japonaise. Vérifiez que vous êtes toujours immunisé par le vaccin DTPC. **Centre de vaccination de l'Institut Pasteur,** 209-211, rue de Vaugirard, 75015 Paris, ☎ 0.890.710.811, www.pasteur.fr.

Médicaments. Un traitemant antipaludique est actuellement indispensable dans toute l'Indonésie, sauf dans les grandes villes. N'oubliez pas également des produits vous protégeant des moustiques. Vous pouvez aussi demander à votre médecin de vous prescrire à l'avance des antibiotiques, un antidiarrhéique, un antihistaminique, du désinfectant cutané et de l'aspirine. Mais vous trouverez la plupart des produits de première nécessité (antimoustiques, désinfectant, aspirine, etc.) sur place.

Voyage individuel

Vous ne trouverez pas de vol sans escale à destination de Bali depuis les pays francophones européens. Plusieurs compagnies desservent cependant l'aéroport de Denpasar avec une escale à Amsterdam (Air France-KLM), Kuala Lumpur (Malaysia Airline), Doha (Qatar Airways), etc.

Voyage organisé

Les généralistes

Asia, 1, rue Dante, 75005 Paris, ☎ 01.44.41.50.10, www.asia.fr. Antennes à Lyon, Marseille, Nice et Toulouse. 3 circuits individuels privés, 13 circuits organisés en groupes et 17 séjours en hôtel. **Nouvelles frontières,** ☎ 0825.000.747, www.nouvelles-frontières.fr. 4 circuits organisés en groupes. **Asie Autrement,** ☎ 01.48.73.34.79, www.asie-autrement.com. Une équipe de spécialistes bâtit avec vous un voyage personnalisé pour un tourisme équitable et des circuits hors des sentiers battus. **Voyages-sncf,** ☎ 0892.33.53.35, www.voyages-sncf.com. La première agence de voyages en ligne, accessible 24 h/24 et 7 j./7, propose ses meilleurs prix sur les billets de train, d'avion, chambres d'hôtels, séjours clés en main ou Alacarte®. Vous avez également accès à des services exclusifs : l'envoi gratuit des billets à domicile, Alerte Résa pour être informé de l'ouverture des réservations, le calendrier des meilleurs prix, mais aussi des offres de dernière minute, de nombreuses promotions...

Agences de voyages locales

Amanaska À Bali, ☎ 0361.284.312, http://amanaska-bali.com. Agence française spécialiste de Bali. Les dirigeants, Français, sont de fins connaisseurs et de grands amoureux de l'île. Une petite dizaine de guides francophones, souvent d'origine indonésienne. Propose des excursions à la journée, des circuits sur mesure et/ou en toute liberté, en famille. **Bali escapade,** ☎ 087.86.00.00.089, www.baliescapade.com. Cette petite agence a été créée par Gusti Leo, un Balinais. Ses guides, membres de sa famille, et lui parlent très bien français et exercent depuis 15 ans. Ils connaissent les traditions et les coutumes balinaises sur le bout des doigts, ainsi que les *warung*, rizières et routes de charme qui plaisent. **Lotus Blanc** (Tunjung Petak Tours and Travel), ☎ 0361.485.242,

Backyard Travel
Asia is our backyard.

L'Asie est notre territoire. De Siem Reap à Saigon, de Koh Samui à Kyoto, nous sortons des sentiers battus et explorons comme des passionnés.

DÉSIREUX DE DÉCOUVRIR CETTE ASIE? EVADEZ-VOUS VERS NOTRE TERRE MYSTÉRIEUSE.

www.backyardtravel.com
info@backyardtravel.com

+(INTERNATIONAL CODE)
FREE 800-2225-9273

Bali Autrement

Bali Autrement est une agence locale qui organise des voyages privés, sur mesure et responsables sur l'île de Bali et dans le reste de l'Indonésie. Créé en 1999, Bali Autrement propose des circuits de qualité qui privilégient la souplesse, à la fois dans le choix des étapes et des activités mais également dans la sélection de l'hébergement. Le voyageur crée par correspondance électronique avec une personne en Indonésie le circuit dont il rêve, selon ses envies et affinités. L'équipe est basée sur place, ce qui permet une très grande réactivité, une meilleure connaissance de la destination et la participation directe à l'économie du pays. Une partie du prix du voyage sert d'ailleurs à soutenir des projets et des associations locales.
contact@baliautrement.com, www.baliautrement.com. Adresse à Bali : Kerobokan Kelod. ◆

aurelie@lotusblancbali.com, www.tunjungtours.com. Créée par un homme d'affaires balinais, cette agence est installée à Sanur. Aurélie, une jeune Française, s'occupe des clients francophones. Ultra disponible et dynamique, elle concocte des circuits sur mesure. **SeaQuest Adventures,** ☎ 0821.4453.3853, contact@seaquest-adventure.com, www.seaquest-adventure.com. Julien Roche, sportif, aventurier, amoureux de l'Indonésie et passionné de voile a monté une agence spécialisée dans les croisières en Indonésie mais propose également des voyages à Bali comme ce circuit de 14 jours Bali-Lombok entre terre et mer. Julien prépare et identifie ses circuits lui-même et met un point d'honneur à accompagner ses clients. Un voyage inoubliable.

Valise

Vous trouverez aisément sur place une valise ou un sac permettant de rapporter vos souvenirs. Pensez à photocopier vos passeport, visa et billets d'avions, en cas de vol. Emportez votre chargeur de téléphone et d'appareil photo et un couteau pour éplucher les fruits (à placer dans votre valise, en soute). Les prises électriques sont de type français. L'électricité étant chère, les ampoules d'éclairage sont de faible puissance, même dans les rues. Une lampe-torche pourra donc vous être utile durant votre séjour. Si vous avez le sommeil léger, investissez dans une paire de boules Quies, bien utiles pour oublier les chants des coqs et les hurlements des chiens. Certains petits hôtels ne disposent pas de serviettes de toilette. Pensez également à emporter lunettes de soleil et casquette car le soleil tape très fort. Vous trouverez toutes les grandes marques de crèmes solaires dans les grands centres commerciaux de l'île.

Vêtements. Vous trouverez à Bali des vêtements appropriés au climat à des prix défiant toute concurrence. Préférez les tissus amples et en coton aux matières synthétiques, qui iritent la peau, et aux vêtements lourds, lents à sécher. Sur place, nous vous conseillons d'acheter un sarong, que vous mettrez autour de la taille dans les temples ou pour vous baigner dans certaines rivières et cascades. Un vêtement chaud sera nécessaire si vous envisagez des randonnées sur les volcans de Bali et de Lombok, ainsi que pour faire de la moto.

Chaussures. Les Indonésiens ayant de petits pieds, les chaussures que vous trouverez sur place ne dépasseront que rarement le 43. Nous vous conseillons donc de vous équiper avant le départ si votre pointure dépasse le 42. Pensez à prendre de bonnes chaussures de marche pour les randonnées, et des tongs, évidemment.

budget

Fourchette de prix prenant en compte la moitié du prix d'une chambre double, les repas, les visites et les transports en ville. Fourchette un peu plus élevée pour les personnes voyageant seules.

Taux de change en mars 2014, **1 € = 16 000 roupies environ.**

À chacun son budget !

Petit budget, env. 45 € par jour. En allant dans les hôtels bon marché et en mangeant dans des restaurants locaux.

Budget moyen, env. 70 € par jour. Hôtels plus haut de gamme et possibilité de s'offrir quelques bons restaurants pendant son séjour.

Budget plaisir, env. 110 € par jour. Pour résider dans de belles chambres d'hôtel et se faire vraiment plaisir.

Combien ça coûte ?

Y aller. On trouve des vols avec escale depuis la France vers Denpasar à partir de 780 €.

Hébergement. Comptez un minimum de 20 €/nuit pour une chambre double correcte avec petit déjeuner et environ 80 €/nuit dans un hôtel de charme.

Restauration. Comptez moins de 5 € pour un repas sur le pouce, autour de 5 € pour un vrai repas local dans un *warung*, et au moins 10 € (voire beaucoup plus) pour un bon repas dans un restaurant chic ou occidental. L'alcool étant fortement taxé, il fait vite grimper l'addition.

Transports. Comptez env. 5 €/j. pour une location de scooter, 60 €/j. pour une location de voiture avec chauffeur, incluant l'essence et les parkings. Le litre de carburant coûte env. 0,40 €. Un trajet en mini-bus *(bemo)* ne coûte que quelques milliers de roupies. Un aller en bateau privé de Bali à Lombok ou aux Gili vous coûtera env. 40 €, comptez moins de 1 € pour vous rendre de Lombok aux Gili avec le bateau public et moins de 2 € pour naviguer entre les trois îles Gili. Comptez 4 € pour le moindre trajet en charrette *(cidomo)* sur les îles Gili.

Musées, loisirs. Comptez 2 € par adulte pour l'entrée d'un musée (souvent gratuit pour les moins de 12 ans), mais autour de 15 € par adulte pour l'entrée dans un parc animalier. Et au moins 30 € par personne pour une activité sportive type rafting, balade à vélo ou cours de cuisine.

Dans le commerce. Les achats réalisés dans les magasins indonésiens sont à des prix très raisonnables (piles, cartes de téléphone, nourriture, jouets). Mais dès que l'on entre dans un magasin vendant des produits destinés aux touristes (crème solaire, cartes postales, maillots de bain, etc), les prix frôlent ceux pratiqués en Occident !

VOTRE TÉLÉPHONE FAIT APPAREIL PHOTO, GPS, AGENDA, LAMPE TORCHE… ET MAINTENANT BILLET DE TRAIN.

M-BILLET. VOTRE BILLET SUR MOBILE*.

Voyages-sncf.com

V.

APPLICATION GRATUITE

*Pour tous les trajets éligibles au e-billet. Voyages-sncf.com, société par actions simplifiée au capital de 10 672 000 €, immatriculée au RCS de Nanterre (France) sous le numéro 431 810 621.

Sur place

Arrivée

Aéroport

Taxe d'aéroport. Le voyageur doit penser à conserver 150 000 Rp par personne (y compris pour les enfants) pour un vol international et entre 10 000 et 40 000 Rp pour un vol domestique.

À l'aéroport de Denpasar, vous trouverez un comptoir de taxi (**Golden Bird,** ☎ 0361.701.621, qui propose aussi des locations de voiture avec chauffeur – comptez 792 000 Rp par jour), un vestiaire gardé et payant pour laisser d'éventuelles affaires, des bureaux de change, un wartel (magasin de téléphonie) pour acheter une carte SIM et une agence de voyages (**Cempaka,** ☎ 0361.764.929, www.cempakadiscovery.com, qui propose excursions, réservation d'hôtels, de billets d'avion et de véhicule).

Un grand nombre d'hôtels proposent, moyennant une somme forfaitaire, de venir chercher leurs clients à l'aéroport et de les reconduire au départ. Pensez-y lors de vos réservations de chambres.

Argent

Dollars

Régler les grosses dépenses (hôtels, restaurants, excursions, activités, location de voiture) en dollars US peut être une bonne idée.

Monnaie

Pour les petites dépenses du quotidien (souvenirs, transport, repas, massages), mieux vaut utiliser la monnaie locale : la roupie indonésienne, qui se présente sous forme de pièces de 25 à 1000 Rp, mais surtout de billets de 1 000, 5 000, 20 000, 50 000 et 100 000 Rp. Pour mémoire, 1 € = env. 16 000 Rp. Gardez des roupies en petite coupure sur vous car les gens n'auront pas toujours la possibilité de vous rendre la monnaie sur de gros billets.

En 2014, le gouvernement prévoit de supprimer trois zéros afin de faciliter les flux financiers, si bien qu'un billet de 100 Rp vaudra un billet de 100 000 Rp. Jusqu'en 2016, les billets neufs et anciens seront en circulation.

Distributeur de billets et carte de crédit

Il est indispensable de détenir une carte bancaire. Attention : au distributeur automatique, bien penser à récupérer sa carte bancaire, rendue après l'argent (contrairement à ce qui se pratique en France), sous peine de l'oublier ! À noter : on peut rarement retirer plus d'1 million de Rp (100 US$) d'un seul coup. Seuls les distributeurs automatiques Permata (blanc et vert) autorisent des retraits jusqu'à 3 millions de Rp. Les chèques de voyage ne sont pas forcément recommandés car en dehors de Denpasar, vous trouverez peu de banques.

Change

Il vous sera plus facile d'échanger des dollars américains que des euros. Ayez si possible des billets neufs de 100 US$. Ne vous adressez qu'aux banques, aux bureaux de change des aéroports et aux grands opérateurs réputés.

Courrier

Poste (Kantor pos). Les bureaux de poste sont ouverts tous les jours sauf le dimanche, de 8 h à 16 h ou 18 h. Dans les petites villes, ils ferment plus tôt le vendredi et le samedi. Les timbres *(perangko)* sont en vente dans les bureaux de poste ; vous en trouverez aussi à la caisse des supermarchés et chez certains marchands de journaux. Comptez une dizaine de jours pour qu'une lettre envoyée de Bali arrive en France.

Hébergement

Hôtels, B&B, *guesthouses*, pensions de famille, location de villas, *losmen*, nuit chez l'habitant... les formules d'hébergement sont nombreuses. La qualité de l'accueil et le charme des lieux sont souvent au rendez-vous, même dans des endroits au confort rudimentaire.

Faites-vous préciser si le tarif de la chambre comprend le petit-déjeuner, ce qui n'est pas toujours le cas, de même que les 10 % de service et les 11 % de taxe gouvernementale.

Hôtel

Budget. Sur la côte comme à l'intérieur des terres, les prix peuvent varier du simple au double selon la saison et la date choisie. Certains sites de réservation en ligne proposent de meilleurs tarifs donc cela vaut le coup de comparer. En contactant à l'avance l'hôtel par e-mail ou en se présentant à l'accueil le jour même, il est bien souvent possible de négocier le tarif de la nuit : même les hôtels de luxe ont parfois du mal à remplir leurs centaines de chambres ! Sinon, ils peuvent inclure un massage dans le tarif. À noter : les établissements hôteliers proposent souvent, sur leur site uniquement, des promotions, des offres spéciales et des forfaits « lune de miel » (honeymoon package) ou « 4 nuits achetées, 1 nuit offerte ».

Si vous êtes en lune de miel, pensez à le préciser car vous aurez droit à un accueil particulier et bien souvent à un lit couvert de pétales de fleurs à votre arrivée.

Si vous avez des enfants notamment, il est relativement aisé d'obtenir gratuitement un « early check-in » et un « late check-out », mais mieux vaut le préciser au préalable.

Les hôtels de catégorie supérieure sont souvent dotés de restaurants (nombre d'entre eux proposent alors des « romantic dinners » privés, aux chandelles, sur la plage, au milieu de la rizière, etc.), bars, boutiques, salles de réception, piscines, salle de sport, spa, business center, club enfants...

Location de villas

Budget. À partir de 70 € la nuit, en moyenne 130 € pour une villa de charme, et jusqu'à 350 € la nuit pour une villa de grand luxe pouvant héberger une dizaine de personnes *(p. 199)*.

Lorsqu'on est en groupe ou en famille, il peut être très agréable et plutôt raisonnable de louer une villa privée, dotée de 2 à 5 chambres, d'un salon, d'une cuisine, d'un jardin fleuri et d'une piscine. Le personnel (jardinier, cuisinier, femme de ménage, accueil) est inclus dans la location (seuls la baby-sitter et le chauffeur sont en supplément). Le soir, le chef peut organiser un barbecue dans le jardin. Le personnel répond à vos moindres désirs ou questions.

L'offre est surtout abondante dans la région de Kuta-Seminyak-Legian. Vers Canggu et Kerobokan, les villas disposent de terrains plus spacieux et souvent d'une vue sur la campagne et les rizières.

Homestays

Budget. Comptez environ 30 €, petit-déjeuner et taxes compris.

De nombreux Balinais s'engouffrent dans la brèche touristique et ouvrent désormais leur maison aux voyageurs de passage. La maison traditionnelle balinaise comprend plusieurs pavillons indépendants, répartis dans une grande cour fleurie, où se trouve aussi le temple familial. On vit alors au rythme de la famille d'accueil, dans un confort souvent simple (ventilateur à défaut de climatisation, eau froide) mais authentique.

Avec des enfants

Dans la plupart des hôtels, villas et pensions, les enfants de moins de 2 ans peuvent partager la chambre des parents sans supplément de prix. À la réservation, demander un berceau *(crib)* ou un lit bébé *(baby cot)*. En revanche, la plupart des hôtels facturent le lit supplémentaire *(extra bed)*.

Heure locale

L'été, Bali et Lombok sont en avance de 6 h sur la France, l'hiver, de 7 h. S'il est midi à Paris, il est 18 h à Bali en juillet et 19 h en novembre. Pour ne pas souffrir du décalage horaire, adoptez aussitôt l'heure locale, évitez de faire une sieste le premier jour, et tenez bon jusqu'à au moins 20 h le premier jour avant d'aller vous coucher! Les Balinais sont des lève-tôt: à 6 h, tout le monde est déjà affairé, mais à partir de 17 h, la vie ralentit, d'autant que le soleil se couche tôt (vers 18 h). Ne vous laissez pas surprendre par la nuit sur la route en scooter!

Horaires

Restaurants. On peut se restaurer toute la journée mais le soir les restaurants ferment tôt. Les Balinais dînent tôt (vers 18-19 h) et le serveur vous demandera de passer votre dernière commande *(last order)* vers 21 h, parfois 21 h 30.

Banques. Elles ouvrent lun.-ven. 8 h-14 h.

Administrations. En général, elles sont ouvertes lun.-ven. de 8-9 h à 15-16 h

Magasins. Ils sont en général ouverts t.l.j. de 7-8 h à 21-22 h.

Internet

La plupart des hôtels, et même des restaurants, proposent maintenant le WiFi gratuit, accessible sur votre ordinateur portable ou votre smartphone. Il suffit de demander à l'accueil le mot de passe et le code pour se connecter au réseau. Les business centers des hôtels mettent à disposition des clients des ordinateurs connectés, moyennant quelques dollars.

Fêtes légales et jours fériés

Les Balinais distinguent trois calendriers: **solaire** (celui des Occidentaux), **lunaire** (celui des musulmans et donc de l'Indonésie) et ***pawukon*** (également appelé *wuku*). Par conséquent, les jours fériés ont tendance à s'accumuler, tout en changeant de date d'une année sur l'autre. En réalité, la majorité des commerces, des musées, des sites touristiques restent malgré tout ouverts toute la journée (sauf le jour de *Nyepi* – le nouvel an –, où l'île s'arrête littéralement de vivre et où les voyageurs sont priés de rester dans leur hôtel). *Pour en savoir plus sur les fêtes balinaises, voir aussi p. 56.*

À Bali

Les fêtes typiquement balinaises sont nombreuses: *Galungan, Kuningan* (10 jours après le début de Galungan), *Nyepi* (le nouvel an balinais), Saraswati (offrandes dédiées aux livres et surtout à la connaissance, l'éloquence, la sagesse et les arts), Pagerwesi (journée consacrée aux ancêtres), etc.

À cela il faut ajouter d'autres fêtes, aux dates fixes, comme le Nouvel An (1er janv.) et la Fête nationale de l'indépendance de l'Indonésie (17 août).

Aux jours de fêtes listés ci-dessus, il faut encore ajouter les innombrables jours de cérémonies, parfois décrétés le mois, la semaine ou le jour précédant un événement – mariage, limage des dents, naissance, crémation, nomination d'un prêtre, etc. Les préparatifs et la fête en elle-même prennent beaucoup de temps, si bien que la famille, la communauté ou le village concerné cesse de travailler!

À Lombok

L'île est régie par le calendrier musulman. Les habitants célèbrent donc l'anniversaire du prophète Muhammad, son ascension, le ramadan, l'*iduk fitri* (fin du jeûne du ramadan), l'*iduk adah* (fête du sacrifice) et le nouvel an musulman

Les voyageurs ne seront pas impactés dans leurs pérégrinations durant le ramadan. En revanche, pendant les quatre jours qui suivent la fin du ramadan, l'île tourne au ralenti et il devient difficile de trouver un chauffeur, un bus ou un guide.

Langue

Si, dans la rue, tout le monde parle anglais, mieux vaut connaître quelques mots de bahasa indonesia, la langue officielle de l'Indonésie (qui possède de nombreuses similitudes avec le bahasa melayu, parlé en Malaisie ; certains comparent leurs ressemblances à celles existant entre le québécois et le français).

Le bahasa est une langue relativement facile, contrairement au dialecte balinais parlé dans les familles et qui varie selon la personne à qui l'on s'adresse, chaque caste ayant un langage attitré *(p. 44)*. En bahasa, la grammaire est quasi inexistante. Il n'existe pas de subjonctif, pas de participe passé ni d'imparfait. Pour s'exprimer au passé, il suffit d'ajouter « telah » devant le verbe. Par exemple : « Saya telah makan » (J'ai mangé). Et pour le futur, on rajoute « akan » : « Saya akan makan » (Je mangerai). Pour mettre un nom au pluriel, il suffit de le répéter deux fois. Par exemple, « orang » (homme) devient « orang-orang » (des hommes). En fait, sans le savoir, nous connaissons tous au moins quatre mots de bahasa : « orang-utan » qui veut dire « Homme de la forêt », et « mata-hari », la célèbre espionne du début du XXe s., qui signifie littéralement « œil du jour » et désigne le soleil.

Sans oublier un mot facile et très utile : Bagus, qui signifie bien, bon, beau, et qui permet d'exprimer son admiration, sa joie, sa satisfaction devant un plat, un paysage, un objet...

···> *Voir aussi le Lexique p. 269.*

Médias

Journaux. Outre le quotidien en langue indonésienne à fort tirage *Kompas*, on trouve facilement les versions anglaises du *Jakarta Post* et du *Jakarta Globe*, deux quotidiens indonésiens de qualité. À Bali, on trouve notamment le *Bali Post* en anglais, et *La Gazette de Bali*, un mensuel en français. On peut se procurer facilement la presse étrangère, quotidienne ou magazine, américaine ou européenne, notamment dans les grands hôtels.

Magazines. On trouve à Bali de nombreux magazines, souvent gratuits, sur la vie touristique de l'île : *Inspired Bali* est un beau trimestriel en anglais avec des articles sur des artistes, la collecte des déchets, de belles photos ; *Bali Travel News*, un bimensuel en anglais distribué gratuitement dans les lieux touristiques. C'est le plus vieux journal de Bali, publié depuis 1948 ! Sans oublier *Hello Bali* et *Bali Arts Magazine*, des mensuels distribués gratuitement dans une petite centaine d'hôtels et de restaurants, sur la vie artistique à Bali dont les événements culturels et les expositions.

Télévision. En dehors des grandes chaînes de télévision publiques (TVRI, TVRI Programa 2) ou privées (RCTI, SCTV) diffusées en langue indonésienne, on capte à Bali la chaîne Bali TV. Elle retransmet notamment les grandes cérémonies ayant lieu sur l'île ainsi que des documentaires touristiques sur Bali. La chaîne francophone TV5 est disponible sur les réseaux câblés dans de nombreux hôtels.

Comment ramener des achats volumineux

Des agences comme **Fleur de Lys**, ☎ 0813.37.27.6666, www.lystrading.com, dirigée par un Français ou **Permata**, ☎ 780.5027, s'occupent de rapatrier vos toiles, meubles, antiquités à bon port en Europe. Vous pourrez comparer leurs prix avec ceux proposés par l'artisan. ◆

Politesse et usages

Les Balinais sont très aimables et souriants en toute circonstance. Évitez à tout prix de vous énerver devant eux, de perdre votre sang-froid, de crier ; mais aussi de pointer quelqu'un du doigt ou de placer vos mains sur vos hanches *(p. 45)*. Déchaussez-vous avant d'entrer dans une maison, revêtez un sarong avant d'entrer dans un temple, ne touchez pas la tête des enfants, ne vous asseyez pas au-dessus d'un grand prêtre... et tout ira très bien ! À Lombok, veillez à vous couvrir les épaules et les hanches dès que vous quittez la plage.

Photographie

Les Balinais sont toujours très accueillants avec les touristes. Si vous voulez prendre des photos, soyez toujours polis et respectueux. Il est également autorisé de prendre des photos durant les cérémonies dans les villages ou les temples. Là encore, politesse, respect et sourire sont de rigueur. Évitez de prendre des photos dans les bains publics, cela peut-être considéré comme du voyeurisme. Pour éviter de commettre tout impair, demandez conseil à votre guide.

Pourboires

La plupart des hôtels et restaurants facturent entre 17 et 21 % de taxes pour le service et la taxe gouvernementale. Il n'est donc pas nécessaire de donner un pourboire dans ce genre d'établissements. En revanche, n'oubliez pas de donner un pourboire à votre guide, chauffeur ou masseur en guise de remerciement. Pour l'ascension des volcans, les guides ne touchent qu'une maigre part du montant que vous payez. Les pourboires sont donc indispensables.

Restaurants

Le *warung* reste l'établissement le plus populaire pour se restaurer à Bali. Convivial et bon marché, il est au cœur de la vie des Balinais. On peut également se restaurer auprès des marchands ambulants ou sur les marchés. Les conditions sont souvent sommaires mais l'accueil toujours souriant. Dans les zones plus touristiques comme dans la région de Kuta, les *warung* côtoient des restaurants plus chic qui, pour une quinzaine d'euros, proposent une cuisine raffinée dans un cadre enchanteur. Les végétariens ne trouveront aucune difficulté à se restaurer à Bali.

Inutile de laisser un pourboire, la taxe de service (10 %) est incluse dans la note.

Conseil. évitez les légumes crus si vous n'êtes pas sûr de l'hygiène du restaurant. Si votre estomac n'est pas habitué, demandez que votre plat ne soit pas trop épicé.

Attention. les taxes d'importation sont très élevées sur le vin. Si vous ne voulez pas exploser votre budget, goûtez le vin local, le vin de Hatten, à des prix plus raisonnables.

Santé

Aucun vaccin n'est exigé pour les voyageurs en provenance d'Europe. Il est néanmoins conseillé d'être à jour dans les vaccinations suivantes : tétanos, polio, diphtérie, hépatite B *(p. 255)*.

Dans les principaux centres touristiques, vous trouverez des pharmacies Apotek et Farma Kimia.

Eau

L'eau du robinet n'est pas potable. La plupart des hôtels mettent une ou deux petites bouteilles d'eau à disposition de leurs clients. L'eau minérale se vend partout dans toutes les petites supérettes. Évitez les glaçons.

Dengue

Quelques cas de dengue ont été enregistrés à Bali. La dengue pouvant prendre une forme potentiellement grave, il est vivement recommandé de consulter un médecin en cas de fièvre (la prise d'aspirine est déconseillée).

Paludisme

Bali est exempte de paludisme mais le risque existe à Lombok, surtout dans les zones rurales. N'hésitez pas à consulter votre médecin traitant. Une fièvre au retour d'une zone impaludée nécessite une consultation sans délai.

Pour plus d'informations, consultez le site de l'Institut Pasteur : www.pasteur.fr

Sécurité

Si Bali a été victime d'attentats en 2002 et 2005, le pays peut néanmoins se targuer d'un niveau de sécurité très élevé. Les agressions de touristes sont rares mais on note une augmentation du nombre de vols à l'arrachée et de cambriolages dans le sud de Bali. Respectez les règles élémentaires de sécurité et n'oubliez pas votre bon sens. La nuit dans Seminyak, il est conseillé à une femme seule de prendre le taxi plutôt que sa moto. Attention à certaines arnaques classiques, aux stations service ou dans les bureaux de change. Mais les trois dangers principaux à Bali pour les touristes restent: la route, la drogue ··· voir encadré ci-contre et la baignade dans certaines zones à forts courants.

Drogues

L'apparente facilité à se procurer de la drogue, notamment à Kuta Bali, ne doit pas faire oublier que, dans toute l'Indonésie, le gouvernement pratique une tolérance zéro en la matière. La police multiplie les contrôles dans les lieux publics (parkings, lieux de spectacle...) et privés. En consommer vous expose à de très graves sanctions, surtout si vous êtes étranger. Pour quelques grammes de hachisch ou de cocaïne trouvés sur lui, l'impétrant encourt une peine de prison, une amende élevée, des honoraires d'avocat et des frais annexes exorbitants ainsi qu'une interdiction de retour en Indonésie de plusieurs années. Le trafic de drogue est, lui, passible de la peine de mort. ◆

Sports et loisirs

Bali offre pléthore d'activités sportives tant sur terre qu'en mer.

Plongée

Bali offre de nombreux sites de plongée s'adressant à la fois aux plongeurs débutants qui pourront passer leur PADI comme aux confirmés *(p. 186)*. Respectez un délai de 24 h entre votre dernière plongée et votre avion retour. Attention également si vous allez en altitude ou si vous comptez faire l'ascension d'un volcan. Renseignez-vous auprès de votre centre de plongée.

Snorkeling

Pour admirer les coraux vers Amed *(p. 136)*, et les poissons multicolores vers Menjangan *(p. 159)*, à Lombok ou à Nusa Penida, vous pourrez louer facilement des masques et tubas. Sinon, glissez-les dans vos valises avant de partir.

Surf

C'est le sport le plus emblématique de Bali. Les débutants s'initieront sur les vagues de Kuta *(p. 73)* tandis que les surfeurs confirmés iront sur les plages mythiques du Bukit *(p. 78)*.

Randonnée

Entre les lacs, les cascades, les rizières et les volcans, Bali offre de multiples options de randonnées. Suivez le guide *(p. 194)*.

Toilettes

Vous ne trouverez pas de toilettes publiques à Bali. Dans les zones touristiques, les hôtels, cafés et restaurants disposent de toilettes à l'occidentale.

Téléphone

Carte SIM locale

Si votre portable est débloqué, la solution la plus simple et la plus économique est d'acheter une carte SIM indonésienne. Vous en trouverez dans les supermarchés type Bintang ainsi que dans les petites échoppes et même dans certains *warung*. On achète ensuite des recharges allant de 20 000 à 100 000 Rp.

Indicatifs téléphoniques

Depuis la France vers Bali, composer le 00.62 + l'indicatif régional à 3 chiffres + le n° de votre correspondant.

Depuis Bali vers la France, composer le 00 + le code du pays (33 pour la France, 32 pour la Belgique, 41 pour la Suisse) + le n° de votre correspondant sans le 0 initial.

De Bali vers Bali :

Composer 0 + l'indicatif régional + le n° de votre correspondant. Depuis un téléphone fixe, si vous appelez dans la même zone, il n'est pas nécessaire de composer le code régional, composez directement le numéro.

Les codes régionaux :

361 : Kuta, Denpasar, Tabanan, Gianyar, Ubud ; 362 : Singaraja
363 : Amlapura ; 365 : Negara, Gilimanuk ; 366 : Klungkung, Kintamani
368 : Baturiti ◆

Par Internet

C'est la solution la plus économique. Disponible dans la plupart des cafés Internet appelés Warnet à Bali.

Transports

Se déplacer à Bali est très facile même si l'île n'est pas dotée d'un très bon système de transports publics. C'est également l'un des rares pays au monde qui ne dispose pas de réseau de chemin de fer. Le moyen le plus simple pour se déplacer reste la location de motos ou de voitures.

Avion

À Bali, le Ngurah Rai Airport, se situe au sud de Kuta.

À Lombok, le Lombok International Airport (ou Bandara Internasional Lombok), se situe à Praya.

Les bus touristiques

Perama est la principale compagnie de bus touristiques opérant à Bali. Elle dispose de bureaux à Kuta, Sanur, Ubud, Lovina, Padangbai et Candi Dasa. Les bus sont confortables et climatisés. Pour les prix et les horaires, consultez leur site internet : www.peramatour.com.

Les *bemo*

C'est le moyen de transport le plus courant à Bali. Le *becak-motor* ou *bemo* est en général un minibus qui transporte une douzaine de passagers et qui part quand il est plein. Ils prennent plusieurs départs le matin, sont moins fréquents l'après-midi et se font rares après 16 h. Les itinéraires et prix sont fixes mais le mini-bus s'arrête chaque fois que des voyageurs potentiels se présentent sur la route. Un trajet en *bemo* est une bonne occasion de rencontrer des Balinais mais le parcours d'une ville à une autre peut être très long. Si vous voulez emprunter le *bemo*, ne soyez pas pressés. Si vous voyagez à plusieurs, vous pouvez privatiser le *bemo*.

Les bus

Les grands minibus et les bus assurent les liaisons entre Denpasar, Singaraja et Gilimanuk. Ils se prennent au même endroit que les *bemo*.

Essayant de développer davantage les transports publics, le gouvernement de Bali a lancé une nouvelle compagnie, Trans Sarbagita, qui, pour 3 500 Rp seulement assure la liaison entre Batubulan, Nusa Dua, Denpasar et Jimbaran. Les bus fonctionnent toute la journée de 5 h du matin à 21 h et partent toutes les 15 minutes.

Les gares routières

La plupart des grandes villes possèdent une gare pour les différents types de transports publics. Denpasar est un nœud routier important et dispose de 7 gares au total, 4 gares principales et 3 secondaires. Les *bemo* qui desservent l'île ouest et nord (Gilimanuk, Negara, Singaraja, Tabanan) partent du terminal d'Ubung à Denpasar. Pour rejoindre le centre et l'est de Bali (Besakih, Candi Dasa, Kintamani, Klungkung, Padangbai, Ubud), il faut se rendre au terminal de Batubulan, à 6 km NE de Denpasar. Pour le sud de Bali (Kuta, Legian, Jimbaran, Nusa Dua, Sanur, Uluwatu), le départ de fait du terminal de Tegal. N'hésitez pas à regarder les panneaux sur le pare-brise des bus – ils indiquent leur direction –, sinon, demandez au chauffeur. Les trajets directs sont rares, il vous faudra parfois faire un arrêt et changer de bus pour atteindre votre destination finale.

Taxi

Vous trouverez très facilement des taxis dans le sud de Bali, dans la région de Kuta. Dans les autres villes, les taxis se font rares le soir. La meilleure compagnie de taxis est la compagnie Blue Bird. Tous les taxis sont dotés d'un compteur ; n'oubliez pas de demander au chauffeur de le mettre en route.

Voiture

C'est sûrement le moyen de transport le plus efficace et le plus confortable pour visiter Bali. Une solution économique si vous voyagez en groupe. La conduite se fait à gauche et peut être un peu déroutante : le code de la route n'est pas forcément respecté et la circulation est anarchique. Pour vous éviter le stress de la conduite, il est recommandé de louer une voiture avec chauffeur (comptez entre 50 et 60 € pour le prix d'une location à la journée).

Permis

La location se fait sur présentation d'un permis de conduire international *(p. 255)*.

Accident

La plupart des conducteurs ne sont pas assurés et il y a rarement de constat à l'amiable. Il y a de fortes chances que vous soyez en tort et amenés à payer pour régler le litige.

Assurances

Lorsque l'agence de location ou le propriétaire affirme que l'assurance est incluse, seule la voiture est couverte, pas le passager ! Il est donc impératif de demander l'assurance au tiers *(third party insurance)*. Sachez cependant que l'assurance au tiers est toujours limitée à un montant de dommages inférieurs à 5 000 000 Rp (400 €).

Moto

Les petites routes de campagnes à travers les rizières de Bali se prêtent bien à l'exploration en moto, comme les rues embouteillées du sud dans la région de Kuta. La location coûte entre 30 000 et 60 000 Rp par jour. Le port du casque est obligatoire. Attention, les routes sont dangereuses et chaque année de nombreux touristes sont blessés. La plupart des loueurs de moto ne disposent d'aucune assurance. Vérifiez que vous êtes couverts par votre assurance en cas d'accident. Attention, beaucoup de contrats excluent la pratique de la moto.

Essence

Vous pourrez faire le plein dans les stations de la compagnie pétrolière Pertamina. Vous pourrez aussi trouver de l'essence sur le bord de la route, généralement dans des bouteilles d'Absolut Vodka. 1 l d'essence coûte environ 6 000 Rp.

De Bali à Lombok

En bateau. Il faut compter 1h30 de speedboat pour rejoindre le nord de Lombok (Bangsal, Senggigi, Teluk Nare ou Teluk Kode) depuis Bali (Padangbai, Serangan). Comptez 600 000 Rp par personne l'aller. Horaires, tarifs et informations sur : www.lombokfastboats.com, ☎ 0370.667.54.47.

Si vous avez du temps et un budget serré, passez par le sud de Lombok (Lembar). La traversée, en ferry au départ de Padangbai, est plus longue (env. 4-5 h), mais le billet ne coûte que 36 000 Rp.

En avion. Plusieurs compagnies indonésiennes assurent la liaison entre l'aéroport de Denpasar et celui de Lombok (Bandara International Lombok). Le vol ne dure que 25 min. Vous pourrez acheter votre billet directement aux comptoirs des compagnies de l'aéroport de Denpasar (Garuda Airlines, www.garuda-indonesia.com ; Merpati Airlines, www.merpati.co.id ; Trans Nusa Air, www.transnusa.co.id). ◆

Urgences

Agence consulaire de France. Jl. Umalas 1, 80, Kerobokan, ☎ 0361. 473.0834.

Pour une urgence médicale. **Siloam Hospital** (Jl. Sunset Road 818, ☎ 0361.779.900, www.siloamhopitals.com), **Prima Medika Hospital** (Jl. Pulau Serangan 9X, ☎ 0361.236.225), **International SOS Medical Clinic** (Jl. ByPass Ngurah Rai 24, ☎ 0361. 710.505), **BIMC** (Bali International Medical Center, à Kuta, ☎ 0361.761.263).

Pour les plongeurs, il n'existe qu'une seule chambre de décompression à l'hôpital Sanglah à Denpasar. **Sanglah General Hospital**, Jl. Diponegoro, ☎ 0361. 226.363.

En cas de problème sanitaire important, une évacuation sur Singapour (2 h 30) ou dans votre pays devra être envisagée. Avant le départ, consultez votre médecin traitant et contractez impérativement une assurance de rapatriement sanitaire.

Voltage

L'électricité est en 220V et les prises sont identiques à celles que l'on trouve en France. Pas besoin d'adaptateur.

Quelques mots de bahasa

Oui .... *Ya*
Non.. *Tidak*
Bonjour (5 h à 10 h)............*Selamat pagi*
Bonjour (10 h à 15 h) .... *Selamat siang*
Bonjour (15 h à 18 h) .... *Selamat sore*
Bonsoir (la nuit)............ *Selamat malam*
Au revoir .. *Selamat jalan* (si vous restez)
.... *Selamat tinggal* (si vous partez)
Merci ....*Terima kasih*
S'il vous plait............................ *Tolong*
Comment allez-vous ? .... *Apa kabar ?*
Monsieur, Madame, Mademoiselle ....
.... *Bapak, Ibu, Nona*
Je vous en prie ....*Silakan !*
Pardon, Excusez-moi..... *Ma'af, permisi !*
Quelle heure est-il ? .... *Jam Berapa ?*
Ça va ! .... *Kabar baik !*
Mon nom est ... . *Nama saya ...*
Pas de quoi, de rien .... *Kembali*
J'ai besoin de votre aide ....
.... *Saya minta tolong*
Je suis français(e) .. *Saya orang Perancis*

À l'hôtel

Cher/Bon marché........... *Mahal/Murah*
Combien coûte ceci ? ....
.... *Berapa harganya ?*
Grand/Petit .... *Besar / Kecil*
Je ne comprends pas ....
.... *Saya tidak mengerti*
Parlez-vous anglais ? ....
.... *Bisa bahasa Inggris ?*
Y a-t-il une chambre ? .... *Ada kamar ?*

Les nombres

0 .... *nol*
1 .... *satu*
2 .... *dua*
3 .... *tiga*
4 .... *empat*
5 .... *lima*
6 .... *enam*
7 .... *tujuh*
8 .... *delapan*
9 .... *sembilan*
10 .... *sepuluh*
100 .... *seratus*
1000 .... *seribu*

Les jours

Lundi ....*Senin*
Mardi .... *Selasa*
Mercredi .... *Rabu*
Jeudi .... *Kamis*
Vendredi .... *Jum'at*
Samedi .... *Sabtu*
Dimanche..................................... *Minggu*
Jour.. *Hari*
Semaine...................................... *Minggu*
Mois .... *Bùlan*
Année .... *Tahun*
Hier .... *Kemarin*
Aujourd'hui .... *Hari ini*
Demain .... *Besok*

En ville

Combien coûte un ticket pour... ?
.... *Berapa harga tiket ke ... ?*
Combien de temps faut-il pour arriver
à ... ? .... *Berapa lama sampai ke ... ?*
Continuer tout droit.............. *Terus saja*
Je cherche la rue .... *Saya mari jalan*
Je ne suis pas intéressé ....
...........................*Saya tidak tertarik*
Je suis perdu ....: *Saya tersesat*
Où va ce bus ? .... *Bus ini ke mana ?*
Palais.. *Puri*
Plage ....*Pantai*
Quel est le bus pour ... ? ....
.... *Di mana kereta/bus ke ... ?*
Rue ....*Jalan*
Temple..*Pura*
Tourner à gauche / à droite..................
.... *Belok kiri / kanan*
Un ticket pour ..., SVP ....
......................*Tolong, satu tiket ke ...*

Au restaurant

J'ai faim...............................*Saya lapar*
L'addition, SVP .... *Minta bon*
Manger / Boire .... *Makan / Minum*
Restaurant..................... *Rumah makan*

Index

Amed : nom de lieu – AÉROPORT : mot-clé - *I Nyoman Ngendon* : nom de personne.
Les folios en gras renvoient à la rubrique **Bonnes adresses**.

pratique – Index

T

U

V

W

Y

Z

Ce guide a été établi par **Laure de Charette** et **Marion Zipfel.**

Direction : Nathalie Bloch-Pujo - **Direction éditoriale :** Cécile Petiau - **Responsable de collection :** Hélène Firquet - **Responsable adjointe :** Julie Wood - **Lecture-correction :** Claire de Smet - **Informatique éditoriale :** Lionel Barth - **Documentation :** Sylvie Gabriel - **Maquette intérieure :** Catherine Riand - **Cartographie :** Frédéric Clémençon, Aurélie Huot - **Fabrication :** Caroline Le Page - **Couverture :** conçue par Catherine Riand ; réalisée par Susan Pak Poy.

Le suivi éditorial de cet ouvrage a été assuré par Coraline Borchiellini.

Régie de publicité : Hachette Tourisme, 43, quai de Grenelle, 75905 Paris Cedex 15.
Contact : Valérie Habert, vhabert@hachette-livre.fr.

Le contenu des annonces publicitaires insérées dans ce guide n'engage en rien la responsabilité de l'éditeur.

Pour nous écrire :
Hachette Tourisme, Guides Évasion,
43, quai de Grenelle, 75905 Paris Cedex 15.
evasion@hachette-livre.fr

Pour nous lire sur le web :
www.guide-evasion.fr

© **Hachette Livre (Hachette Tourisme)**, 2014
43, quai de Grenelle, 75905 Paris cedex 15

Tous droits de traduction, de reproduction et d'adaptation réservés pour tous les pays.

Conformément à une jurisprudence constante (Toulouse, 14-01-1887), les erreurs ou omissions involontaires qui auraient pu subsister dans ce guide, malgré nos soins et les contrôles de l'équipe de rédaction, ne sauraient engager la responsabilité de l'éditeur.

Imprimé par Industria Grafica Cayfosa
ctra. De Caldes, km3, Sta. Perpetua Mogoda, 08130 Barcelone, Espagne

Achevé d'imprimer : mai 2014 – Dépôt légal : mai 2014

Collection n° 25 – Édition n° 01

ISBN : 978-2-01-245690-7

24-5690-3

À nos lecteurs

Ces pages vous appartiennent.
Notez-y vos remarques, vos découvertes, vos bonnes adresses. Et ne manquez pas de nous en informer à votre retour.

Hachette Tourisme
Guide Évasion – Courrier des lecteurs
43, quai de Grenelle - 75905 Paris Cedex 15
evasion@hachette-livre.fr

Rendez-vous également sur la page Facebook Guide Evasion
et sur www.guide-evasion.fr